2020
부동산
REAL ESTATE MEGATRENDS
메가트렌드

2020 부동산 메가트렌드

초판 1쇄 발행 2018년 3월 26일
초판 4쇄 발행 2020년 4월 20일

지은이 | HMS부동산랩
발행인 | 유영준

교정교열 | 이숙
디자인 | 비닐하우스
발행처 | 와이즈맵
출판신고 | 제2017-000130호(2017년 1월 11일)
주소 | 서울 강남구 봉은사로16길 14, 나우빌딩 4층 쉐어원오피스(우편번호 06124)
전화 | (02)554-2948
팩스 | (02)554-2949
홈페이지 | www.wisemap.co.kr

ISBN 979-11-961444-3-2(03320)

이 도서의 국립중앙도서관 출판예정도서목록(CIP)은 서지정보유통지원시스템
홈페이지(seoji.nl.go.kr)와 국가자료 공동목록시스템(www.nl.go.kr/kolisnet)에서
이용하실 수 있습니다. (CIP제어번호 : CIP2018008346)

2020 부동산

하버드
MIT
서울대
부동산 전문가들의
투자 리포트

REAL ESTATE MEGATRENDS

메가트렌드

HMS부동산랩 지음

와이즈맵

우리가 알던 부동산 투자는 끝났다

　지금 전 세계 산업계가 4차 산업혁명이라는 전무후무한 변화의 흐름을 마주하고 있듯 부동산시장에도 그에 못지않은 변혁의 파도가 몰려오고 있다. 그리고 이 흐름은 부동산시장에 위기의 순간이자 거대한 기회가 될 것으로 보인다. 아마존을 위시한 온라인·모바일 기업들이 우리가 손으로 보고 만지고 경험하는 오프라인 공간(실물 부동산시장)으로 진출하는 이때, 과거의 패러다임을 활용한 부동산시장 분석은 구시대의 유물이 될 것이며 필패로 향하는 지름길이 될 수밖에 없다. 온라인·모바일 기업의 부동산 진출뿐 아니라 에어비앤비, 우버, 위워크 같은 공유경제 기업들의 도시 공간 진출 및 부동산시장 진출은 이미 진행되고 있는 거대한 패러다임 변화의 단면일 뿐이다. 이렇게 경제계가 요동을 치는 사이 폴로처럼 우리가 익히 알고 있던 럭셔리 브랜드들이 뉴욕 맨해튼 매장을 철수하는 등 시장에서 난관을 겪고 있다. 또 불과 몇 달 전만 해도 승승장구하던 거대 기업들조차 순식간에 파산의 위기에 놓이기도 하는 게 현재의 비즈니스 정글이다. 부동산시장의 흐름 또한 마찬가지로 단기적 시세 변화에 집착하고, 단편적 정보나 개인 경험을 바탕으로 한 투자 방식은 더 이상 유지되지 못할 것이다.

　전 세계 주식시장을 주도하는 투자기업들의 기법은 주식시장뿐 아니라 부동산투자에도 통용이 가능하다. 그들은 항상 미래 비전을 바탕으로 시장의 트렌드를 이해하며, 시장의 요소와 핵심가치를 정확히 꿰뚫어보기 때문이다. 그런데 부동산 투자와 개발은 주식시장의 그것보다 더욱 정밀하고 전문적인 분석 능력을 요구한다. 가령 강남 아파트 중위값이 10억 원이 넘는다면 이는 거래되는 단일 재화의 가치가 실로 어마어마하다는 근거인데, 우리나라 주식시장에서 한 주의 가치가 10억 원이 넘는 경우는 없다. 주식시장에서 가장 높은 위치에 오른 주식이라 해도 그런 경우를 찾기란 불가능하다. 단일 재화로써의 가치로 판단할 때 부동산 투자는 그 어떠한 투자보다도 분석적이고 과학적이어야 하며 미래 트렌드에 대한 명확한 이해를 요구한다는 것은 이런 이유에서다.

이 책 집필에 참여한 HMS부동산랩의 멤버들은 모두 하버드대학교와 MIT대학교, 서울대학교의 부동산 석박사 출신으로 학계는 물론 부동산 업계에서 왕성하게 활동 중이다. 또한 미국을 비롯해 싱가포르, 홍콩 등 전 세계 부동산 투자 및 시장 분석을 담당했던 장본인들이기도 하다. 강동헌(하버드 대학교 부동산 석사, 에이알에이코리아 대표)은 싱가포르계 투자회사의 한국지사 대표이며, 김경민(하버드 대학교 부동산 박사, 서울대 환경대학원 부원장)은 보스턴 소재 상업용 부동산 분석 회사Property & Portfolio Research, Inc의 선임연구원이었다. 또한 두 권의 저서《도시개발, 길을 잃다》,《리씽킹 서울》을 통해 용산 국제업무지구의 파산과 익선동이 핫플레이스가 될 것임을 정확히 예측한 바 있다. 김동욱(MIT 부동산 석사, DKRE(주) 대표)은 미국 적정임대주택Affordable Hosuing을 투자, 개발, 운영하는 보스턴캐피털의 매니저를 역임했고, 박정수(MIT 부동산 석사, 켄달스퀘어자산운용 투자본부장)는 코람코 및 삼성 등 유수의 회사에서 근무한 후 물류투자 및 개발, 운용을 이끌고 있다. 신지혜(서울대 석사, STS개발주식회사 이사)는 2000년대 초중반부터 리테일 업계와 네트워크를 구축하며 국내 디벨로퍼회사의 몰링Malling에 새로운 가능성을 보여주고 있다. 이상욱(서울대 박사수료, 어반하이브리드 대표)은 사회적 기업을 통한 공익 부동산 개발의 민간 참여 가능성을 보여주고 있으며 그의 활동은 이미 다양한 미디어를 통해 폭넓게 다뤄지고 있다. 이석준(서울대 박사수료, 데이터 사이언티스트)은 국토부 실거래 빅 데이터를 활용해 새로운 가격 인덱스를 개발해냈고, 이를 활용하여 지역의 위험도를 추정함으로써 적정 투자와 미래 투자 성공 가능성의 포트폴리오를 제시한 모델링 연구를 진행 중이다.

다시 한 번 강조하지만 미래 패러다임에 대한 이해와 이를 분석하기 위한 빅 데이터 활용 그리고 절대적 수치를 차지할 1인가구 등의 인구학적 변화에 대한 이해 없이는 2020 부동산 대변혁과 마주할 수는 없다. 한 걸음 더 나아가 성공적 투자란 근본적으로 불가능하다. 부동산 투자는 한 개인은 물론 한 기업의 존폐에도 영향을 미칠 만큼 중요하고 거대한 결정을 필요로 한다. 부동산 전문가들조차 새로운 정보를 수집하고, 시장의 흐름을 분석하고 연구해야 할 시점에서 이 책에 담긴 정보 하나하나가 대한민국 부동산시장에 들이닥칠 변화의 물결을 미리 진단하고 활용하는 데 유용한 역할을 할 수 있기를 바란다.

2018년 3월

김경민

CONTENTS

PART 3

2020
상업용부동산 트렌드

1

2020
부동산 패러다임

김경민 서울대학교 환경대학원 부원장

/

하버드대학교에서 부동산·도시계획 박사 취득 후, 서울대학교 환경대학원
도시계획 전공 교수 및 부원장으로 재직 중이다. 현재 빅데이터를 활용해
부동산시장과 도시를 분석하는 〈Center for Urban Informatics〉
디렉터로도 활동하고 있다. 2011년 저서 《도시개발, 길을 잃다》를 통해 2013년
용산국제업무지구의 파산을 예측했고, 2013년 《리씽킹 서울》에 최초로
소개한 익선동은 현재 핫플레이스로 성장하였다. 2017년에는 《건축왕, 경성을
만들다》에서 북촌과 익선동을 개발한 디벨로퍼 정세권을 새롭게 조명하기도 했다.
2016년에는 국내 최초의 신축 셰어하우스 '쉐어원'을 개발했다.

격변하는 부동산시장의 패러다임

CHAPTER 1
격변하는 부동산시장의 패러다임

1

리테일 몰락의 도미노 현상

2016년 8월, 전 세계 부동산시장을 강타할 뉴스가 지면을 장식했다. 160여 년 전통의 메이시스백화점Macy's이 2017년 중순까지 100여 곳의 지점 문을 닫는다는 뉴스였다. 이날 발표된 폐점 예정 지점의 수는 메이시스 전체 백화점의 15%에 해당하는 수치였다. 많은 사람이 이 뉴스가 부동산시장과 무슨 상관이 있느냐고 반문할지 모르지만, 상업용 부동산 분야에 종사하는 전문가들은 이 뉴스를 접하는 순간 크게 경악했다.

1858년 미국 뉴욕에서 시작한 메이시스는 2017년 4월 현재 미국 내에서 약 670개의 매장을 운영하고 있다. 2009년 부산 신세계 센텀시티 백화점이 생기기 전에는, '세계에서 제일 큰 백화점'이라는 타이틀의 소유자가 메이시스백화점의 맨해튼 해럴드광장 지점이었다. 메이시스는 2014년 미국 유통업체 중 수익 15위를 차지하기도 했지만, 이후 지속적인 매출 감소와 수익성 악화로 고전해왔다. 2015년 크리스마스와 연말 시즌, 백화점업계에서는 가장 바빠야 할 이 시즌의 매출이 전년 대비 5.2% 감소하는 등, 상황이 악화되면서 2016년 초 40개의 지점이 문을 닫았고, 2017년 상반기에는 66개 지점을 추가로 폐쇄했다.

더 큰 문제는 거대 리테일 시설인 백화점의 추락이 단순히 메이시스의 문제에 그치지 않는다는 것이다. 한때 미국에서 가장 큰 유통업체

오하이오주의 랜들파크몰(Randall Park Mall).
한때 미국에서 가장 큰 쇼핑몰이었지만, 지금은 폐허가 되었다.

출처 gizmodo.com

였던 시어스백화점Sears의 추락은 몰락에 가깝다. 시어스의 지점 수는 2013년 2,073개였으나 2017년 7월 현재 1,180개로 절반 가까이 감소했다. 또 다른 미국의 대표적 백화점체인 JC페니J. C. Penney 역시 138개 매장의 문을 닫을 예정이다.

백화점뿐만 아니라 지명도 높은 유명 브랜드들도 속속 오프라인 매장을 폐쇄하고 있는 추세다. 유아·아동복 브랜드 짐보리는 파산을 신청했으며(1,281개 매장 중 450개 폐쇄), 아베크롬비는 2017년 현재 311개 매장 중 20%에 해당하는 60개를 폐쇄할 계획이다. 페이리스슈즈 역시 전체 4,400여 개 매장 중 400개의 문을 닫을 예정이며, 베베와 게스, 크록스 등도 상당수의 매장을 폐쇄할 것으로 알려졌다.

미국의 거대 의류유통업체인 아세나리테일그룹Ascena Retail Group(앤테일러, 레인브라이언트, 로프트, 모리스, 드레스반 등 유명 패션 브랜드 보유) 역시 2년 안에 258개의 매장을 폐쇄할 예정이고, 건물주와의 임대료 협상이 만족스럽지 못할 경우 399개의 매장을 추가로 없앨 계획을 가지고 있다고 발표했다.

이렇듯 미국 유통업 전반의 상황은 '유통업 대재앙retail apocalypse' 혹은 '유통업 붕괴retail meltdown'에 가깝다. 다음 페이지의 그래프는 미국 유통업체들의 2017년 점포 폐점 수를 나타낸 것으로, 브랜드별로 수십 개에서 수백 개가 시장에서 퇴출되고 있음을 알 수 있다. 이 중 라디오색RadioShack의 경우, 무려 1,430개에 달한다. 한편, 폐점 계획을 발표한 유통업체들 중에는 마이클코어스, 아메리칸어패럴, 아베크롬비 등 한국인에게 친숙한 브랜드도 다수 포함되어 있다.

럭셔리 브랜드 기업 역시 상황이 좋지 않기는 매한가지다. 많은 럭셔리 브랜드가 매출 부진과 주가 하락으로 이미 다수의 매장을 철수했거나, 철수할 계획이다. 아메리칸어패럴사는 이런 위기를 보여주는 대표적인 사례로 꼽힌다. 이 회사는 미국에서 생산한 옷을 판매한다는 기치를 내걸었지만, 경영 악화로 인해 2015년 10월과 2016년 11월 델라웨어주 연방법원에 두 차례 파산보호신청Chapter11 protection을 했으며,[1] 결국 2017년 1월 캐나다 스포츠웨어업체인 길단액티브웨어

2017년 미국 유통업체 브랜드별 폐점 수

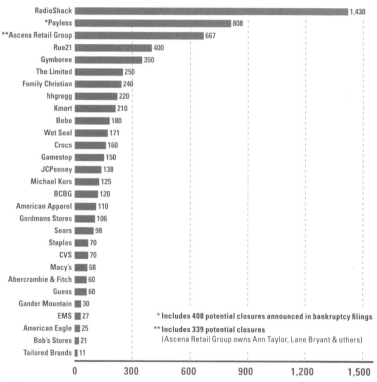

출처 Kohl's is defying the retail meltdown-and it's more proof that malls are dying, #Yahoo finance#, 2017. 8. 11.

　　　　　　　　　　　　　　　　　　2020 부동산 메가트렌드

폐점 예정인 뉴욕 맨해튼 5번가의 폴로 매장. 출처 구글 맵

Gildan Activeware에 8,800만 달러에 인수되었다.[2] 아메리칸어패럴은 매각 직후 "더 이상 아메리칸이 아니다"라는 세간의 혹평과 함께 LA 본점 및 미국 내 110개 매장을 모두 폐점했다.[3]

대표적인 명품 브랜드 랄프로렌도 2016년 분기마다 매출 부진을 겪은 끝에, 비용 절감을 위해 1천 개 일자리 삭감 및 50개 매장 철수를 선언한 데 이어,[4] 2017년에는 뉴욕 쇼핑의 메카인 맨해튼 5번가의 폴로 매장을 폐점하겠다고 밝혔다.[5] 랄프로렌은 미국뿐 아니라 한국에서도 2014년 3월에는 압구정 갤러리아백화점, 같은 해 9월에는 현대백화점 본점에서 각각 블랙라벨 여성 매장을 철수한 바 있다.

핸드백, 시계, 액세서리 관련 럭셔리 브랜드인 마이클코어스는 2017년 현재 전 세계에 960개 매장을 보유하고 있는데, 전체 매장 중 10% 이상인 100~125개에 대한 철수 계획을 밝혔다.[6] 여성 핸드백 및 지갑 브랜드로 유명한 코치도 2017년 중 전체 매장의 25%에 해당하는 250

개를 감축할 계획을 발표했다.[7]

한편, 당장 매장 철수를 발표하지는 않았으나 경영실적 악화로 어려움을 겪고 있는 럭셔리 브랜드도 많다.

액세서리를 취급하는 클레어스Claire's의 경우 매장 폐점 계획을 발표하지는 않았지만, 2017년 1월 국제 신용평가회사 '피치Fitch'로부터, 클레어스가 보유한 약 18억 달러(약 2조 원)의 채권이 부도위험이 높은 고위험군Bonds of concern으로 분류되었다.[8]

시계 브랜드로 잘 알려진 파슬Fossil 그룹도 2017년 2분기 순매출액이 예상치보다 13% 밑도는 약 6억 달러(약 6,800억 원)에 그친 반면, 미국회계기준GAAP에 따른 당기순손실은 약 3억 5천만 달러(약 4천억 원)에 이르는 것으로 알려졌다. 순매출액 대비 당기순손실이 약 60%에 달하면서, 파슬그룹은 창업 이후 가장 심각한 수준의 경영난에 직면한 것으로 알려졌다.

럭셔리 브랜드는 높은 구매력을 지닌 고객을 타깃으로 하는 만큼, 이들의 매장은 기본적으로 백화점과 아울렛, 도심 내 번화가 등 임대료가 높은 지역에 위치한다. 이들의 잇따른 매장 감축 및 철수는 럭셔리 브랜드의 오프라인 매장들이 더 이상 임대료를 포함한 제반 비용을 감당할 수 있는 매출과 수익을 창출해내지 못할 만큼 심각한 상황에 처했음을 의미한다.

이런 오프라인 매장의 철수가 단순히 의류산업에 국한된 이야기는 아니다. 전자제품유통업체인 라디오색도 2017년 1천 개의 매장을 추가로 폐쇄하고 총 570여 개의 매장만 보유한 상황이다.

리테일 상점 전체를 볼 때, 미국에서는 2017년에만 무려 8,640여 개의 상점이 문을 닫을 것으로 예측했다. 이는 글로벌 경제위기가 닥쳤던 2008년의 수준(6,163개 상점 폐점)을 가뿐히 넘어서는 수치다.

🏠 부동산업계를 뒤흔든 리테일의 붕괴

유명 브랜드와 럭셔리 브랜드 그리고 백화점 등 리테일 각 영역의 붕괴는 부동산업계(부동산 개발운영업체와 부동산 투자금융회사 등)에 대단히 큰 영향을 미칠 것으로 예상된다. 그렇다면 앞으로 닥쳐올 후폭풍은 어느 정도일까? 소매유통업이 부동산시장과 금융업 등 관련 산업에 미치는 영향을 이해하기 위해서는 이들 간의 관계를 먼저 살펴보아야 한다.

미국과 유럽에는 쇼핑몰을 전문적으로 개발하는 쇼핑몰 개발·운영회사들이 존재한다. 파주와 여주 등지에서 신세계와 함께 프리미엄 아울렛 매장을 운영하는 '사이먼프로퍼티Simon Property' 같은 회사가 대표적이다. 이런 쇼핑몰 개발·운영회사들은 크게 두 가지 타입의 임차인들로 거대한 쇼핑몰을 채우고, 이들로부터 임대수익을 얻는다.

첫 번째 타입의 임차인은 거대 백화점으로 메이시스, 색피프스, 시어스, 니먼마커스, 한국의 롯데백화점과 신세계백화점 등이 대표적이다. 두 번째 타입은 꽃가게, 옷가게, 신발가게, 음식점 등의 작은 소매점들이다. 그런데 이 둘 중 쇼핑몰 개발·운영업체에 더 높은 평당 임대료를 지불하는 쪽은 백화점이 아니라 작은 소매점들이다.

일반 소비자들은 앵커 역할(소비자를 끌어들이는 역할)을 하는 매장에서의 쇼핑을 위해 쇼핑몰을 방문하는 만큼, 쇼핑몰 운영업체는 앵커 역할에 뛰어난 백화점들을 대상으로 더 낮은 임대료 인센티브를 제공해서라도 쇼핑몰에 입점시키고자 한다. 대신 셀링 파워가 미약해 앵커 역할을 하지 못하는 작은 소매점들로부터 더 높은 평당 임대료를 받는다.

그리고 서구형 쇼핑몰은 일반적으로 확정 임대료가 아니라 임차인의 매출에 연동된 퍼센트 임대료를 받는다. 즉, 임차인의 매출이 많아질수록, 쇼핑몰 운영업체가 받는 임대료가 증가하며 종국에는 이들의 수입이 증가하는 것이다.

그런데 백화점들이 문을 닫는다는 것은 백화점이 더 이상 앵커 역할을 하지 못한다는 이야기와 다름없다. 그리고 이들이 앵커 역할을 하지 못한다면, 사람들이 더 이상 쇼핑몰에 갈 이유가 없어졌다고 해석할 수 있다. 사람들이 작은 소매점 한 곳을 방문하기 위해 시간을 내서 차를 몰고 쇼핑몰에 가지는 않기 때문이다. 단지 한 잔의 커피를 원하는 소비자들은 집이나 사무실에서 가까운 커피숍에 가면 그만이다. 굳이 30분 이상 운전해서 쇼핑몰에 있는 커피숍에 갈 이유가 없는 것이다. 즉, 앵커 역할을 하지 못하는 작은 소매점들로 구성된 쇼핑몰은 심각한 매출 타격을 입을 수밖에 없다.

따라서 백화점과 명품 브랜드가 쇠락하고 있는 현상은 쇼핑몰 개발·운영업체에게는 심각한 위기다. 앵커 역할을 담당해온 백화점과 명품 브랜드가 위축되면 방문 고객이 줄고, 자연히 평당 임대료를 더 많이 내는 작은 소매점들도 장사가 안 돼, 예전과 같은 수준의 임대료 수익을 거둘 수 없기 때문이다. 결과적으로 쇼핑몰 운영업체의 매출과 순익은 급감하게 된다.

스위스의 대표적인 투자은행인 크레디트스위스CS는 2020년까지 미국 전체 쇼핑몰의 4분의 1이 폐점할 것으로 예상하고 있다. 1,100개의 쇼핑몰 중 220~275개가 문을 닫을 것이라는 이야기다.

그런데 문제는 여기서 끝나지 않는다. 쇼핑몰 개발은 워낙 대규모 프로젝트인 만큼 막대한 자금이 필요하다. 따라서 그 어떤 쇼핑몰 개발·운영업체도 100퍼센트 자신의 자금만으로 쇼핑몰을 개발하지는 않는다. 월스트리트 금융회사로부터 자금 투자를 받거나 대출을 받아 개발사업을 진행하는 경우가 많다. 그런데 만약 백화점이나 럭셔리 브랜드가 하락세에 접어들어 쇼핑몰 운영업체의 수입이 줄고, 쇼핑몰마저 심각한 위기 상황에 빠진다면, 해당 쇼핑몰 사업에 투자한 금융회사도 투자금을 회수하지 못해 심각한 상황에 직면할 수 있다. 따라서 이 회오리는 리테일업계, 부동산업계, 금융업계 전반에 걸쳐 도미노처럼 거대한 충격파를 불러오게 되어 있다.

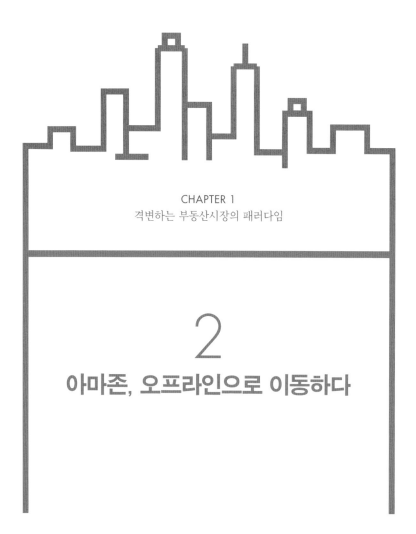

CHAPTER 1
격변하는 부동산시장의 패러다임

2

아마존, 오프라인으로 이동하다

2017년 6월 16일, 또 다른 뉴스가 부동산시장에 충격을 안겨주었다. 온라인업계의 최강자 아마존이 미국의 대표적 유기농식품 판매체인 홀푸드Whole Foods를 137억 달러(약 15조 3천억 원)에 매입한다고 발표한 것이다. 많은 오프라인 유통업체가 심각한 위기 상황에 처한 지금, 온라인 최강자인 아마존은 왜 오프라인으로 이동하려는 것일까?

1994년에 창업한 아마존은 온라인으로 책을 판매하는 사이트였다. 그 후 빠르게 영역을 확장하며 거의 모든 품목을 취급하는 온라인 쇼핑몰로 성장했고, 클라우드 서비스와 인공지능 비서 서비스 등 다양한 방면으로 거침없이 진출하고 있다.

'가장 파괴적인 기업'이라는 호칭을 얻을 만큼 각 분야의 산업에 커다란 영향을 미치는 아마존의 최근 행보 중 가장 눈에 띄는 점은, 오프라인 공간에 매장을 설치하는 것이다. 즉, 거대 온라인 기업 아마존이 오프라인으로 이동하고 있다는 점이다.

아마존은 2015년 시애틀에 첫 오프라인 서점을 오픈한 후, 2017년 5월 뉴욕 맨해튼에 일곱 번째 매장을 오픈했다. 오프라인 매장에서는 온라인에서 수집한 광범위한 소비자 성향 데이터베이스를 기반으로 잘 팔릴 만한 책을 선별해 판매하고 있다. 아마존닷컴에서 별점 4점 이상을 받은 책만 판매하며, 별점 4.8점 이상으로 특별히 높은 평가를 받은 책은 입구와 가까운 곳에 배치해 판매 확률을 높인다.

최근에는 시애틀에 계산대에 줄을 설 필요 없이 무선인식RFID 기술을 활용해 상점을 나갈 때 자동으로 계산이 되는, 계산대 없는 마트 '아마존고Amazon Go'를 오픈해 직원들을 대상으로 시범운영하고 있다.

아마존의 홀푸드 인수는 이런 오프라인 공간으로의 침투라는 방향성의 연장선에 있지만, 인수합병의 규모로 볼 때 가히 혁명적인 사건이다. 유기농식품을 판매하는 프리미엄 슈퍼마켓인 홀푸드는 주로 부유층 거주지역에 위치한다. 따라서 아마존은 홀푸드 인수를 통해 '중산층 이상의 소비자들'이라는 매우 특정한 집단과의 접촉점을 만든 것이다.

특히 식료품사업의 특징(소비자들이 습관적으로 구매하는 상품이어서 고객과 지속적 관계 유지가 가능하다)을 고려한다면, 아마존은 홀푸드와 관련된 양질의 고객 데이터베이스를 지속적으로 구축할 수 있다. 이런 양질의 자료 분석을 통해 아마존은 물리적 공간에서 소비자들에게 새로운 경험을 소비하도록 할 것이다.

쇼핑은 단순히 물건을 구매하는 것이 아니라, 새로운 경험을 구매하는 측면이 있다. 경험소비는 매우 중요한 전략의 하나다. 특히 가상의 온라인 공간이 아닌 물리적 공간에서 물건을 직접 보고 만질 수 있으며, 주변 공간이 가상과 달리 실질적이라면 소비자들이 느끼는 체험의 질은 달라진다. 따라서 온라인과 오프라인의 장점들을 활용하는 전략(소비자들이 오프라인 상점에서 물건을 만지고 테스트하는 가운데, 온라인으로 주문해서 즉시 배송받도록 한 전략)은 새로운 트렌드로 자리를 잡아가고 있다. 중국의 대형 상거래업체 알리바바는 이런 트렌드를 '뉴 리테일New Retail'이라고 명명했다.

온라인 플랫폼을 장악한 강자들의 오프라인 진출은 비단 아마존뿐 아니라 우리 주변에서도 쉽게 발견할 수 있다. 대표적인 예로 카카오의 '카카오프렌즈'와 네이버 '라인프렌즈'의 오프라인 진출을 들 수 있다.

이들 IT사업자들이 오프라인에 뛰어든 배경으로 먼저 메신저 서비스 보급을 살펴보아야 한다. 카카오는 2010년에 '카카오톡'으로, 네이버는 2011년 '라인'으로 메신저시장에 진입했다. 불과 10년이 채 안 되는 기간 동안 두 회사는 폭발적인 성장을 거듭해, 아래 표와 같이 각각 국내와 아시아 지역에서 확고한 입지를 구축했다.

이렇게 확보된 메신저 사용자층에게, 커뮤니케이션에 활용하는 다양한 표정과 동작의 이모티콘 캐릭터가 인기를 끌기 시작했고, 이 캐릭터들이 휴대폰 액정과 모니터를 벗어나 마침내 오프라인 매장에 등장하게 되었다. 카카오가 카카오프렌즈를, 네이버가 라인프렌즈를 캐릭터부문 자회사로 설립하고 2014년 이후 오프라인 매장 확장에 주력하기 시작한 것이다.

2017년 8월 현재 카카오프렌즈는 국내에 18개 매장을, 라인프렌즈는 국내 15개 및 해외 19개 매장을 보유하고 있다. 두 회사가 매년 공

카카오톡 및 라인의 메신저 서비스 현황

메신저 서비스명	카카오톡	라인
서비스 제공 회사	카카오	네이버
월간 이용자 수(MAU, 2017. 5. 기준)	4,243만 명	2억 2천만 명
주요 이용지역	한국	중국, 일본, 동남아시아

출처 카카오톡 '내수', 라인 '글로벌' 승승장구, 〈한국금융신문〉, 2017. 6. 12.

카카오프렌즈와 라인프렌즈의 국내 매장 확장 현황

	카카오프렌즈	라인프렌즈
전체 매장 수	국내 18개 매장	국내 15개 / 해외 19개 매장
조사 매장[9]	국내 14개 매장	국내 14개 매장
2014년	3개 매장 (현대백화점 대구·신촌·코엑스)	2개 매장 (롯데백화점 영플라자 명동·에버랜드)
2015년	4개 매장 (롯데백화점 부산본점, 여의도 CGV, 용산 신라아이파크 면세점, 현대백화점 판교)	6개 매장 (플래그십 스토어 가로수길·이태원·명동, 현대백화점 판교·신촌, 롯데백화점 부산광복)
2016년	3개 매장 (플래그십 스토어 강남·홍대, 스타필드 하남)	4개 매장 (롯데엘큐브 홍대·이대, 신세계면세점 명동, 신세계 파주아울렛)
2017년	4개 매장 (신세계백화점 대구, DDP, 플래그십 스토어 부산, 스타필드 고양)	2개 매장 (롯데면세점 월드타워, 두타면세점)

카카오프렌즈 플래그십 스토어 강남점.

격적으로 점포를 개설하면서 명동, 신촌, 홍대, 판교 등 주요 상권에서는 인접 위치에 연달아 입점하기도 했다. 뿐만 아니라 2017년 7월 출범한 인터넷은행 '카카오뱅크'가 카카오프렌즈 체크카드를 선보이자, 앞서 2016년 4월 오픈한 케이뱅크에서도 라인프렌즈 체크카드를 출시했다.[10] 업종을 가리지 않는 이들의 치열한 경쟁은 '프렌즈 대전'으로 불리고 있다.

다만 성장 전략이나 주요 고객층에 있어서는 뚜렷한 차이가 존재한다. 카카오프렌즈는 1호 플래그십 스토어인 강남점을 2016년 7월 22일 오픈한 후 불과 한 달 만에 방문객 45만 명을 돌파하는 등 국내 시장에서 확고한 입지를 구축했다.[11] 반면, 라인프렌즈는 국내 매장 방문객의 70%가 해외 관광객이다. 뿐만 아니라, 2015년 7월 상하이 신톈디에 중국 1호 매장을 시작으로 중국에 14개, 일본에 2개, 타이완에 2개 매장을 오픈하는 등 200억 달러로 추산되는 아시아 캐릭터시장을 적극적으로 공략했다. 그리고 2017년 8월 1일에는 아시아 캐릭터 브랜드로는 최초로 뉴욕 타임스퀘어에 진출하면서, 글로벌 시장에서의 입지 구축에 박차를 가하고 있다.[12]

이로부터 카카오가 국내 카카오톡 이용자를, 네이버가 아시아 라인 이용자를 기반으로 오프라인에 진출했으며, 두터운 기존 온라인 이용자층을 오프라인 고객층으로 포섭하는 데 성공했다는 사실을 확인할 수 있다.

여성의류 브랜드인 '스타일난다'는 온라인 사업자의 오프라인 시장 장악력을 보여주는 또 다른 예다. 이 회사는 2004년 오픈마켓 의류판매로 사업을 시작해, 2005년 웹사이트 오픈 후 10년 이상 국내 대표

스타일난다 등 주요 온라인 브랜드의 오프라인 매장 현황

브랜드명	매장 수	주요 매장	취급 품목
스타일난다	51	홍대 플래그십 스토어, 롯데백화점 영플라자 명동점, 신라면세점, 태국 시암파라곤점 등	여성의류, 화장품
나인	52	신사동 플래그십 스토어, 롯데월드몰점, 타임스퀘어점 등	여성의류
임블리	9	롯데백화점 스타시티점·잠실점·김포공항점 등	여성의류, 화장품
아이스크림12	5	롯데백화점 영플라자 명동점, 중국 장춘점 등	여성의류
사뿐	2	홍대 플래그십 스토어, 롯데백화점 영플라자 명동점	여성신발

출처 '온라인 쇼핑몰의 오프라인 영토 확장', 역쇼루밍족 취향 저격 온라인 넘어
제도권 유통서 막강 파워, 〈중앙시사매거진〉, 2017. 6. 5.

온라인 쇼핑몰로서의 입지를 굳혀왔다. 2012년 9월 처음으로 홍대 앞에 플래그십 스토어를 오픈했는데, 2017년 6월 현재 51개 매장을 국내 및 아시아 시장에 보유하고 있다.

그런데 플래그십 스토어 등 자체 매장에 한정하지 않고 다른 리테일 업체와의 제휴 매장으로 범위를 넓히면 스타일난다의 매장 수는 훨씬 늘어난다. 2017년 8월 현재 홈페이지에서 확인되는 스타일난다 매장은 국내 150곳, 해외 59곳 등 총 209개에 달한다. 이는 국내에서는 올리브영(108개), 홍콩에서는 패션기업 I.T(26개), 싱가포르 및 말레이시아에서는 프랑스계 화장품 유통사인 세포라Sephora(25개)와 협력해 광범위한 오프라인 유통망을 구축한 결과다.

스타일난다의 오프라인 매장 확대는 오프라인에서 제품을 보고 온라인에서 구매하는 쇼루밍 및 온라인에서 정보를 수집하고 오프라인에서 구매하는 역쇼루밍 트렌드에[13] 대응해 온·오프라인 간의 시너지

를 끌어낸 성공적인 전략으로 볼 수 있다.

2013년에 오픈한 여성 온라인 쇼핑몰인 '임블리' 역시 오픈 1년 만에 롯데백화점 영플라자 명동점에 입점했다. 2017년 상반기까지 모두 9개의 오프라인 매장을 확보했고, 2017년 안에 홍대에 5층 규모의 플래그십 스토어를 열 계획이다. 입소문을 타고 유명해진 자체 화장품 브랜드인 '블리블리', 라이프스타일 브랜드 '블리홈' 등 연관 브랜드를 모두 모아놓는 오프라인 매장이다.

전통의 리테일 유통업체들이 붕괴에 가까운 추락을 보여주고 있는 가운데, 온라인 플랫폼을 장악한 유통업체들은 역으로 오프라인에 진출해 매우 큰 성과를 창출하고 있는 것은 엄청난 아이러니가 아닐 수 없다.

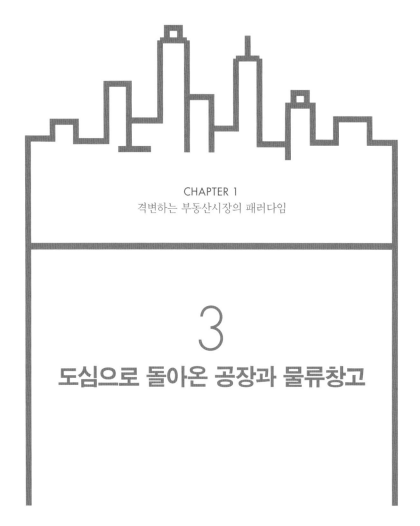

CHAPTER 1
격변하는 부동산시장의 패러다임

3

도심으로 돌아온 공장과 물류창고

최근 공장과 창고물류업의 도심 진출은 비단 리테일 상업시설에만 국한된 이야기는 아니다. 창고물류업이 도심에 자리를 잡는 것은 산업혁명 이후 근 200년 만에 이뤄지고 있는 충격적 변화의 한 가지 예일 뿐이다.

　부동산은 크게 네 타입으로 나뉜다. 주택이나 아파트 같은 주거용 건물, 업무공간인 오피스 건물, 쇼핑을 하는 리테일 상업시설, 그리고 물건을 만들고 적재하는 공장 및 창고 건물이다. 최근 이들 네 타입이 도시공간 어디에 위치하고 있는지를 보면, 상당한 변화가 있음을 알 수 있다. 각 타입이 도심으로부터 일정한 거리의 지역에 터를 잡고 지속적으로 존재하는 것이 아니라, 서로 최적의 지역을 차지하기 위해 경쟁하면서, 어떤 용도는 새로 진입하기도 하고 어떤 용도는 경쟁에 밀려 도심에서 먼 곳으로 밀려나가기도 하기 때문이다. 이중 가장 부침을 많이 겪는 용도가 바로 공장과 창고 건물이다.

　18~19세기, 산업혁명 당시 유럽의 도시를 생각해보자. 당시 유명한 산업도시들은 대부분 항구나 내륙교통의 요지에 위치해 있었다. 재료 및 상품 운반비가 상당히 비쌌기 때문이다. 어떻게 하면 토지를 압축적으로 활용해 공장을 짓고 상품을 싼 값에 빨리 배송할 것인가가 공장 사업주의 주된 관심사였다. 따라서 당시의 공장들은 수원 삼성반

도체 공장처럼 수평으로 넓게 펼쳐진 유형이 아니라, 비좁은 땅에 건물을 높이 올릴 만큼 올린, 나름 고층 형태의 건물에 위치했다. 즉, 현재의 공장은 대개 1층 또는 2층의 단층형이지만, 당시에는 4~5층 건물에 공장이 자리를 잡는 일이 빈번했다. 그래서 가장 꼭대기 층에 재료들을 쌓아놓고, 1단계 ⇨ 2단계 ⇨ 3단계 공정을 4층 ⇨ 3층 ⇨ 2층에서 거친 후, 1층은 완제품을 판매하는 매장 또는 다른 지역으로 옮기기 위한 물류창고 등으로 활용했다. 즉, 교통요지의 토지를 최대한 압축적으로 활용한 것이다.

그런데 교통혁명과 기술혁명이 이루어지면서, 운송비와 운송기술이 더 이상 큰 부담으로 작용하지 않게 되자, 공장들은 도시를 벗어나 밖으로 밖으로 나갔다. 서울에서도 구로공단 등 주요 공장들이 서울이라는 거대도시의 영역 내부에 존재하다가, 시간이 지남에 따라 점차 외곽으로 밀려났다.

이를 다르게 표현하자면, 용도 간 토지전쟁에서 공장 및 창고 용도는 항상 패해왔다고 말할 수 있다. 즉, 토지 활용의 대가로 지불할 수 있는 평당 금액을 기준으로, 주거 용도나 오피스, 리테일 용도가 항상 공장 및 창고용보다 경쟁력이 높았다는 것이다. 예를 들어, 어떤 사람이 요지에 건물을 보유하고 있다면, 스타벅스와 창고업체 중 누구에게 건물을 임대하겠는가? 스타벅스가 지불할 수 있는 평당 임대료와 창고업체가 지불할 수 있는 평당 임대료는 비교 자체가 불가능하다. 스타벅스를 비롯한 프랜차이즈 리테일업체는 임대료로 어마어마한 금액을 지불할 수 있는 데 비해, 이들과 입찰 경쟁에서 이길 수 있는 공장이나 창고는 많지 않았다.

그런데 온·오프라인 리테일시장이 위기를 맞으면서 용도 간 토지전쟁에서의 우위관계에도 지각변동이 발생하고 있다. 우선, 세계 전자상거래 현황과 관련해 아래 표를 살펴보자. 2015~2020년 전자상거래 규모는 전 세계에서 1조 5,480억 달러 규모에서 4조 580억 달러 규모로 늘어날 것으로 예측되고 있다. 또한 보라색 선으로 표시된 거래 증가폭은 매년 조금씩 줄어들 것으로 보이지만, 전체 소매거래에서 전자상거래가 차지하는 비중(분홍색)은 7.4%에서 14.6%로 두 배가량 늘어날 것으로 예측된다.

한편 2017년 1분기 국내 소매판매액 대비 온라인 판매액 비중은 19.0%인데, 이는 온라인 쇼핑 거래액이 집계되기 시작한 2010년 1분기의 8.2%에 비해 두 배 이상 증가한 수치다.[14]

세계 전자상거래 매출 및 비중 예상 변화 추이

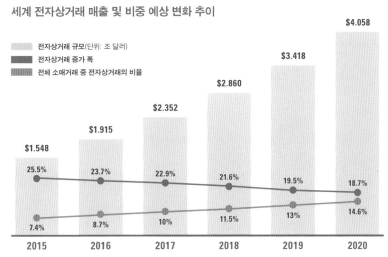

출처 Worldwide Retail Ecommerce Sales Will Reach $1.915 Trillion This Year, *eMarketer*, 2016. 8. 22.

이렇듯 전 세계 및 국내에서 공통적으로 나타나는 온라인 거래의 매출액 및 비중 증가가 부동산시장에 시사하는 바는 크게 두 가지로 해석할 수 있다. 첫째는 온라인 거래 활성화에 대비되는 오프라인 리테일시장의 약화이며, 둘째는 온라인 거래 증가에 따른 배송수요를 소화하기 위한 창고 및 물류업의 중요성 부각이다.

최근 부상한 O2O Offline-to-Online 또는 온·오프라인 통합 추세도 위 현상과 무관하지 않다. 온라인에서는 제품에 대한 정보를 제공하고 주문을 접수하며, 오프라인에서는 제품을 보관 및 수송하는 것으

아마존의 '계산대 없는 마트' 아마존고의 홍보 영상.　　　　출처 amazon.com

로 역할이 분담되고 있다. 보다 빠르고 저렴하게 제품을 공급하는 것이 경쟁력으로 직결되는 시대가 도래한 것이다.

글로벌 전자상거래업체 아마존이 2016년 10월 식료품사업에 뛰어들겠다고 선언한 것이나, 신세계가 온라인 쇼핑몰 SSG닷컴을 출범시킨 것은, 온·오프라인 사업의 경계를 허물고 그 사이에서 시너지를 찾아내려는 O2O의 대표적 사례라고 할 수 있다.

따라서 과거처럼 창고물류업체가 리테일에 밀려 외곽으로 밀려나는 것이 아니라, 창고업이 리테일의 기능을 대체·보완하게 되었다. 드론 택배 등 물류혁명은 이미 시작되었으며, 스마트물류가 4차산업으로 각광받으면서, 앞으로 창고물류업체의 도심 진출은 더욱 본격화될 것이다. 창고물류업이 이른바 '뉴 리테일'이 된 것이다.

CHAPTER 1
격변하는 부동산시장의 패러다임

4

배송 서비스의 시장 장악

바야흐로 셰프의 시대인 듯하다. TV를 틀면 요리와 '먹방' 프로그램을 쉽게 접할 수 있고, 셰프가 연예인 수준의 대우를 받고 있다. 그런데 이렇게 셰프를 받드는 시대가 도래한 것은 불과 몇 년 전 일이다. 10년 전만 하더라도 일반인들에게 '셰프'라는 단어는 매우 생경했다. 대신 우리에게 친숙한 단어는 '주방장'이었다.

미각이라는 경험을 제공하는 요리가 일반인들, 특히 뒤에 언급할 밀레니얼 세대에게는 매우 중요한 문화가 되었기 때문에 이런 새로운 붐이 형성된 것으로 보인다. 이연복 씨가 연희동에서 중국집을 운영한 지는 꽤 오래되었다. 대단한 요리사임을 부정하지 않으나, 근래 짧은 시간 동안 그의 요리가 과거에 비해 엄청나게 발전했는지는 모르겠다. 그의 음식은 과거에도 맛있었다. 그럼에도 그가 최근 몇 년 사이에 대단한 주목을 받게 된 것은 물론 '그'가 가장 중요한 요소이겠으나, 음식을 둘러싼 혹은 음식을 대하는 문화, 그리고 이런 문화를 선도한 계층과 새로운 전파 채널(페이스북, 인스타그램 등)의 존재와 관련이 있다. 이제 바야흐로 새로운 '음식의 시대'가 도래했고, 따라서 셰프의 위상이 과거와는 확연히 달라졌음을 보여주는 것이다.

그런데 여기서 한 가지 눈여겨봐야 할 점이 있다. 강남 일대 작은 음식점들을 다녀보면, 음식점 앞 광고에 자주 등장하는 것은 '우리 음식점이 이런 TV 프로그램에 나왔다'는 내용도 일부 있으나, 대부분 '땡동 배달됩니다' 혹은 '배달의민족 배달됩니다' 같은 내용이다. 그리고 이것이 내포하고 있는 충격파는 상상 이상이다.

중국집의 운영구조를 살펴보자. 작은 중국집은 대개 카운터를 보는 사장님과 주방장 그리고 배달부, 이렇게 세 그룹으로 나뉘어 운영된다. 사장님들과 인터뷰를 해보면, 중국음식점의 핵심은 결국 '주방장'의 요리 실력에 있음을 누구나 인식하고 있다. 따라서 제대로 된 음식점의 경쟁력은 '우리 음식이 맛있다'에 있고, 그렇기에 더 이상 '주방장'이 아니라 '셰프'라 불리는 시대가 온 것이다. 그럼에도 불구하고 강남 일대 작은 음식점들의 광고판은 '맛있다'가 아니고 '×× 배달됩니다'에 맞춰져 있다. 무언가 잘못되어도 단단히 잘못된 것으로 보일 수 있지만, 실상은 전혀 그렇지 않다.

철가방연합체인 '땡동'과 '배달의민족' 같은 모바일 플랫폼이 오프라인과 결합하면서 엄청난 파워를 갖기 시작한 것이다. 배달의민족의 모회사는 독일계 업체인 딜리버리히어로Delivery Hero, 우리말로 '배달의 영웅'이다. 즉, (과거 산업도시에서나 평가받던) 물류업체가 당당히 플랫폼으로 진화하면서, 상위 가치체계에 속한 셰프들을 자신들의 플랫폼에 종속시킨 것이다.

배달의민족 등이 플랫폼으로 성장하면서, 일반인들이 배달음식을 주문할 때 음식점에 전화하는 것이 아니라, 배달 플랫폼에 먼저 접속하게 되었다. 음식점에서 배달을 지배하는 것이 아니라, 배달 플랫폼에서 음식점으로 연결되는 구조로 바뀐 것이다. 이는 곧 이름도 멋진 '셰프'와 촌스러운 이미지인 '철가방'의 상하구조가 바뀌었음을 의미한다.

더 이상 '셰프의 시대'가 아니다. 더 중요한 것은 철가방연합체의 활약상이다. 그들이 어떻게 도시 안에서 움직이고delivery, 어느 곳을 포스팅 장소로 활용해 배송 서비스를 최적화하느냐가 핵심이 되었다. 이런 요소들이 이들의 플랫폼 장악력(일반인들이 플랫폼에 더 자주, 더 많이 접속하게 만드는 힘)을 높여줄 것이다.

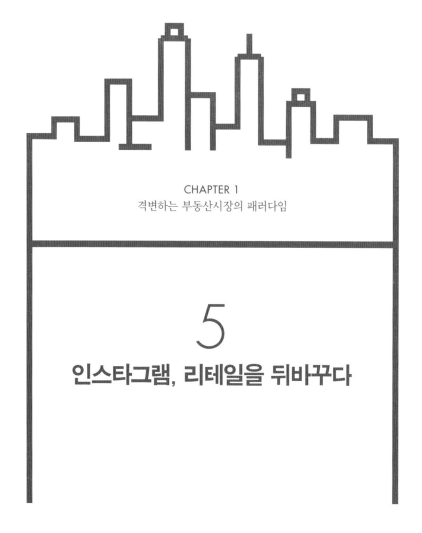

5

인스타그램, 리테일을 뒤바꾸다

2010년 10월 설립된 '인스타그램Instagram'은 사진과 영상을 공유하는 이미지 기반 소셜미디어다. 인스타그램은 자체 필터와 보정 기능이 있어서, 휴대폰으로 찍은 사진도 즉각 매력적으로 보이게끔 만들어준다. 또한 사진을 업로드할 때 사용자가 원하는 해시태그를 붙일 수 있고, 검색을 통해 해시태그가 붙은 다른 사용자들의 사진을 모아 볼 수도 있다. 이미지를 공유하는 기능이 탁월한 것이다.

인스타그램에 올라오는 콘텐츠의 90% 이상은 사진으로, 매일 8천만 장 이상의 사진이 공유되고 있다. 인스타그램의 성장세는 그야말로 폭발적이라 할 수 있는데, 오픈 3주 만에 30만 회 다운로드되었고, 불과 2년 후인 2012년에 사용자 수가 3천만 명에 이르렀다. 이렇듯 빠른 성장 속도와 잠재력을 인정받아, 2012년 10억 달러에 페이스북에 인수되었다. 2년도 안 된, 직원 13명에 불과한 신생기업이 무려 1조 원 이상의 가치를 인정받은 것이다. 1888년 설립된 사진업계의 거인 '코닥'이 2012년 1월 파산보호신청을 한 것에 비춰보면, 사진공유 소셜미디어 인스타그램의 합병은 그야말로 놀라운 사건이었다.

인스타그램은 현재도 매우 빠른 속도로 성장하고 있는데, 월간활성사용자MAU, monthly active users(한 달간 해당 서비스에 최소 1~2회 접속한 순수 사용자) 기준으로 2013년 2월 1억 명을 돌파했다. 이듬해인 2014년 3월에는 2

억 명, 같은 해 12월 3억 명, 2015년 9월 4억 명, 2016년 6월 5억 명, 같은 해 12월 6억 명, 그리고 2017년 4월에는 무려 7억 명을 넘어섰다. 대략 9개월마다 MAU가 1억 명씩 증가하는 추세를 보이다가, 6억 명에서 7억 명이 될 때는 불과 5개월밖에 걸리지 않았다.

인스타그램의 중요성이 강조되는 이유는 기업들이 마케팅 채널로 인스타그램을 선호하고 있기 때문이다. 모바일 쇼핑의 비중이 급격히 증가하는 가운데, 인스타그램에서 쇼핑 관련 정보나 영감을 얻는 소비자들이 늘고 있다. 인스타그램 사용자의 75%는 인스타그램 게시물의 영향을 받아 행동한 적이 있다고 한다. 인스타그램을 통해 사용자의 위치, 해시태그, 팔로우 계정 등 다양한 정보를 기반으로 정확한 타깃 마케팅을 할 수 있다는 것도 큰 장점이다.

미국 인터넷시장조사업체인 e마케터_eMarketer_에 따르면, 페이스북을

인스타그램 월간활동사용자 증가 추이

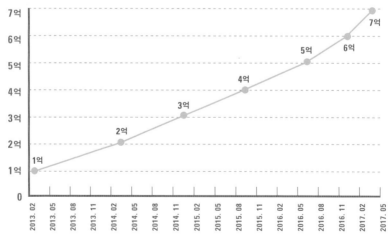

2020 부동산 메가트렌드

마케팅 활동에 이용하겠다고 답한 기업은 2015년 84.7%에서 2017년 85.8%로 크게 늘지 않았다. 반면, 인스타그램을 마케팅 활동에 이용하겠다고 답한 기업은 2015년 32.3%에 불과했으나 2016년에는 48.8%, 2017년에는 70.7%로 급격히 증가했다. 이런 추이대로라면 조만간 기업의 마케팅 활동에서 페이스북이 차지하는 비중을 인스타그램이 뛰어넘을 것이라는 예상도 충분히 가능하다.

⌂ 기업 마케팅 기법의 파괴를 불러오다

평범한 일반인도 인스타그램을 통해 유명인이 된 사례가 많다. 과거 기업들은 일반인들이 선망하는 유명 연예인들을 활용하는 마케팅에 주력했는데, 이제 엄청난 수의 인스타그램 팔로워를 보유한 일반인들 역시 기업들에게 매력적인 대상으로 인식되기 시작했다. 연예인 못지않은 인기를 누리고 있는 이들에게 기업들이 협찬하는 경우가 많아진 것이다.

최소 1천 명 이상, 일반적으로는 1만~10만 명의 팔로워를 보유한 사용자를 마이크로인플루언서micro-influencer라 부른다. 이들 중에는 다른 플랫폼에서 이미 유명인사가 된 사람도 있고, 인스타그램을 통해 유명해진 사람도 있다. 전자의 가장 대표적인 사례는 유튜브에서 자신만의 채널을 운영해온 '유튜버'들이 인스타 계정에 일상 사진이나 공지 등을 올리며 팔로워들과 소통하는 경우다. 후자는 인스타에 패션, 뷰티, 요리, 디자인 등 자신만의 콘텐츠를 올리며 인기를 끌게 된 경우인데, 특히 일상 패션을 올리다가 많은 팔로워를 확보한 후 자기 사업

(주로 시장에서 옷을 떼어와 비정기적으로 판매하는 블로그마켓)을 시작하는 사람이 증가하고 있다.

의류, 주얼리, 화장품 등 기업의 협찬이 들어오면 인플루언서들은 그 제품을 사용하는 사진을 올릴 때 해당 브랜드의 계정을 태그하게 된다. 그럼으로써 그 인플루언서를 닮고 싶어 하고 취향도 비슷한 팔로워들에게 그 브랜드가 자연스레 노출되고 매출로 이어지게 되는 것이다.

일반인뿐 아니라, 아직 알려지지 않은 기업에게도 인스타그램은 새로운 홍보 채널로 활용되고 있다. 아주 외진 지역에 있더라도 인스타그램 팔로워가 많은 카페와 레스토랑은 항상 손님들로 가득하다.

밀레니얼 세대는 친구를 만나 음식점이나 카페를 가기 전 블로그나 맛집 앱, 인스타그램 등에서 미리 검색해 후보를 정해둔다. 인스타에서 '#00역맛집', '#00동카페' 등으로 해시태그 검색을 하면 '검색 결과' 창에 수많은 사진 섬네일thumbnail이 뜬다. 그 사진들을 쭉쭉 넘기면서 눈에 띄는 것을 눌러 살펴보고 갈 만한 곳을 물색하기 때문에, 비주얼이 좋을수록 선택될 확률이 높아진다. 즉, 비주얼이 좋고 인스타에 사진이 많이 공유되어 있어 '검색 결과' 창에 많이 노출될수록 유리한 것이다.

인스타그램에는 결국 주변 전망이나 인테리어, 음식이나 음료의 플레이팅 등 비주얼이 좋거나 분위기가 독특한 곳이 많이 공유된다. 〈타임아웃Timeout〉 등 주로 먹거리나 즐길거리 정보를 제공하는 잡지에서도 'Instagrammable restaurants', 'Instagram-worthy cafes' 등 소위 '인스타그램에 올릴 만한' 음식점이나 카페를 소개하는 글을 많이 찾아볼 수 있다. 결과적으로 선순환의 흐름을 타야 하는데, 비주얼이 좋아야 누군가의 인스타그램에 올라오고, 인스타에 올라와야 사람들이 더 많이 가게 되며, 실제로 가보니 자신의 인스타그램에 올릴 만해야 더 많이 공유하게 되는 것이다.

그리고 이는 실제 매출액 향상으로도 이어진다고 한다. 맛집 리뷰 앱 '망고플레이트'에는 소비자들이 인스타그램에 올린 맛집 사진이 많이 떠 있는데, 마케팅 담당자의 말에 따르면, 같은 음식점이어도 사람들은 사진이 좋은 곳을 약 1.7배 더 클릭한다고 한다.

인스타그램에서 사람들이 팔로우하는 이는 보통 자신의 친구거나, 친구는 아니지만 관심사나 취향이 비슷해서 사진을 받아볼 만하다고 여기는 사람이다. 따라서 자기가 팔로우하는 사람이 카페나 음식점 사진을 올릴 경우 어느 정도 마음에 들 확률이 높다. 인스타그램 이용자 간 서로 정보에 대한 신뢰가 쌓인 경우라면, 인스타에 올라온 사진 한 장에 꽂혀 특정 음식점이나 카페를 방문해야겠다고 결심하는 일이 충분히 일어날 수 있고, 또 일어나고 있다.

CHAPTER 1
격변하는 부동산시장의 패러다임

6

1인 가구의 시대

인스타그램의 영향력 증대, 아마존 등 온라인 플랫폼의 오프라인 이동, 물류업체의 도심 진출 등 과거에는 상상조차 못했던 일들이 벌어지고 있다. 그리고 이런 충격적인 변화의 중심에는 이를 당연하게 받아들이는 계층, 즉 밀레니얼 세대millennials가 존재한다.

이들 밀레니얼 세대에 대한 이해 없이는 부동산을 둘러싼 거대한 패러다임에 대한 이해가 불가능하다. 더 나아가 이들에 대한 이해가 전제되지 않은 비즈니스의 몰락은 어찌 보면 당연하다고 할 수 있다.

밀레니얼 세대(1980~2000년 출생)는 베이비부머(1948~1964년 출생)의 자녀 세대다. 미국에서는 밀레니얼 세대의 수(9,200만 명)가 부모 세대인 베이비부머보다 많으며, 한국 역시 밀레니얼 세대가 1,400만 명으로, 948만 명인 부모 세대의 1.5배에 이른다.

밀레니얼 세대는 부모보다 경제적으로 어려운 세대다. 예를 들어, 1980년생이 사회에 나온 2000년대 중후반, 세계는 2008년 글로벌 금융위기의 여파로 불황과 저성장의 늪에 빠져 있었다. 따라서 이들은 부모 세대가 경험했던 1960년대와 1990년대의 활황과 경제적 풍요를 이해하지 못한다.

이런 경제적인 상황 때문에 밀레니얼 세대는 소비 패턴에서도 부모와 전혀 다른 행태를 보인다. 이들은 패밀리식당에서 외식을 하기보다는 집에서 간단히 해먹거나 배달음식을 선호한다. 이들이 가치를 두는 것은 무엇보다 속도이기 때문이다. 따라서 간단하게 해먹을 수 있거나 빨리 배달되는 음식을 좋아하고, 외식을 할 경우에도 패스트푸드를 선호한다.

명품 브랜드에 대한 열망도 과거 세대와 다르다. 옷이나 가방 같은 물건보다 여행과 스포츠 등 경험소비에 더 많은 관심을 갖는다. 옷도 자기가 선호하는 특정 브랜드를 온라인으로 구매하지, 쇼핑몰 등을 직접 방문해 구입하는 경우는 갈수록 줄고 있다. 즉, 제아무리 명품 브랜드가 세일을 한다고 해도, 다른 사람들과 같은 가격에 같은 제품을 구매하고 싶어 하지 않으며, 확실히 차별되는 제품을 원한다.

부동산의 경우, 수입이 한정되어 있기 때문에 매입에 대해서는 큰 열망이 없다. 대신 비용을 줄이면서 문화적 삶을 지향할 수 있는 주거에 관심이 많다. 어차피 소유할 수 없다면 최소한 자신의 문화를 즐길 만한 여건이 충분히 갖춰진 주거여야 하는 것이다. 그리고 이들 대부분 결혼을 늦추고 있기 때문에, 1인 가구의 특징을 갖고 있다. 1인 가구와 2인 가구는 가구당 자본(소득)의 차이가 명확하기 때문에, 가구별 부동산 매입 감소는 인구학적 트렌드를 볼 때 충분히 예견할 수 있다.

이처럼 2020 새로운 패러다임의 중심에는 밀레니얼 세대가 있다. 이들이 공유하는 키워드는 공유경제, 셰어하우스, 셰어오피스, 인스타그램, 모바일 플랫폼 등이다. 이들은 명품소비가 아닌 차별화된 경험소비를 지향하는 등 과거 세대와는 트렌드부터 다르다. 이들에 대한 이해가 2020 시장의 흐름을 주도할 수 있는 핵심이라고 할 수 있다.

NOTES

1 American Apparel seeks bankruptcy protection a second time, *Bloomberg*, 2016. 11. 15.

2 Exclusive: Gildan wins American Apparel auction with $88 million bid-source, *Reuters*, 2017. 1. 10.

3 American Apparel Is Closing All of Its 110 U.S. Stores, *Cosmopolitan*, 2017. 1. 14.

4 Ralph Lauren Is cutting 1,000 Jobs and closing 50 stores, *Time*, 2016. 6. 7.

5 What in the world is causing the retail meltdown of 2017, *The Loadstar*, 2017. 5. 9.

6 Michael Kors to close up to 125 stores as luxury retail woes deepen, *USA Today*, 2017. 5. 31.

7 Coach pulls back inventory in department stores due to deep discounting, *Marketwatch*, 2016. 8. 10.

8 Fitch: Claire's, Sears among retailers in danger of default this year, *Retaildive*, 2017. 1. 31.

9 전체 매장 중 카카오프렌즈는 신세계백화점 서초점과 명동면세점, 잠실 롯데월드몰, 잠실 롯데월드타워가, 라인프렌즈는 롯데면세점 소공점이 조사 매장에서 제외되었다.

10 '머니S토리' 카카오 vs 케이뱅크 '체크카드 대전', 〈매일경제〉, 2017. 8. 19.

11 카카오프렌즈 플래그십 스토어 오픈 한 달 만에 45만 명 방문, 〈미디어펜〉, 2016. 8. 9.

12 네이버 라인프렌즈, 뉴욕 진출⋯ 북미 시장에 도전장, 〈연합뉴스〉, 2017. 8. 2.

13 쇼루밍&리버스쇼루밍 트렌드, 유통업계 온·오프라인 시너지 살려야, LG 경제연구원, 2014. 11. 17.

14 모바일 쇼핑 폭풍성장⋯ 전체 소비의 20% 온라인으로, 역대 최고, 〈연합뉴스〉, 2017. 7. 21.

PART

2020
주택부동산 트렌드

김경민 서울대학교 환경대학원 부원장

/

하버드대학교에서 부동산·도시계획 박사 취득 후, 서울대학교 환경대학원
도시계획 전공 교수 및 부원장으로 재직 중이다. 현재 빅데이터를 활용해
부동산시장과 도시를 분석하는〈Center for Urban Informatics〉
디렉터로도 활동하고 있다. 2011년 저서《도시개발, 길을 잃다》를 통해 2013년
용산국제업무지구의 파산을 예측했고, 2013년《리씽킹 서울》에 최초로
소개한 익선동은 현재 핫플레이스로 성장하였다. 2017년에는《건축왕, 경성을
만들다》에서 북촌과 익선동을 개발한 디벨로퍼 정세권을 새롭게 조명하기도 했다.
2016년에는 국내 최초의 신축 셰어하우스 '쉐어원'을 개발했다.

밀레니얼 세대만의
주거방식

CHAPTER 1
밀레니얼 세대만의 주거방식

1

밀레니얼 세대의 등장

밀레니얼 세대, Y세대, N세대, 88만 원 세대, 3포 세대,
사토리 세대, 단선거우 세대

위 단어들은 모두 1980~2000년에 출생해, 현재 10대 후반에서 30대 후반의 연령대인 세대를 수식하는 말들이다. 밀레니얼 세대와 Y세대, N세대는 젊은 층의 정체성과 문화적 특성에 초점을 맞췄고, 88만 원 세대와 3포 세대, 사토리さとり('깨달음'을 뜻하는 일본어로, 돈벌이는 물론 출세에도 관심이 없는 젊은이들을 이르는 말)와 단선거우單身狗('독신개'라는 뜻의 중국어로, 연애와 결혼 등을 포기한 젊은이들을 뜻한다)는 어려운 세태와 비관적인 모습에 각각 초점을 맞춘 용어다. 이 장에서는 '밀레니얼 세대'로 통일해서 사용하고자 한다. 베이비부머의 자녀 세대인 이들을 설명하는 용어가 이렇듯 많다는 사실은 이들이 지닌 특성과 가치관을 정의하려는 시도가 다양하게 이루어져왔음을 의미한다.

그렇다면 밀레니얼 세대는 그 부모 세대인 베이비부머(1948~1964년생)와 어떻게 구분될까? 여러 가지 다른 점이 있으나 무엇보다 뚜렷한 차이점은, 이들의 월등한 디지털 매체 활용 능력과 이를 매개로 한 활동 및 온라인 네트워킹이라고 할 수 있다.

'밀레니얼 세대millennials'라는 개념이 처음 등장한 미국에서 이들

은 '첫 디지털 네이티브_first digital natives_'로 불린다. 이들은 인터넷으로 TV 시청, 음악 및 영화 감상 등 문화소비를 하고 친구들과 SNS, 채팅, 문자로 소통하며 비디오게임으로 놀이를 하는 데 익숙하다.

소비활동에 있어서도 마우스 클릭 한 번으로 이뤄지는 온라인 쇼핑을 선호한다. 또한 제품의 브랜드에만 의존하기보다 소셜미디어 등 디지털 매체를 통해 얻은 제품 정보와 다른 소비자의 사용후기를 참고해 의사결정을 한다. 이들은 라이프스타일에 있어서도 삶의 질을 중요하게 생각하고, 자기계발과 건강관리를 인생의 우선순위에 두는 성향이 강하다.

그러나 다른 한편으로 밀레니얼 세대는 이전 세대들에 비해 가장 가난한 세대이기도 하다. 최근 미국 경기가 호전되었다고는 하지만, 2008년 이후 발생한 장기간의 불황은 밀레니얼 세대에게도 큰 타격을

미국 내 대학원생 1인당 부채 변화 추이

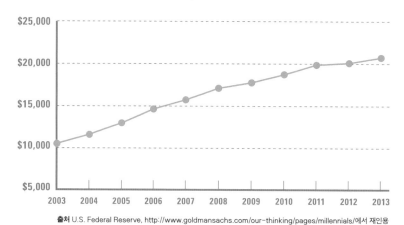

출처 U.S. Federal Reserve, http://www.goldmansachs.com/our-thinking/pages/millennials/에서 재인용

가했고, 앞페이지의 미국 대학원생 1인당 부채 통계에서 보듯이, 이들의 주머니 사정은 크게 나아지지 않았다. 이렇듯 어려운 경제적 사정으로 인해 이 세대에 속한 이들은 물건을 사서 소유하기보다는 렌트나 리스 같은 거래 형태를 선호하고, 결혼과 주택 구입 시기를 늦추는 경향이 있다.

한국 밀레니얼 세대의 특징과 이들이 처한 상황도 미국의 경우와 크게 다르지 않다. 디지털 환경에서 자라나 이를 자유롭게 활용한다는 의미의 '디지털 네이티브'라는 기준에서 한국은 세계 최상위권에 위치한다. 전체 인구 중 13.6%가 디지털 네이티브로 분류되어 세계에서 세 번째로 높은데, 그중 젊은 인구의 비율은 99.6%에 달해 세계에서 가장 높다.

국내에서 밀레니얼 세대가 사용하는 디지털 기기는 컴퓨터, 스마트폰, 태블릿PC 등 다양하며 이 기기들을 활용하는 정도나 네트워킹 수준은 연령대가 낮을수록 높다. 정보통신정책연구원의 분석 결과에 따르면, 한국의 후반부 밀레니얼 세대(대략 1991~1996년생)는 이전 세대보다 페이스북이나 온라인 커뮤니티 이용 빈도가 높은 것으로 조사되었다.[1] 이들은 현재지향적 라이프스타일과 여가를 중시하는 성향, 새로운 곳에 대한 호기심에 있어서도 더 높은 수치를 보여주었다.[2]

이렇듯 한국의 밀레니얼 세대 또한 미국을 비롯한 다른 국가들의 또래 세대와 유사한 성향과 특징을 보인다. 그런데 이 유사성은 긍정적 측면은 물론 이들 세대가 맞닥뜨린 경제적 어려움에서도 나타난다. 특히 한국은 경제가 저성장 상태에 머무르고 있을 뿐 아니라 시장개방에 따른 경쟁의 심화, 산업구조 및 고용구조의 변화와 경기침체로 인해 심각한 양극화에 직면해 있다.[3] 서울의 소득 5분위 배율은 6.96인데, 이는 상위 20%의 소득이 하위 20%의 약 일곱 배에 달한다는 것을 의미한다.[4] 이렇듯 사회구성원 간 빈부격차가 커지면서 소위 '금수저 흙수저' 논란이 불거지기도 했다.

개별 가계의 부담은 커지는 반면 기업의 고용은 부진하다 보니, 한국의 밀레니얼 세대는 높은 실업률에 고스란히 노출되고 있다. 아래 그래프에서 2017년 7월 현재 청년층(15~29세)의 실업률은 9.3%, 체감 실업률(고용보조지표3)은 22.6%로, 3년째 고공행진을 이어가고 있다.

높은 실업률은 다시 가계부채의 증가와 늦은 결혼으로 이어진다. 2017년 현재 평균 가구의 부채 보유율은 72.7%, 부채 잔액은 5,066만 원이며[5], 평균 결혼 연령은 남성 35.9세, 여성 32.7세다.[6]

이처럼 결혼을 미룬다는 점에서 밀레니얼 세대의 특징은 1인 가구

청년층 실업률 및 고용보조지표3

출처 '바닥 안 보이는 청년실업… 올해 체감실업을 갈수록 악화, 《연합뉴스》, 2017. 8. 12.

연령대별 거주 주택의 전세 및 월세 보증금 마련 방법

자금 마련 방법(중복 선택 가능)	전체	20대	30대	40대
본인이 가지고 있는 돈으로 마련	58.3%	42.1%	62%	77.8%
부모님에게 도움을 받음	30.5%	47.7%	25%	13.2%
대출을 받음(본인이 이자 부담하고 있음)	17%	17.8%	18.9%	11.3%
형제·자매 등 친인척의 도움을 받음	3.2%	3.2%	3.4%	2.7%
지인 등 주변에서 도움을 받음	1.4%	0.9%	1.7%	1.6%
기타	0.6%	0.9%	0.5%	0.4%

출처 통계청, 2017 한국 1인 가구 보고서, KB금융지주 경영연구소(2017).

의 특징과 매우 밀접하다. 밀레니얼 1인 가구가 이전 세대에 비해 경제적 기반이 취약하다는 것은 위의 설문 결과에서도 확인된다. 자기 돈으로 주택자금을 마련한다고 응답한 사람이 40대는 77.8%인 반면, 30대는 62%, 20대는 절반 미만인 42.1%였다. 대출로 자금을 마련하겠다고 한 비율은 30대 18.9%, 20대 17.8%였고, 부모님이나 친척 또는 지인의 도움을 받겠다고 한 비율은 30대 30.1%, 20대 51.8%로 조사되었다. 이 세대가 주택자금을 마련하기 위해 빚을 지거나 주변 사람들의 도움을 받는 비중이 크다는 것을 알 수 있다.

이처럼 허약한 경제 기반, 낮은 고용률과 소득수준이라는 제약 아래서 밀레니얼 세대가 선택하는 주택 유형은 이전 세대와는 확연히 다르다. 그러므로 이들 밀레니얼 세대 1인 가구에 대한 이해 없이 향후 주택시장의 거대한 트렌드 변화를 이해한다는 것은 불가능하다.

CHAPTER 1
밀레니얼 세대만의 주거방식

2

1인 가구의 증가

1인 가구의 증가 추세를 이해하기 위해서는 시계열선상에서의 장기 인구학적 트렌드를 살펴보아야 한다. 그런데 최근 몇 년간 그 변화는 매우 다이내믹했다.

1980년 이후 서울시 가구원 수 변화 추이를 살펴보면(다음 페이지 그래프), 매우 다양한 특징이 나타난다. 우선 1980년대 중반까지 가장 많은 가구는 5인 이상이었다. 아이가 세 명 이상인 가정 혹은 조부모와 함께 사는 가정이었을 5인 이상 가구는 1980년대 중반까지 대략 83만 가구였다. 그 후 급격히 감소하기 시작해, 2015년 기준으로는 가장 적은 가구가 되었다. 만약 주택 공급을 담당하는 개발사업자 혹은 건설회사라면, 과거에는 큰 평수에 대한 수요가 많았겠지만, 현재는 그런 가구를 대상으로 한 주택 공급은 상대적으로 줄여나가야 하는 것이다.

1980년 이후 급성장과 하락이라는 하나의 사이클을 이룬 것은 4인 가구다. 일반적으로 부모와 자녀 두 명으로 대표되는 4인 가구는 꾸준히 증가해 1990년대 중후반 가장 많아졌다가, 이후 급격히 감소하기 시작해 현재는 하위 두 번째를 차지하고 있다.

1990년대 후반 이후 4인 가구의 하락과 맞물려 한 가지 재미있는 현상이 나타났다. 한 자녀 가정으로 대표되는 3인 가구의 증가다. 그런데 이마저도 2000년대 이후 증가세가 완만해지고 있다. 이는 결혼

1980~2015년 서울시 가구원 수 변화 추이

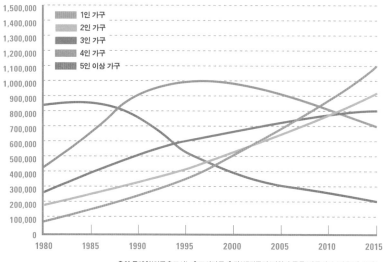

출처 통계청(인구총조사), 총조사가구 총괄(행정구역/거처의 종류/가구원 수/사용 방 수별)

1980~2015년 서울시 가구원 수 변화 추이 누적

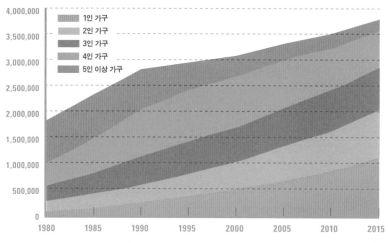

출처 통계청(인구총조사), 총조사가구 총괄(행정구역/거처의 종류/가구원 수/사용 방 수별)

2020 부동산 메가트렌드

을 해도 아이를 낳지 않는 가구의 증가 혹은 높은 이혼율로 인한 한부모 가정의 증가와 맥이 닿는 현상이다.

1980년 이후 증가세가 꾸준한 것은 2인 가구와 1인 가구다. 이들은 매우 빠르게 성장하고 있는데, 2000년대 초반 골든크로스가 발생하면서 1인 가구가 2인 가구를 앞지르더니, 2010년대에 이르러서는 전 가구 중 가장 많아졌다. 2015년 기준으로 서울시의 1인 가구는 110만이며, 2인 가구는 93만, 3인 가구는 82만, 4인 가구는 70만, 5인 이상 가구는 대략 20만이다. 1인 가구의 증가세는 앞으로도 계속될 것으로 보인다. 2045년에는 1인 가구의 비율이 서울시 전체의 36.6%(133만 가구)에 달할 것으로 예측되고 있다(통계청, 장래가구 추계).

1인 가구를 좀 더 자세히 들여다보면, 여성과 남성 그리고 전 연령대에서 1인 가구가 증가하고 있음을 알 수 있다. 다음 페이지의 그래프는 2010년과 2015년 연령별 여성과 남성 1인 가구 증가 추세를 나타낸 것이다.

남성의 경우, 전 연령대에서 증가하고 있는데, 1인 가구가 많은 연령대는 20~39세다. 즉, 밀레니얼 세대에서 1인 가구 비중이 매우 높음을 알 수 있다. 여성은 약간 다른데, 1인 가구가 많은 연령대로 크게 두 부분이 눈에 띈다. 20~39세와 55~79세. 즉, 남성과 마찬가지로 밀레니얼 세대에서 1인 가구의 비중이 상당하고, 한편으로는 노인층에서 남편 사망 등으로 인해 1인 가구가 많은 것이다.

밀레니얼 세대 중 여성 1인 가구는 불과 5년 사이에 13만여 가구에서 25만여 가구로, 남성 1인 가구는 17만여 가구에서 27만여 가구로 가파르게 증가했다. 이 연령별 1인 가구 데이터가 보여주는 또 하나의

2010년 연령별·성별 1인 가구 분포

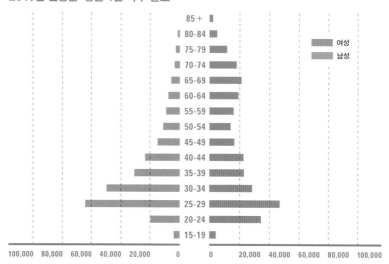

출처 통계청(인구총조사), 성별/연령별/거주기간별 1인 가구(일반 가구)-시도

2015년 연령별·성별 1인 가구 분포

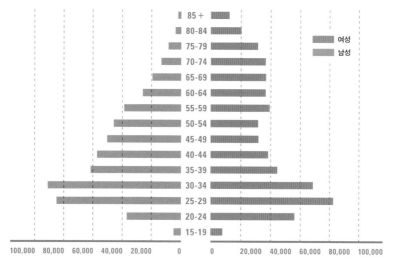

출처 통계청(인구총조사), 성별/연령별/거주기간별 1인 가구(일반 가구)-시도

핵심은, 사실 1인 가구는 밀레니얼 세대뿐 아니라 노인층에도 상당히 많다는 점이다. 특히 노인 1인 가구의 경우, 50%가 소득 하위 수준이라는 통계를 보면, 공적 영역 중 주거복지 차원에서 이들에 대한 관심이 매우 필요함을 알 수 있다.

밀레니얼 1인 가구의 증가는 매우 다양한 이유에서 기인한다. 경제적인 이유로 연애와 결혼, 출산을 포기한 이른바 '삼포세대'의 증가는 당연히 1인 가구의 양적 증가로 이어진다. 게다가 개인의 가치와 행복을 중시하는 개인주의적인 성향으로 인해 결혼을 부정적으로 생각할 수 있다. 점심은 저렴하게 먹더라도 스타벅스 커피를 마셔야 한다거나, 작은 다세대주택이나 원룸에 살더라도 리스로 수입차를 몰고 싶다면, 결혼 전과 후의 가처분소득(실제로 본인이 쓸 수 있는 소득)을 비교할 것이다. 결혼 후 가처분소득이 결혼 전 싱글 때보다 적다면(실제로도 결혼 전에는 30% 이상이었던 가처분소득이 결혼 후에는 양육비 등으로 인해 20% 이하로 적어진다), 당연히 결혼은 그의 옵션에 포함되지 않는다. 게다가 여성의 경제력 향상은 결혼이 반드시 인생의 필요조건이 아니라는 생각을 확산시켰다.

CHAPTER 1
밀레니얼 세대만의 주거방식

3

1인 가구 밀집 지역의 특징

밀레니얼 세대가 서울시내 어느 지역에 거주하는지를 상세히 살펴보면 매우 재미있는 특징이 드러난다. 일반적으로 지역 간 격차가 없다면 (지역에 상관없이 모두 동등한 수준의 쾌적한 환경요소를 제공한다면), 밀레니얼 세대는 서울시내 모든 지역에 일정한 비율로 균등하게 거주할 것이다. 하지만 현실은 그렇지 못하다. 이들은 직장과의 거리 혹은 교통 편의성과 낮은 집값 등을 고려해 최적의 선택을 할 것이기 때문에, 특정한 지역에 몰려 거주할 가능성이 높다.

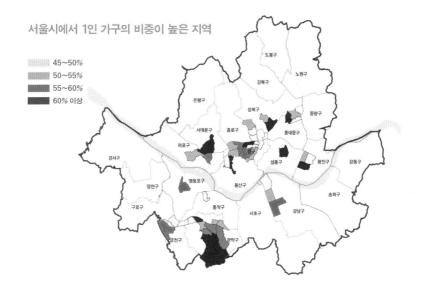

서울시에서 1인 가구의 비중이 높은 지역

통계청 자료를 바탕으로 1인 가구의 비중이 높은 지역을 표시하면, 앞 페이지와 같은 지도가 그려진다. 검은색은 해당 동에 거주하는 가구 중 1인 가구의 비중이 60% 이상인 곳이며, 빨간색은 55~60%, 주황색은 50~55%인 지역이다.

이 지도에서 밀레니얼 세대 1인 가구 밀집 지역은 서울대 인근과 구

서울시에서 1인 가구가 많은 지역의 가구 수와 비중

자치구	행정동	가구 수	1인 가구 수	1인 가구 비율	20~39세 여성 인구비
광진구	화양동	15,466	11,126	71.9%	30.2%
관악구	신림동	12,726	9,098	71.5%	30.2%
서대문구	신촌동	11,277	7,649	67.8%	27.7%
강남구	역삼1동	18,741	10,553	56.3%	27.0%
강남구	논현1동	12,205	6,419	52.6%	26.3%
성북구	동선동	8,183	4,376	53.5%	25.8%
마포구	서교동	13,857	7,519	54.3%	23.6%
관악구	청룡동	15,766	9,221	58.5%	23.6%
관악구	낙성대동	9,262	5,449	58.8%	23.5%
관악구	행운동	14,676	7,456	50.8%	22.3%
관악구	중앙동	7,341	3,767	51.3%	21.7%
동대문구	회기동	6,566	4,030	61.4%	21.5%
마포구	대흥동	7,167	3,990	55.7%	20.6%
관악구	서원동	11,642	5,836	50.1%	20.6%
성동구	사근동	6,976	4,322	62.0%	20.1%
성북구	안암동	9,119	5,492	60.2%	20.0%

로가산디지털단지, 노량진(여의도 옆), 홍대·합정, 종로 CBD, 성균관대, 고대-성신여대 인근, 경희대-외국어대 인근, 한양대 인근, 세종대-건국대 인근, 강남(역삼동) 등이다. 대부분 대학가 혹은 오피스타운 인근이며, 지하철 접근성이 좋은 곳이라는 특징이 있다.

왼쪽 표의 수치로 보면, 1인 가구가 특정 지역에서 얼마나 큰 비중을 차지하는지 알 수 있다. 건국대학교 인근 화양동의 경우, 총 15,466가구 중 1인 가구가 무려 11,126가구로 72%에 해당한다. 서울대학교 인근인 관악구 신림동 역시 1인 가구 비율이 72%에 근접하며, 연세대학교 인근인 신촌동은 68%에 이른다.

또한 이들이 집중적으로 거주하는 지역(동)의 주택 유형을 살펴보면

1인 가구 밀집 지역인 광진구 화양동 건국대학교 인근의 주택 유형.

관악구 청룡동 서울대학교 인근의 주택 유형.

(앞 페이지와 위 분포도), 압도적으로 다세대 및 다가구 주택이 많이 밀집해 있는 지역임을 알 수 있다.

🏠 고비용·고위험군 주거 지역

서울시 전체를 보더라도, 이들이 주로 거주하는 곳의 대표적인 유형은 다세대 및 다가구 주택이다. 그리고 다세대 및 다가구 주택 중 1인 가구가 거주할 수 있는 공간을 따로 떼어내 빅데이터 분석을 해보면, 이들의 주거공간이 얼마나 고비용·고위험군에 속하는지를 알 수 있다.

국토교통부의 전월세 실거래가 자료를 바탕으로, 보증금을 전월세 전환율 6%로 월세화시켜 평당가를 계산해보았다. 1인 가구 거주 주택을 전용면적 8평 기준으로, 그 이하를 1인 가구 주택으로, 8평 이상을 2인 이상 가구로 단순 구분해 두 주택군을 비교했다.

결과는 매우 충격적이었다. 평당 임대료를 보면 크게 두 가지 속성을 읽을 수 있다.

첫째, 1인 가구 주택의 평당 임대료는 80,000~90,000원인 데 비해, 2인 이상 가구의 주택은 그 50~60% 선인 40,000~45,000원에 불과하다. 1인 가구의 주거비 부담이 훨씬 크다는 것을 알 수 있다.

둘째, 1인 가구 주택 평당 임대료의 등락 폭이 2인 이상 가구의 주택에 비해 매우 크다. 가격 변동이 심하다는 것은 '위험'이 존재한다는 의미다. 부동산 분석에서 큰 변동 폭은 시장 내 위험이 도사리고 있음을 의미한다. 상대적으로 안전한 시장은 변동 폭이 작은 시장이며, 급

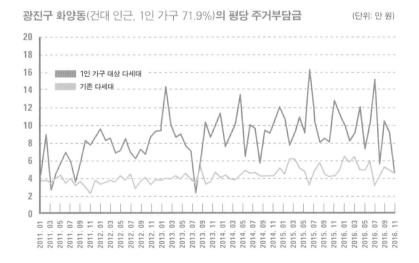

광진구 화양동(건대 인근, 1인 가구 71.9%)의 평당 주거부담금 (단위: 만 원)

1인 가구 대상 다세대
기존 다세대

등과 급락을 반복하는 시장은 매우 위험한 시장이라고 보는 것이다. 위험도는 임대료에 전가되는데, 이는 대개 임대료를 올리는 방향으로 작용한다. 따라서 변동성이 큰, 즉 상대적으로 위험성이 높은 1인 가구 주택의 임대료가 2인 이상 가구의 주택에 비해 임대료가 비싼 것은 어찌 보면 당연한 일이다. 그럼에도 불구하고, 과연 두 배 가까이 가격 차이가 나야 하는지는 의문이다.

거주하는 주택의 유형에 내재된 위험성이나 이런 주택들이 모여 있는 지역의 위험도도 만만치 않다. 2017년 초, 여성 자취생활의 문제점을 공유하고자 했던 해시태그(#, 검색어) 운동이 온라인에서 유행했다.

밤 늦은 시각에 밖에서 남자 두 명이 문을 두드리며 불났어요! 빨리 나오세요! 하길래 깜짝 놀라서 나가려고 했는데 다른 집들에 문 두드리는 소리는 나지 않았다. 뭔가 쎄해서 119에 전화해보니 우리 동네에 신고된 화재사건이 없었다.
#이게_여성의_자취방이다

2017. 2. 2. 오전 10:54

리트윗 130회   마음에 들어요 9회

#이게_여성의_자취방이다
이건 팁.
1. 부동산은 여사장님이 하는 데 가세요.
2. 가급적 원룸 주인이 여자인 곳으로 가세요.
3. 건물 1층이나 집 가까이 편의점이 있으면 많은 단점에도 불구하고 경찰 출동 하나는 빠릅니다.

2017. 2. 2. 오전 10:55

리트윗 67회   마음에 들어요 16회

1학년 때 친했던 한 학번 위 언니는 리터럴리 칼을 든 강도가 들어온 적이 있는데 '더러운 꼴 당하고 죽느니 그냥 죽자'는 마음으로 온 힘을 다해 저항해서 겨우 살아난 다음 일주일간 친구 집에서 지내면서 바로 이사를 갔죠.
#이게_여성의_자취방이다

2017. 2. 1. 오후 11:25

리트윗 998회   마음에 들어요 81회

'이게 여성의 자취방이다'라는 해시태그를 달고 올라온 SNS 글들.

'이게 여성의 자취방이다'라는 해시태그 운동의 내용은 상상 이상으로 충격적이었다. 일부 내용은 남성들은 이해하기 힘든 여성들만의 공포감을 생생하게 전달했으며, 그 내용의 대부분은 이들이 살고 있는 주택 유형과 주거환경의 위험에 대한 것이었다.

1인 가구 여성들이 느끼는 불안감과 공포는 통계로도 확인된다. 2016년 9월 서울여성가족재단 조사에 따르면, 서울에 사는 20~30대 여성의 46%는 자신의 일상생활이 안전하지 않다고 느끼고 있었다. 이들 중 특히 연립·다세대주택(48.8%), 고시원·원룸(36.8%), 오피스텔(33.2%) 거주자가 불안감을 호소했다.

적지 않은 임대료를 지불하고 있음에도 여성이기에 느끼는 고충과 불만, 위험은 상당한 것이었다. 1인 가구 여성들은 "세상에서 가장 안전하게 느껴져야 될 공간이 바깥보다 두려운 곳으로 변하는 그 악몽은 겪어보지 않으면 모른다"고 하소연하고 있다.

🏠 그들은 어떤 집에서 살고 있을까?

밀레니얼 1인 가구가 거주하는 주택 유형은 다양하지만, 크게 오피스텔과 원룸 그리고 고시원으로 분류할 수 있다. 그리고 앞서의 분석에서 살펴보았듯이, 이들은 평당가 기준 매우 높은 가격을 주거비로 지불하고 있다. 고시원의 경우를 자세히 들여다보면, 그 심각성은 더욱 분명해진다.

신논현역(강남역 일대)에서 5분 거리에 있는 한 고시원의 평형과 가격대를 보자. 해당 지역은 신축 고시원 원룸 기준으로 2~2.5평대가 65만 원에 거래된다. 이를 평당가로 환산하면 26~32만 원대다.

부유층 거주 지역인 압구정동 현대아파트는 강남에서도 높은 매매 가격을 자랑한다. 넓은 평수 아파트가 많아서 월세 금액 또한 상당하다. 하지만 이를 평당가로 환산하면, 신논현역의 고시원에 못 미친다. 압구정동 48평형 아파트는 대략 보증금 2억 원에 월세 300만 원이다. 보증금 1억 원을 월 40만 원으로 전환하는 경우, 순월세는 대략 380만 원으로 가늠할 수 있다. 이를 평당가로 계산하면, 8만 원 선 (380/48)이다. 압구정동 아파트의 월세 380만 원은 분명 상당한 금액이지만, 평당가로 계산할 경우 신논현역 인근 고시원 원룸에 한참 못 미치는 것이다.

만약 대상지가 신논현역 인근으로 강남 오피스타운 핵심지역이어서 그렇지 않느냐라는 반론이 있다면, 대학 밀집 지역인 신촌의 원룸을 보자. 신촌 지역 다세대 원룸은 6~7평형에 월세 55만 원 정도다. 이를 평당으로 계산하면, 8~9만 원 선임을 알 수 있다. 평당 임대료로 비교할 때, 신촌의 작은 원룸 가격대가 부유층 밀집 지역인 압구정동 아파트와 같거나 오히려 높게 형성되어 있음을 알 수 있다.

이와 연관된 메시지는 사실 매우 심각하다. 고시원 거주 1인 가구의 주거비 부담이 지나치게 높은 것이다. 높은 평당가는 상대적으로 높은 총액으로 연결되어 주거비 부담을 가중시키고 있다. 그나마 고시원이 제공하는 주거환경이라도 좋으면 이를 감수할 수 있겠지만, 대부분의 고시원 환경은 상상을 초월할 만큼 열악한 경우가 많다.

그럼에도 불구하고 그렇게 높은 평당가가 형성된 것은 아마도 어마어마한 수요가 존재하기 때문일 것이다. 소득이 없는 밀레니얼 세대는 이미 부동산 구입을 포기한 지 오래다. 따라서 거대한 수요가 임대 시장으로 몰리고 있다. 부동산 주인(예를 들어, 고시원 주인) 입장에서는 방을 더 작게 쪼개 더 많은 사람에게, 그들이 지불 가능한 수준의 열악한 공간을 제공할 가능성이 높은 것이다.

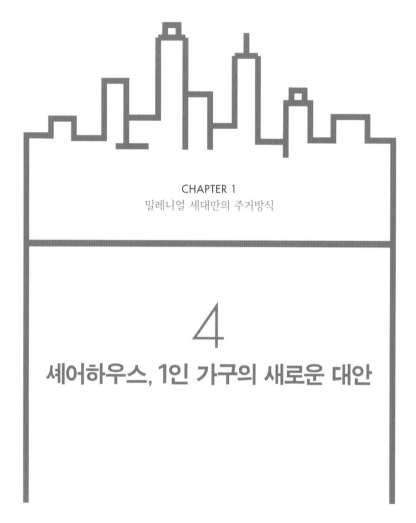

CHAPTER 1
밀레니얼 세대만의 주거방식

4

셰어하우스, 1인 가구의 새로운 대안

앞에서 살펴본 내용과 함께 1인 가구의 라이프스타일을 고려하면 몇 가지 키워드가 잡힌다. 예를 들어, 1인 가구 여성들은 불안전한 주거환경으로 인한 위험, 홀로 있을 때의 위험에 대해 불안해한다. 따라서 '함께' 있는 상황 혹은 더 안전한 환경을 제공하는 주택 유형에 관심이 갈 수밖에 없다.

밀레니얼 세대는 미래 소득이 빠르게 증가할 것이라고 가정하는 계층도 아니기 때문에 현재의 보람과 행복에 더 큰 가치를 부여한다. 따라서 현재의 삶을 보다 풍요롭게 하거나 좀 더 문화적인 삶을 살고자 하는 경향이 강하다. 그리고 소득 상승의 한계를 체감하기에, 가급적 비용을 줄이고자 한다. 따라서 밀레니얼 세대 1인 가구의 키워드는 '소득 극대화'가 아닌 '비용 절감', 그럼에도 '문화에 대한 소비' 그리고 누군가와 '함께하는 삶'이다. 이런 키워드는 공유생활, 즉 '셰어링sharing'과 직결되며 공유문화와 맥이 닿아 있다.

소득이 빠르게 증가하지 않을 경우 사람들은 우선 비용을 줄이려고 하는데, 집단적 소비를 통해 각자의 비용을 줄일 수 있다(여러 사람이 함께 소비함으로써 협상 파워를 갖는다). 밀레니얼 세대는 자신이 원하는 값비싼 문화생활을 여러 사람과 공유함으로써 적절한 가격에 즐기고자 한다. '집밥' 서비스 또한 음식이라는 문화를 함께하는 것이다.

자동차·취미·미술품·공연 등 다양한 콘셉트의 '셰어링'이 자리 잡아가고 있다.

그렇다면 밀레니얼 세대의 이런 특징들이 주거공간에서는 어떻게 나타날까?

밀레니얼 세대 1인 가구는 기성세대와 다른 라이프스타일을 갖고 있다. 대부분 '문화'나 '함께'라는 키워드를 공유하는데, 현실적으로 이들이 살고 있는 주거공간은 고시원과 원룸 중심으로, 문화와는 거리가 먼 경우가 많다. 즉, 개인의 취향과 그들이 현재 살고 있는 주거공간 서비스 사이에 심각한 불일치가 발생하고 있는 것이다. 1인 주거 수요자가 원하는 주택과 현재 시장에서 제공되는 주택 사이의 심각한 괴리때문이다.

1인 주거 수요자로서는 이렇게 생각할 수밖에 없다. '비록 소득이 높

지 않다고 해도, 많은 돈을 주거비용으로 지불하는데, 내가 살고 있는 집과 건물은 왜 이 모양이지?'

그런데 주택 공급자들은 여전히 타성에 젖어, 1980년대 스타일의 다세대 원룸을 찍어내고 있다. 21세기 수요자에게 20세기 주택 유형이 공급되고 있는 것이다.

만약 적정한 비용을 투자한 적정한 주택이 공급되어 적정한 임대료가 보장된다면, 즉 대단한 럭셔리 주택이 아니라, 1인 가구의 소득과 라이프스타일에 알맞은 적정한 주택 유형이 시장에 나올 경우, 돌풍을 일으킬 가능성이 크다. 그리고 이런 트렌드의 산물로 등장한 것이 바로 '셰어하우스'다.

셰어하우스는 여러 사람이 한집에서 함께 생활한다는 측면에서는 과거의 대학 근처 '하숙'과 비슷하다. 하숙집은 각각의 방이 계약 단위

기존 원룸 vs 셰어하우스

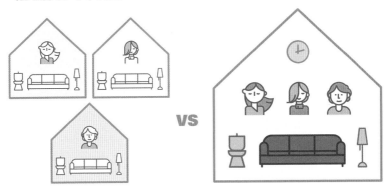

셰어하우스는 여럿이 한집에 살면서 지극히 개인적인 공간인 침실은 각자 따로 사용하지만 주방, 거실, 화장실, 욕실 등은 공유하는 1인 가구 중심의 주거 형태다.

역삼동 소재 셰어하우스 '쉐어원' 내부.   제공 쉐어원

로, 집주인이 운영했다. 셰어하우스는 이런 운영시스템이 기업화·전문화된 방식으로 이해하면 된다.

셰어하우스 거주자는 자신만의 공간(침실)을 갖고 있으며 부엌과 거실, 화장실 등은 다른 입주자들과 공유한다. 이들은 자신만의 전용공간은 원룸에 비해 좁더라도 거실과 부엌 등 공용공간은 더 넓고 쾌적하게 이용할 수 있다. 그리고 무엇보다, 전용공간이 원룸에 비해 좁은만큼 임대료도 원룸에 비해 저렴하다. 결과적으로 공유경제 개념의 부동산 상품인 셰어하우스는 상대적 주거약자를 위한 주거공간 역할을 할 수 있을 것으로 기대된다.

그리고 더 나아가서 새로운 문화 서비스와 결합할 가능성이 있다. 창고와 집밥 등 밀레니얼 세대의 새로운 라이프스타일을 고려한 다양한 서비스와의 콜라보가 가능하다.

🏠 국내외 셰어하우스 현황

일본에는 이미 대형 셰어하우스 전문 운영업체가 등장한 지 오래되었으며 발전을 거듭해 현재는 다양한 서비스를 제공하고 있다. 여러 형태의 셰어하우스 중에는 '문화'를 키워드로 뭉친 곳들도 있다. 고양이를 키우는 사람들을 위한 셰어하우스, 오토바이족을 위한 셰어하우스, 영화를 좋아하는 사람들의 셰어하우스 등 밀레니얼 세대의 특징인 문화를 매개로 주거공간을 만든 것이다.

다음 페이지의 사진은 다이와그룹 소속 '다이와라이프넥스트'에서 운영하고 있는 셰어하우스다. 다이와라이프넥스트는 23만 가구 이상

일본 다이와라이프넥스트가 운영하는 셰어하우스 내부.

의 아파트를 관리하던 회사로, 2014년부터 '엘코뮤L-commu'라는 셰어하우스를 운영하기 시작했다. 1층 라운지 공간에 당구대와 무료 음료수를 비치하고 커다란 주방을 설치해, 입주자들이 자유롭게 라운지를 이용할 수 있도록 공간을 배치했다. 또한 피트니스룸, 음악연습실, 독서실, 여성들을 위한 파우더룸 등 입주자들이 편리하게 활용할 수 있는 다양한 공간을 만들어 제공한다.

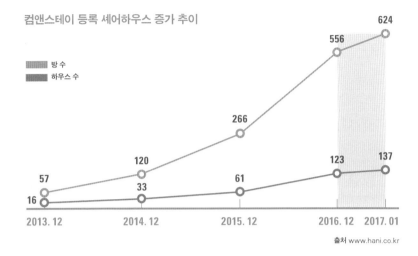

컴앤스테이 등록 셰어하우스 증가 추이

방 수
하우스 수

624
556
266
120
57
16 | 33 | 61 | 123 | 137

2013. 12   2014. 12   2015. 12   2016. 12   2017. 01

출처 www.hani.co.kr

미국에서는 셰어오피스를 운영하는 '위워크WeWork'가 자체 셰어하우스 브랜드인 '위리브WeLive'를 론칭해 운영하고 있다. 이 회사는 기존의 방식에서 벗어나 문화를 매개로 사업을 영위하고 있다(각종 이벤트, 교육, 네트워킹 파티 등 제공).

한국의 경우 아직 태동기라고 할 수 있지만, 성장 속도는 매우 가파르다. 셰어하우스 검색 사이트에 등록된 방의 수를 보면, 2013년 말 57개에 불과했으나 2017년 1월 624개로 늘어났다. 불과 4년 사이에 10배 이상으로 규모가 확장된 것이다(위 그래프).

해당 사이트에 등록되지 않은 방까지 고려하면, 셰어하우스의 규모는 더 늘어난다. 셰어하우스 개발·운영업체 '쉐어원'의 자료에 의하면, 총 203개의 주택에 917개의 방이 존재하며 1,588명이 거주하고 있다. 이렇게 셰어하우스가 증가하는 추세지만, 많은 경우 기존 아파트를 여

203개의 주택
917개의 방
1,588명의 거주자

서울시내 셰어하우스 분포도. 203개의 주택 917개의 방에 1,588명이 거주하고 있다.

러 명이 공유하거나 상가를 리모델링한 곳이다. 제대로 된 신축 셰어하우스는 이제 서서히 나타나고 있다.

셰어하우스 운영업체도 현재 다수 존재하지만, 각 업체가 운영하는 방 수는 그렇게 많지 않다. 아직은 대형화 이전 단계인 것이다. 그러나 한국이 일본의 트렌드를 몇 년의 시차를 두고 따라가는 현상에 비춰 볼 때, 머지않은 장래에 일본과 같이 대형화된 셰어하우스 운영업체가 우리 사회에 등장할 가능성이 매우 높다.

🏠 1인 주거 부동산의 미래

1인 가구의 증가는 경제 및 사회 여건을 볼 때, 돌이킬 수 없는 대세다. 따라서 한정된 소득의 많은 부분을 주거비용으로 지출하는 이들을 위한 적정 주거(이들의 경제사정을 고려한 현실적이고 합리적인 형태의 주거)에 대한 다양한 대안이 마련되어야 할 것이다.

그리고 이런 주거환경은 실질적으로 이들이 현재 모여살고 있는 지역을 바탕으로 조성되어야 한다. 빅데이터 분석을 통해 알 수 있는, 이들이 선호하는(혹은 현재 모여살고 있는) 거주 지역은 ① 직장 근처 혹은 대학가, ② 지하철 등 교통 접근성이 좋은 지역이다. 예를 들어 서울대, 고대·성신여대, 경희대·외국어대, 한양대, 세종대·건국대, 홍대·합정, 신촌 인근, 종로와 강남 오피스타운 일대. 그런데 이런 지역의 상당 부분에는 다세대·다가구 주택이 밀집해 있다. 더 문제가 되는 점은 이들 지역 중 일부는 안전이 취약하거나, 특히 여성들이 위험을 느끼는 환경이라는 점이다.

따라서 가격이 동일한 경우, 안전한 지역에 대한 선호는 증가할 것으로 예상된다. 실제로 가격경쟁력을 갖춘 강남 지역의 셰어하우스는 '안전'을 이유로 선호되기도 한다. 만약 지역 자체의 안전도가 개발업자 혹은 건물 주인의 입장에서 해결할 수 없는 문제라고 한다면, 건물 자체의 안전도를 향상시킬 필요가 있다.

부동산업은 인구 감소기 혹은 소득 감소기에 유망하지 않은 분야라고 보는 견해가 있다. 일면 타당하나, 이는 부동산매매업에 한정된 것으로 부동산임대업과는 거리가 먼 이야기다. 1인 가구의 주축인 밀레니얼 세대가 주택을 구매하지 않는 경향이 강하다면, 이들은 결국 임차인으로서 주택을 빌려 거주한다는 것을 의미한다. 즉, 부동산임대시장과 부동산임대업에는 좋은 소식인 것이다.

하지만 현재의 고시원과 같이 열악하고 비인간적인 주거환경이, 21

세기의 지배적 주거양식이 될 수는 없다. 밀레니얼 세대가 자신들의 소득으로 자신들만의 라이프스타일을 추구하며 살 수 있도록 적정한 가격대에 적정한 퀄리티의 주택이 제공되어야 할 시점이다.

NOTES

1   디지털 세대와 기성세대의 사고 및 행동양식 비교연구, 정보통신정책연구원(2012).

2   디지털 세대와 베이비붐 세대 비교연구, 정보통신정책연구원(2013).

3   한국 사회의 15대 메가트렌드, 정보산업화진흥원(2010).

4   '금수저 흙수저'… 서울 상위 20% 하위 20%보다 7배 더 잘산다, 〈이데일리〉, 2017. 5. 25.

5   보통 사람 10명 중 7명 빚더미… 가구당 평균 5,066만 원, 〈머니투데이〉, 2017. 3. 16.

6   평균 결혼 연령 男 36세, 女 33세… 연애기간 11개월, 〈이데일리〉, 2017. 7. 1.

김동욱 DKRE(주) 대표

/

2016년 부동산 개발 및 관리 회사인 DKRE(주)를 설립해 현재 임대주택
시행과 건물관리 업무를 하고 있다. 코넬 대학교에서 건축학사 취득 후
GS건설에서 주택사업본부 시공기사 및 공무로 근무했다. MIT에서 부동산
프로그램 석사 취득 후 보스턴캐피털*Boston Capital*에서 포트폴리오 매니지먼트
부서를 이끌면서 당시 미국에서 가장 큰 임대주택 포트폴리오를 운영했다.
2013년 귀국해 시티코어(주)에서 프로젝트 매니저로 재직하면서
세종로구역 2지구(현 포시즌스 호텔*Four Seasons Hotel*) 및 공평구역
공평 1 2 4지구(현 센트로폴리스*Centropolis*)의 시행과 관리를 담당했다.

임대주택시장의
진화

CHAPTER 2
임대주택시장의 진화

1

월세 임대주택 수요 급등의 배경

밀레니얼 세대의 등장, 1인 가구의 증가 및 국내 주택 가격의 지속적인 상승은 월세 임대주택시장 수요의 증가를 가속화했으며, 이에 따라 국내 주택시장 구조가 전세 중심에서 월세 중심으로 바뀌고 있다. 2010년의 경우 월세가 임대주택시장의 21.4%를 점유했는데, 2014년 55.0%를 차지하면서 전세의 임대주택시장 점유율 45.0%를 앞질렀으며, 2016년에는 60.5%까지 점유율이 상승했다.[1]

그러나 전세와 마찬가지로 월세 임대주택의 공급도 수요를 해소하기에는 부족한 실정이어서, 전세자금 확보에 상대적으로 어려움이 있는 중산층과 저소득층의 주거 불안이 점점 더 심각해질 것으로 보인다.

정부는 이런 문제를 해소하기 위해 공공 임대주택 및 민간 임대주택 공급 확대에 심혈을 기울이고 있다. 국토교통부는 2017년 공공 임대주택 공급이 역대 최다를 기록했고 앞으로도 공급을 꾸준히 늘려갈 것이라고 발표했지만, 현재 공급량으로는 최저 빈곤층의 주거 불안을 해소할 수 있을 정도일 뿐이다.

공공 임대주택의 경우 지역 주민들의 편견과 민원 등으로 인해 신축이 번번이 무산 또는 지연되고 있다. 또한 최저 빈곤층 외 여러 주거취약 계층의 증가하는 수요를 충족하려면 민간이 주도하는 다양한 월세 임대주택 공급이 절실한 상황이다. 이에 따라 정부는 민간자본을 임대주택 공급에 유도하기 위해 여러 정책을 시행해왔지만, 아직 확실한 방향을 제시하지 못하고 있다. 이런 현실은 일정한 수익률을 필요로 하는 민간자본에게는 위험요소로 작용하기 때문에, 결과적으로 민간자본이 월세 임대주택시장을 외면하게 된다.

현재 국내 월세 임대주택의 주요 수요 계층은 수도권과 4대 광역시(부산, 대구, 광주, 대전)에 거주하는 밀레니얼 세대다. 이들은 베이비부머의 자녀 세대로, 고도성장기를 이끈 부모 세대 덕에 풍족한 환경에서 자라 유행에 민감하고 쇼핑과 파티문화 등 소비 성향이 발달한 반면, 경제적 기반은 이전 세대보다 취약하다.

우리나라는 1980년대부터 급속하게 발전하면서 최대 호황기를 누렸다. 그러나 1997년 외환위기가 발생했고, 2000년대 초반 빠르게 회복했지만 경제·사회적으로 큰 후유증이 남았다. 이후 2000년대 중반 선진국 대열에 합류하면서 저성장 시대가 시작된 데다 2008년 세계금융위기의 여파로 높은 실업률이 장기간 지속되었고 결과적으로 고착화되었다.

이에 따라 높은 사회 진입장벽에 맞닥뜨린 밀레니얼 세대들은 부족한 일자리와 저임금으로 인해 자신들이 지금껏 누리며 살아온 환경을 더 이상 유지하기 힘들어졌다. 나이가 차 결혼을 하거나 부모로부터 독립하려고 해도 스스로의 경제력으로는 높은 집값을 감당하기 힘든 처지가 되고 만 것이다.

또한 세계금융위기 이후 2010년대에 접어들면서부터 유지돼온 저금리는 전세 등 보증금 중심이었던 임대차시장에 구조적인 변화를 가져왔고, 이는 곧 집값 상승으로 이어졌다. 보증금에 대한 이자수입이 줄어들자 전체적으로 전세 가격이 높아졌으며, 심지어 매매가에 육박하는 경우도 생겨났다. 이렇게 심각한 전세난이 한동안 유지되면서, 이에 지친 밀레니얼 세대들은 어느 정도 여유자금이 있는 경우에는 저금리를 활용해 매수로 전환했는데, 이들의 매수가 늘어나면서 집값이 상승 국면으로 접어든 것이다.

하지만 수도권과 4대 광역시에 거주하던 대부분의 밀레니얼 세대들은 여유자금도 부족한 데다 강화된 LTV(부동산을 담보로 돈을 빌려줄 때 인정되는 담보 물건의 실제 가치 대비 대출 금액의 비율)와 DTI(금융기관에 갚아야 하는 대출금의 원금과 이자가 개인의 연소득에서 차지하는 비중) 규제의 벽을 넘지 못해 직장과 먼 신도시로 이주했다. 그러지 않고 직장 근처에 계속 거주하기 위해서는 집 크기를 줄이거나 월세로 전환해야만 했다. 특히 대출이 많고 목돈이 없는 사회초년생들은 비싼 전세금을 감당하지 못해 월세 임대주택을 선택할 수밖에 없었다.

우리나라의 밀레니얼 세대가 현재 처한 상황은 다른 선진국의 밀레니얼 세대들 또한 비슷하게 경험하고 있다. 딜로이트컨설팅은 2017년 학사 이상 학위를 소지한 세계 30개국의 밀레니얼 세대를 대상으로 조사한 결과를 '선진 시장Developed Markets' 15개국과 '신흥 시장Emerging Markets' 15개국으로 분류해 분석했다(다음 페이지 그래프).

이 자료에 따르면, 우리나라와 일본, 미국 등을 포함한 '선진 시장'의 밀레니얼 세대들은 34%만이 자국의 경제를 낙관적으로 전망한 반면, 중국과 인도, 브라질 등 '신흥 시장'의 밀레니얼 세대들은 57%가 낙관적으로 전망했다. 또한 '선진 시장'의 경우 미국을 제외한 14개국의 밀레니얼 세대들은 대다수가 현재 자신의 삶이 물질적으로materially 나

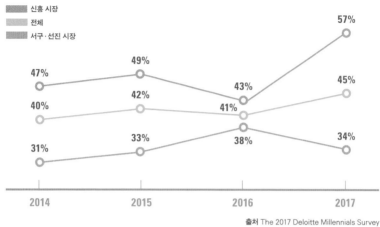

30개국 밀레니얼 세대 응답자 중 자국의 경제적 전망을 낙관한 비중

신흥 시장
전체
서구·선진 시장

47%
49%
43%
57%

40%
42%
41%
45%

31%
33%
38%
34%

2014　2015　2016　2017

출처 The 2017 Deloitte Millennials Survey

정서적으로emotionally 부모 세대보다 못하다고 대답했지만, '신흥 시장'의 밀레니얼 세대들은 대다수가 자신의 현재 삶이 물질적으로나 정서적으로 더 낫거나 나아질 것이라고 대답했다. 즉, 경제성장률이 높은 나라일수록 낙관적인 응답이 많았고, 우리나라나 일본처럼 성장률이 낮은 선진국일수록 비관적인 응답이 많았다.

　이처럼 우리나라보다 먼저 저성장 시대에 접어든 다른 선진국의 밀레니얼 세대들도 어려운 경제사정으로 인해 주택을 구매하기 어렵게 되었고, 이는 결과적으로 월세 임대주택 수요 증가를 가속화했으며, 더 나아가 전체 주택시장에서 월세 임대주택의 비중을 상승시켰다. 월세 임대주택시장의 선두주자인 미국에서도 2000년대 들어 경기 불황, 높은 부채 비율, 그리고 강화된 대출 규제 등으로 인해 주택구매율이 하락했고, 그 결과 임대주택의 수요가 급등해, 현재 임대주택 점유 세

미국 세대주들의 거주 형태 변화 추이　　　　　　　　　(단위: 100만 명)

출처 미국 인구조사국, 〈월스트리트저널〉

대 수가 자가 점유 세대 수를 크게 앞질렀다(위 그래프).

　더 흥미로운 것은, 최근 미국 경기가 개선되어 고용시장 여건이 나아졌지만 월세 임대주택의 수요는 계속 증가하고 있고 공급도 꾸준히 늘어날 것으로 예상된다는 것이다. 주머니사정이 나아진 미국의 밀레니얼 세대들이 부모로부터 독립하기 시작했지만, 집을 살 수 있는 목돈을 마련하기는 여전히 쉽지 않으며, 이들의 현재지향적인 생활방식은 주택을 소유하기보다 임대하는 쪽을 선호하기 때문이다. 따라서 미국에서도 여러 민간자본이 임대주택시장에 지속적으로 유입될 전망이다.

2

한국 임대주택 공급 확대 방안

국토교통부 자료를 보면, 저소득층이 주로 거주하는 공공 임대주택은 2006년 49만 호에서 2014년 107만 호로 늘어났지만, 반대로 민간 부문의 임대주택은 2006년 84만 호에서 2014년 68만 호 수준으로 줄었다.

정부는 공공 임대주택 확대에 심혈을 기울이고 있지만, 수요자의 선택 폭이 제한돼 있고, 급증하는 주택 수요를 해소하기에는 여전히 공급이 턱없이 부족한 현실이다. 게다가 공공 임대주택의 확대는 정부의 재정부담도 가중시킨다. 따라서 저소득층 외의 다른 주거취약 계층을 위한 다양한 임대주택을 공급하고 재정부담을 완화하기 위해서 민간 부문의 임대주택 공급이 절실한 상황이다.

이런 임대차시장의 변화에 대응해 정부는 2014년 공유형 모기지, 디딤돌 대출 등으로 자가 보유 지원을 확대하고 있다. 자가 구매력이 없는 중산층이나 저소득층을 위한 민간 주도 임대주택의 공급 확대를 유도하는 여러 가지 정책을 추진해왔다. 정부가 2015년에 발표한 '뉴스테이 정책'은 민간사업자가 중산층이나 저소득층에게 양질의 임대주택을 공급할 수 있도록 기금과 세제지원 등 각종 혜택을 주어 민간부문의 임대주택 공급 증가를 도모했다. 그러나 정권 교체와 함께 뉴스테이 정책은 대대적인 손질에 들어갔으며, 정부는 이름까지 바꾸는 것을 고려하고 있다. 이에 민간사업자들은 진행하던 사업을 중단하고 정부의 정책 수정 방향만 주시하고 있는 실정이다.

임대주택시장에서 높은 비중을 차지하는 민간 임대주택을 활성화하기 위해서는 각종 지원과 혜택이 필요하다. 그러나 정책의 불확실성과 비연속성은 민간자본으로 하여금 임대주택이 아닌 다른 사업으로 눈을 돌리게 하고 있다. 정부가 민간 주도 임대주택 공급의 안정적인 확대를 필요로 한다면, 지속적인 혜택과 세제지원 등을 통해, 민간자본이 임대주택 사업에 투자할 때 시장에서 요구되는 수익률을 얻을 수 있도록 하는 것이 중요하다. 이런 지원이 뒷받침돼야만, 민간 주도 임대주택이 (부지 확보에 어려움을 겪고 있으며 가까스로 부지를 확보한 후에도 지역 주민의 민원 등으로 무산되기 쉬운) 정부 주도형 임대주택 사업을 대체할 수 있다.

미국과 영국, 일본, 호주 등 여러 선진국은 이미 공공 임대주택의 한계를 인지하고 민간부문 임대주택 공급을 유도하기 위해 다양한 금융지원과 세제지원에 나섬으로써 여러 형태의 민간 임대주택이 저렴하고 안정적으로 공급되고 있다.

CHAPTER 2
임대주택시장의 진화

3

미국의 임대주택 공급 성공 사례

세계의 다양한 민간 임대주택 지원 정책 가운데 미국이 1987년에 도입한 LIHTCLow Income Housing Tax Credit 프로그램은 지난 30년간 민간자본의 임대주택 공급 유도에 큰 역할을 해왔다. 1987년 이후 미국에 공급된 전체 주택의 15% 이상이 이 프로그램을 통해 공급됐고, 저소득층을 위한 민간 임대주택 중 대부분(90% 수준)이 LIHTC 임대주택이다.

LIHTC 프로그램은 저소득층을 대상으로 제한적으로 실시되는 지원이어서, 중산층에게도 임대주택 공급이 필요한 우리나라 상황과는 다른 면이 있다. 하지만 이 프로그램이 공공성과 민간사업자의 수익성을 확보하고 저소득층의 임대료 부담까지 낮추는 등, 모든 당사자의 이해관계에 부합하는 효율적인 구조로 민간 임대주택 공급을 장기간 견인하는 성과를 거둔 만큼, 우리 입장에서도 주목할 필요가 있다.

필자는 미국에서 민간 임대주택에 가장 많이 투자하고 관리해온 보스턴캐피털Boston Capital에서 2007년부터 약 7년간 포트폴리오 관리자portfolio manager로 근무했다. 당시 LIHTC 프로그램이 어떻게 민간 주도 임대주택을 꾸준히 공급하면서 동시에 투자자들에게도 안정적인 수익을 제공했는지 생생하게 경험한 바 있다.

LIHTC 프로그램은 저소득층을 위한 임대주택을 개발하고 이를

15년 동안 유지하는 조건으로, 민간사업자에게 10년간 세액공제Tax Credit[2] 혜택을 제공한다. 민간사업자의 개발비용 부담을 덜어주고 수익과 안정성을 향상시킴으로써 민간의 임대주택 개발사업을 유도하는 것이다. 개발의 성격에 따라 토지비 외 건축비용Qualified Basis[3]의 70%까지 세액공제를 통해 지원하기도 한다. 예를 들어, 한 신축 임대주택의 건축비용이 100만 달러(약 12억 원)이라고 하면, 매년 9%인 9만 달러를 10년 동안 세액공제해, 총 90만 달러의 세액공제를 받을 수 있다. 이를 현재가치로 환산하면 70만 달러가 되니, 총 개발비용의 70%를 정부가 보조해주는 셈이다.[4] LIHTC 프로그램은 이 사업에 참여하는 모든 주체에게 각각 다음과 같은 장점을 제공한다.

정부 선지원이 아니라 10년 동안 세액공제를 통한 간접지원 형식이기 때문에 재정적 부담을 줄일 수 있다. LIHTC 프로그램이 요구하는 기간 동안 민간사업자에게 임대주택 유지와 관리를 성실히 수행할 책임을 부여함으로써 저소득층에게 안정적이고 품질 좋은 주거공간을 제공할 수 있다.

민간사업자 LIHTC 프로그램 규정을 제대로 준수하면 10년간 정부가 보장하는 세액공제 혜택을 받을 수 있다. 민간사업자 대부분은 이를 국채와 같은 장기 금융투자 상품으로 유동화해 보험회사나 대형 은행 등의 투자자에게 판매한다. 이렇게 판매한 금액으로 임대주택 건축비용의 70% 수준까지 자본금을 확보할 수 있어, 초기 투자비용에 대한 부담을 줄이고 대출 비율을 낮춰 안정적으로 임대주택을 개발하고 운영할 수 있다. 또한 임대주택 시행에 대한 용역비용은 물론 LIHTC 프로그램이 요구하는 기간 동안 관리와 유지에 대한 용역비도 매년 받을 수 있다.

투자자 정부가 보장하는 10년간의 세액공제를 민간사업자로부터 매입함으로써 정부가 보장하는 안정적인 수익을 장기간 얻을 수 있다. 이 방식의 주요 투자자는 장기적인 투자기간과 안정적인 투자방식을 선호하는 보험회사와 은행, 연금 등이다. 이들은 LIHTC 프로그램의 초기 단계부터 활발하게 투자해 안정적이고 높은 수익률을 얻어왔다. 세액공제를 매입하려는 투자자는 꾸준히 증가하고 있으며, 자연스럽게 공공성과 수익성을 모두 갖춘 상품으로 각광받고 있다. (정부의 세액공제 지원이 투자자들에게 오랜 기간 동안 얼마나 안정적인 수익을 창출했는지, 필자가 관리한 30여 개의 LIHTC 펀드의 수익률 그래프를 다음 페이지에 첨부했다.)

임차인 LIHTC 프로그램을 통해 저렴한 임대주택이 늘어나면 저소득층 임차인들도 주거안정성을 확보할 수 있고, 주택 선택의 폭도 넓어진다. 임대료도 상한선만 규제함으로써 임대사업자들 간의 경쟁을 유도하기 때문에, 양질의 주거공간을 저렴한 임대료로 제공받을 수 있는 가능성이 높아진다. 더 나아가 LIHTC 프로그램은 민간사업자 주도의 임대주택 개발을 유도해, 정부 주도 임대주택 사업이 일반적으로 겪는 지역 주민의 민원 문제를 자연스럽게 해결함으로써, 다양한 위치에 임대주택이 개발되도록 할 수 있다.

LIHTC 펀드의 수익률

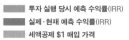

투자 실행 당시 예측 수익률(IRR)
실제·현재 예측 수익률(IRR)
세액공제 $1 매입 가격

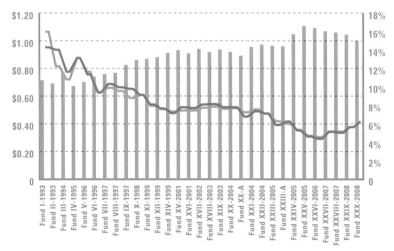

이처럼 LIHTC 프로그램은 정부의 공공성, 민간사업자와 투자자의 수익성, 저소득층의 주거안정성과 주택 선택 폭 확대 등 모두의 이해관계에 부합할 수 있도록 설계되었다. 그래서 시장의 관심을 끌었고, 활발하게 거래돼왔으며, 저소득층을 위한 다양한 임대주택 공급을 견인해오고 있다.

🏠 LIHTC 프로젝트 실례

앞에서 살펴본 것처럼, 민간사업자는 LIHTC 프로그램을 통해 다양한 구조의 임대주택 사업을 시행할 수 있다. LIHTC 프로그램 구조의 이해를 돕고 실제로 어떤 품질의 임대주택이 공급되는지 알아보기 위해, 필자가 보스턴캐피털에서 근무할 당시 투자와 관리를 담당했던 실제 LIHTC 프로젝트의 개발 사례를 분석해보자.

2010년 샌디에이고 도심에 준공된 텐피프티B Ten Fifty B는 도심에서 근무하는 25~60%의 중위 소득층에게 양질의 임대주택을 공급하기 위해 민간 주도로 시행된 LIHTC 프로젝트다. 미국 서부에서 시행된 100% LIHTC 프로젝트로는 가장 높은 23층 규모의 건물이다. 도심에 위치하고 저소득층을 위한 임대주택이지만, 인근의 고급주택과 거의 동일한 품질의 주거공간을 확보했으며, 샌디에이고에서 최초로 친환경인증 LEED gold을 획득한 신축 건물이기도 하다.

총 229세대로 스튜디오(약 13평) 68세대, 침실 1개 주택(약 18평) 57세대, 침실 2개 주택(약 25평) 32세대, 침실 3개 주택(약 30평) 72세대 등 네 종류의 주거공간으로 구성돼 있다. 따라서 이 건물의 주요 임차 대상은 가족 수가 많은 저소득층이다. 2010년에 준공돼 현재까지 공실률 10% 미만으로 유지되고 있으며, 다음 페이지 사진과 같이 양질의 임대주택을 저소득층에게 저렴한 임대료로 제공하고 있다. 민간사업자와 투자자 모두 기대했던 수익을 창출한 성공적인 프로젝트라고 할 수 있다.

민간사업자는 토지비를 제외한 거의 모든 비용을 세액공제 판매로 확보한 자금과 대출을 이용해 조달했다. 어떤 사업구조로 시행되었는지 간략하게 살펴보자.

110페이지 표에서 알 수 있듯이, 민간사업자가 이 사업에 투자한 자금은 전체 사업비의 약 5%로, 토지를 확보하는 데 쓰였다. 토지를 확보한 후에는 LIHTC 프로그램을 통해 사업 진행 시 10년간 지원받을

미국 샌디에이고 도심의 임대주택 텐피트티B.

텐피프티B 임대주택 내부.

수 있는 세액공제 총액을 정부로부터 보장받았으며, 이를 다시 투자자에게 판매해 전체 사업비의 44%까지 확보할 수 있었다. 이렇게 민간사업자는 전체 사업비의 5%만으로도 대출 비율을 56%로 낮춰 안정적인 사업구조를 구축했고, 저금리 융자지원으로 이자비용에 대한 부담을 줄여 사업을 진행할 수 있었다. 사용 승인 후에는 시행용역비로 투자한 자본금의 반 이상을 단기간에 회수했다.

이렇듯 LIHTC 프로그램은 민간사업자에게 간접적인 자금지원을 통해 초기 사업비 부담과 대출 비율을 낮춰준다. 그럼으로써 사업 시행과 운영에 대한 두려움을 완화시켜 임대주택 사업을 장려하는 것이다. 그리고 결과적으로 텐피프티B와 같은 양질의 임대주택을 저소득층에게 저렴한 가격에 제공하는 성과를 이끌어낸다.

일반적으로 임대주택 개발사업을 시행하려면, 사업 주체가 적어도 전체 사업비의 30% 이상을 자본금으로 확보해야 한다. 게다가 투자금 회수에 오랜 기간이 걸리고, 모든 리스크를 홀로 감당해야 하기 때문에, 거대한 자본력이 없는 경우 지속적으로 어려움을 겪을 수밖에 없

텐피프티B 자금 출처와 용도

출처			
민간사업자 자본	$4,700,000	5%	
세액공제 판매	$34,230,264	39%	
대출	$48,825,358	56%	
합계	$87,755,622	100%	

용도			
토지비	$4,600,000	5%	준공 후 1층 상가 면적은 판매자가 소유 조건으로 매입
건축비	$70,720,062	81%	
부대비용	$9,935,560	11%	
시행용역비	$2,500,000	3%	사용 승인 후 3개월 이내 지급
총 개발비용	$87,755,622	100%	

다. LIHTC 프로그램은 이런 어려움을 정확히 인지해 정부와 투자자, 민간사업자 모두 리스크와 수익을 나누는 구조로 설계됐다. 비교적 적은 자본금을 가진 여러 민간사업자가 큰 부담 없이 임대주택 사업을 시행할 수 있도록 한 것이다.

여러 주체가 참여하고 오랜 기간 유지해야 하기 때문에, 민간사업자는 단기간에 큰 수익을 기대할 수는 없다. 그러나 사용 승인을 받으면 LIHTC 임대주택 시행에 대한 용역비와 매년 관리비용을 받을 수 있다. 또한 큰 금액은 아니어도 임대료의 일부를 가져간다. 게다가 LIHTC 프로그램이 요구하는 유지기간이 지난 후에는 매각이나 재개발을 할 수 있어, 많은 민간사업자가 꾸준히 LIHTC 임대주택 개발에 참여하고 있다.

이런 선순환 구조를 통해 이미 LIHTC 임대주택을 시행해본 경험이 있는 민간사업자들은 계속해서 다른 임대주택 사업을 시행할 수 있고, 그 노하우를 축적해 다양한 양질의 임대주택을 더 효율적으로 저소득층에게 제공할 수 있게 된다. 위 텐피프티B를 시행한 민간사업자도 LIHTC 프로그램에 대한 정확한 이해를 기반으로 이미 저소득층을 대상으로 한 양질의 임대주택을 2천 세대 넘게 공급한 바 있다.

CHAPTER 2
임대주택시장의 진화

4

국내의 민간 주도 임대주택 개발

앞에서도 언급했듯이 우리나라는 민간 주도 임대주택 공급이 절실한 상황이지만, 정작 현실은 민간사업자가 적극적으로 참여하기 쉽지 않은 상황이다. 정부가 다양한 정책으로 민간 주도 임대주택 사업을 지원해 공급을 늘리도록 유도하고 있지만, 아직 민간자본의 관심을 끌기에는 혜택이 부족하고 정책의 방향성도 확실하지 않다. 특히 대기업이 아닌 중소 사업자가 참여할 수 있는 정책은 제한돼 있어, 현재 상황으로는 다양한 민간 주도 임대주택이 공급되기를 기대하기는 힘들 것으로 보인다.

중소 민간사업자가 신축으로 임대주택을 개발할 경우 활용할 수 있는 제도는 준공공 임대주택 융자지원이 가장 일반적이다. 필자가 최근 경험한 서울에 신축되고 있는 준공공 임대주택의 사례를 살펴보자(규정상 정확한 정보는 공유할 수 없으므로 'ABC주택'으로 표기한다).

ABC주택은 대지 면적 210평에 준공공 임대주택 45세대를 2018년 초반 준공해 공급할 예정이며, 연면적은 700평 규모다.

다음 페이지 표에서 볼 수 있듯이, 이 중소 민간사업자는 ABC주택을 준공공 임대주택으로 개발하기 위해 먼저 100% 자본금으로 토지를 마련해야 했다. 설계를 마치고 준공공 임대주택 건설자금 융자지원 심의를 거쳐 22억 원에 대한 융자지원을 확보했다. 서울이라는 지

ABC주택 자금 출처와 용도

출처			
민간사업자 자본	₩5,300,000,000	71%	
대출	₩2,200,000,000	29%	토지감정가의 최대 70%까지 지원
합계	₩7,500,000,000	100%	

용도			
토지비	₩4,000,000,000	53%	토지 매입가격, 감정가는 약 32억 원
건축비	₩3,000,000,000	40%	연면적 약 700평, 약 430만 원/평
부대비용	₩500,000,000	7%	
시행용역비	₩0	0%	
총 개발비용	₩7,500,000,000	100%	

역 특성상 토지비가 비싸 많은 자본금이 초기에 투입되었지만, 민간사업자는 추가로 전체 사업비의 18%에 해당하는 자본금을 더 투입해야 이 사업을 진행할 수 있었고, 최종적으로 총 사업비 75억 원의 71%인 53억 원을 자본금으로 충당했다.

이 민간사업자의 당초 목표는 증가한 임대주택 수요와 정부의 정책을 바탕으로 여러 건의 저소득층 대상 민간 임대주택 사업을 시행하는 것이었다. 하지만 한 건의 중소 규모 임대주택을 시행하는 데만도 53억 원을 투자해야 했다. 게다가 이 자본금을 회수하려면 오랜 시간을 기다려야 하는 실정이기 때문에, 다음 준공공 임대주택 프로젝트 계획은 잠정 중단한 상황이다.

정부의 지원을 받고도 민간사업자가 임대주택 사업을 시행하려면 이렇게 많은 자본과 리스크를 혼자 짊어져야 하는 구조이다 보니, 임대주택 개발에 관심과 경험이 많은 민간사업자조차 눈을 다른 곳으로 돌리고 있다.

현재 서울시가 추진하고 있는 역세권 청년주택 정책도 준공공 임대주택과 마찬가지로 용적률·건폐율 인센티브와 융자지원을 통해 민간사업자의 참여를 활성화하려 하고 있다. 그러나 이미 이를 반영한 듯 역세권 토지 가격은 급등했고, 공사 면적도 늘어나 더 많은 자본금이 필요한 상황이 되었다. 게다가 인허가 절차까지 더욱 복잡해져, 민간사업자가 감당해야 할 리스크가 더 커졌다. 자본이 풍부한 대기업 외에는 참여하기 힘든 상황으로, 다양한 임대사업자의 참여는 당분간 힘들어 보인다.

🏠 다양한 임대주택을 공급하려면

우리 정부는 급증한 임대주택 수요를 충족시키기 위해 다양한 민간 임대주택 공급 유도 정책을 내놓았고, 다른 여러 방안도 모색하고 있다. 예를 들어, 정부는 준공공 임대주택, 청년주택, 뉴스테이 등의 수익성을 높여 민간자본을 끌어들이려 노력해왔다. 하지만 이런 정책들은 많은 자본금을 필요로 하는 등 진입장벽이 높고 거대한 리스크를 감수해야 하므로, 대기업이 아닌 다양한 민간사업자가 관심을 갖고 시행하기에는 많은 어려움이 있다.

정부가 이제까지 시행해온 용적률·건폐율 혜택 및 융자지원 등과 같이 수익을 향상시키는 정책도 어느 정도 효과가 있다. 그러나 다양한 민간자본을 끌어들이려면 미국의 LIHTC 프로그램과 같이 여러 주체를 참여시켜 리스크를 분산시키고 진입장벽을 낮추는 등, 안정적으로 수익을 창출할 수 있는 사업이 되도록 설계할 필요가 있다.

정부 역시 이를 인지하고 세계 각국의 임대주택 공급 확대 방안에 대해 연구하고 있다. 저소득층의 주거 불안정 문제는 갈수록 커질 것이고, 1인 가구의 증가 등으로 임대주택 수요는 계속 증가할 것으로 전망된다. 이를 해소하기 위한 여러 가지 정책도 이어질 것이다. 다양한 민간 주도 임대주택 사업을 활성화하려면 민간사업자의 재정적 부담을 줄이고, 시행 용역에 대한 대가를 얻을 수 있도록 해야 하며, 안정적인 수익도 보장해야 한다. 즉, '고위험 고수익high risk high return' 방식이 아닌 안정적인 임대주택 사업 시행을 유도하는 다양한 정부 정책들이 도출되고 시행되어야 한다.

결론적으로, 현재 국내 임대주택시장의 주요 수요자인 밀레니얼 세대가 처한 경제적·문화적 상황과, 거기서 기인하는 그들의 소비 특성은 임대주택시장의 양적·질적 확장을 요구하고 있다. 이에 따라 정부는 저소득층을 주요 대상으로 하는 공공 임대주택뿐만 아니라, 다양한 소득 계층을 위한 민간자본 주도의 임대주택 공급을 활성화하는 정책을 도출해야 한다. 무엇보다도 중요한 것은, 앞으로 시행될 정부의 임대주택 공급 관련 정책이 일관적이고 지속적이어야 하며, 다양한 민간자본의 투자를 유도하는 안정적인 수익구조를 제공할 수 있어야 한다는 것이다.

1   2014~2016년 국토교통부 일반 가구 주거실태조사.

2   납세의무자가 부담하는 산출세액 금액을 줄여주는 것으로, 소득공제보다 훨씬 세금혜택이 크다.
     소득공제는 과세소득 금액에서 공제감면되지만, 세액공제는 납부해야 하는 세금에서 감면해주기
     때문에 현금지원과 동일한 가치라고 볼 수 있다.

3   감가상각이 가능한 건축비용이 포함되며, 토지비 외 거의 모든 사업비용이 여기에 속한다.

4   면세채권(Tax Exempt Bond) 등 다른 제도의 융자지원을 결합해 LIHTC 임대주택을 개발할
     경우, 건축비용의 4%를 10년간 지원한다. 이는 현재가치로 환산했을 경우 건축비용의 30%
     수준이다. 또한 정부는 현재가치의 30% 또는 70%를 보장하기 위해, 이자율에 따라 9% 또는 4%의
     지원율을 조정한다.

PART

3

2020
상업용부동산 트렌드

신지혜 STS개발주식회사 개발사업본부 이사

／

서울대학교에서 지리학 학사, 같은 대학교 환경대학원에서 도시계획학 석사 취득 후,
2000~2002년 서울(시정개발)연구원을 거쳐, 2003년부터 상업시설 전문
개발회사에서 일하고 있다.
2003년 상업시설 분양을 주로 하는 개발회사에서 부동산에 첫발을 내디딘 후,
대형할인점을 주제로 한 석사논문이 인연이 되어 2006년부터 수요자 중심의 맞춤형
개발을 주력으로 하는 상업시설 전문 개발회사(STS개발)에 재직 중이다. 다수의
대형마트, 멀티플렉스 리테일 복합시설들을 기획하고, 개발했으며, 최근에는 소규모
리테일 개발과 주차장, 공유공간과 결합된 새로운 시설의 개발을 기획하고 있다.

리테일부동산 투자

CHAPTER 1
리테일부동산 투자

1

국내 리테일부동산의 기존 트렌드

명절과 특별한 날의 이벤트, 백화점

30년 전만 하더라도 사람들은 동대문이나 남대문 등 시장에서 옷을 구입하고, 경양식집이나 중국집에서 외식을 했으며, 동네 재래시장이나 슈퍼마켓에서 식료품을 구입했다. 일반인에게 백화점은 특별한 이벤트가 있을 때, 계절마다 한 번 정도 방문하게 되는 쇼핑 장소였다.

신세계, 롯데, 현대 등 대표적인 백화점 유통업체들은 주요 지역에 직접 부지를 확보하고 건물을 신축해 매장을 운영하는 방식으로 몸집을 키워왔다. 부동산 개발의 측면보다는 매장 수 확대를 통한 시장점유율 확보라는 전략을 써온 것이다.

인구 50만 명 이상 도시의 최고 중심지에 자리 잡은 위풍당당한 백화점의 외양과 다양한 상품 구색, 편리한 쇼핑환경은 고객들에게 '쇼핑'에 대한 전통적인 소비자 경험 프레임을 제공했다고 할 수 있다.

가격파괴와 물가안정, 대형마트

    1993년 우리나라 최초의 대형마트인 이마트 창동점이 개점하면서, 국내 소비자들은 거대한 진열장에 쌓인 다양한 상품과 충분한 재고, 대량구매와 PB제품을 통한 가격파괴, 가족들과 함께 일주일치 먹을거리와 생필품을 구매하는 새로운 쇼핑방식을 경험하게 되었다. 2000년대 들어서는 물가안정과 선진국형 쇼핑환경을 조성한다는 명분하에 정부와 유통업체 모두 대형마트 개발에 적극적이었다. 1990년대부터 2000년대 초까지 대형마트 매출액 성장률은 30%를 넘어섰고, 2003년에는 대형마트 매출액 합계가 백화점의 매출액을 넘어서며 국내 최대의 소매업태로 자리 잡았다.

    그러나 이후 점포 수의 포화, 정부의 규제 강화, 노령화와 1인 가구 증가 등 인구구조의 변화, 온라인 쇼핑의 성장에 따른 소비 패턴의 변화를 겪으면서, 대형마트의 매출은 2000년대 중반을 기점으로 급격한 하락세를 보이고 있다.

    대형마트 역시 초기에는 각 유통업체들이 전략지역에 부지를 확보하고 직접 건물을 지어 운영하는 자기 소유 형태의 점포 개발 전략을 채택했다. 하지만 2003년부터 홈플러스와 GE부동산GE REAL ESTATE CORP. 등이 주도해, 빌드투슈트build to suit 방식의 점포 개발 전략을 도입하면서, 소유와 운영을 분리하는 효율화 방식을 추구했다. 즉, 대형 유통업체의 우수한 신용도로 토지와 건물을 장기간 책임임대차 master lease(일반적으로 20년)해, 해당 부동산의 유동화를 용이하게 함으로써, 당시 국내 진출에 적극적이던 외국계 투자자와 부동산펀드 등의 니즈에 적합한 간접투자상품을 만들어낼 수 있었다.

홈플러스에 이어 이랜드, 롯데쇼핑 등 대형 유통업체들은 세일앤드리스백sales and lease back(유동성 확보를 위해 기업이 소유한 자산을 매각 후 다시 임대하여 일정 기간 사용하는 방식) 방식으로 부동산을 유동화함으로써, 점포당 출점비용을 크게 감소시켰고, 운영자금 확보나 보유세 절감 등의 효과도 누릴 수 있게 되었다.

03.

백화점에서 아울렛으로(도심형 아울렛)

  국내에서 통용되는 '아울렛outlet'이라는 개념은 국내외 유명 브랜드의 이월·재고상품을 할인된 가격에 파는 업태를 의미한다. 1994년 이랜드가 당산동에 '2001아울렛'을 개장하면서 국내에 아울렛이라는 업태가 본격적으로 등장했다. 이후 2001년 가산동의 '마리오아울렛', 2008년 '롯데아울렛' 광주월드컵점, 2014년 '현대시티아울렛' 가산점이 차례로 오픈해 패션 및 잡화 점포의 한 축을 형성했다. 이런 단일 점포 형태의 아울렛이 등장하기 전인 1990년대 초반부터 죽전, 일산, 문정동, 건대, 연신내 등 소위 '로데오거리'라고 불리는 아울렛타운이 이미 유명한 쇼핑 명소로 자리를 잡고 있었다.

  전문 운영업체에서 기획한 도심형 패션 아울렛들은 2000년대 말까지 높은 매출을 기록하며 패션 및 잡화 쇼핑의 커다란 축을 담당해왔으나, 역시 인구구조와 쇼핑 패턴의 급격한 변화에 따라 다양한 변신을 꾀하고 있다. 스트리트 형태의 상설할인타운 역시 업종 변화와 공실 증가에 따라 옛 명성이 사그라들고 있는 현실이다.

  롯데쇼핑, 현대백화점, 이랜드 등이 운영하는 아울렛 역시 초기에는 대부분 자기 소유의 매장에서 시작했다. 그러나 최근에는 구분소유 건물이나, 운용사들의 유동화물건에 책임임대차 방식을 통해 입점하는 경우가 증가하고 있다.

04.

분양형 쇼핑몰의 등장과 몰락, 굿모닝시티 사건

1998년 동대문 밀리오레의 오픈을 계기로 대한민국은 몇 년간 탈출구 없는 쪽분양 상가(테마형 쇼핑몰) 분양 대성황 시대를 맞이하게 된다. 이런 형태의 쇼핑몰은 1990년대 후반부터 2000년대 초반까지 동대문과 명동, 신촌, 이대, 강남 등 서울 구도심의 핵심 상권에 속속 등장했다.

개발업체들은 3~5평의 최소 단위로 매장을 쪼개서 이른바 '구좌 분양'을 실시해 시행이익을 극대화했다. 또한 분양대금으로 사업비를 충당하는 방식을 취함으로써 자기자본을 최소화했다. 이런 사업방식은 사업자의 도덕적 해이로 이어져 사업에 대한 총체적 관리 부재를 불러왔으며, 이른바 '먹튀분양'으로 투자 피해자를 양산했다. 수요와 공급을 제대로 예측하지 못한 이런 분양 형태로 인해 소위 '굿모닝시티법'이라고 불리는 '건축물의 분양에 관한 법률'이 제정되었다. 수분양자, 즉 분양을 받은 사람을 보호하기 위한 법률이다.

또한 그렇게 지어진 건물들은 현재까지도 도시의 거대한 흉물로 남아 심각한 사회문제가 되고 있다. 동대문 밀리오레, 동대문 굿모닝시티, 명동 밀리오레, 이대 YES APM, 동대문 라모도, 동대문 패션TV, 신촌 밀리오레, 명동 하이해리엇(타비투), 강남역 점프밀라노 등 수천 명에 달하는 투자자들이 수천억 원 규모의 자금을 투자한 이런 쇼핑몰들은 입지가 월등한 몇 곳을 제외하고는 지금까지도 50%가 넘는 공실률을 보이는 등 뚜렷한 해결방안이 없는 상태다.

구분소유자의 일정 비율 이상 동의서 수령이 가능했던 명동 하이해리엇, 동대문 패션TV 등은 유니클로와 롯데피트인이 기존의 수분양자와 장기임대차 계약을 체결해 운영하고 있다. 강남역의 점프밀라노 하층부 일부분도 이랜드가 인수해 매장 운영에 들어갔다. 이와는 다른 방식으로, 밀리오레 명동점과 동대문점 일부 매장은 용도변경을 통해 분양형 호텔로 운영 중이다. 그러나 신촌 밀리오레나 동대문 굿모닝시티는 영화관을 제외하고는 대부분의 매장이 공실인 상태로 수년간 방치되고 있어 '도시의 흉물'에서 벗어나지 못하고 있는 실정이다.

서울의 대표적 테마형 상가만을 언급했지만, 실제로 신림동과 천호동, 지방의 주요 도시마다 슬럼화된 분양형 상가들이 도심에 자리를 잡고 있다. 최근 도심재생의 한 축에 이런 테마형 상가의 회생 전략도 포함시켜야 한다는 주장이 대두되고 있다.

굿모닝시티사건

2000년대 초반 을지로6가에 '굿모닝시티'라는 대형 테마상가를 분양했다. 하지만 대지소유권을 확보하지 않은 상태에서 상가를 분양한 뒤 분양대금을 다른 용도로 사용해 막대한 피해가 발생했다(투자자 3,200명, 투자금 3,735억 원대의 피해).

복합쇼핑몰의 탄생, 몰링 시대의 개막

2009년 3월 부산에서 오픈한 신세계 센텀시티점은 백화점 중심의 몰링 Malling(복합쇼핑몰에서 쇼핑, 외식, 문화체험 등의 활동을 동시에 하는 소비 패턴) 문화를 우리나라에 처음으로 소개했다. 백화점이라는 하나의 업태를 중심으로 연면적 294,000㎡(세계 최대 규모의 백화점으로 기네스북에 등재)의 대형 매장에 스파, 영화관, 아이스링크 등 다양한 즐길거리를 배치한 것이다.

약 6개월 후인 2009년 9월에는 국내 최초로 '몰링'을 전면에 내세운 쇼핑몰이 오픈했다. 영등포 타임스퀘어의 등장은 국내 쇼핑·상업 부동산시장에 혁신적인 변화를 불러왔다. 대지 면적 57,000㎡, 연면적 376,000㎡인 타임스퀘어는 백화점, 대형마트, 쇼핑몰, 호텔, 오피스, 영화관, 스포츠센터, 컨벤션센터, 대형서점 등이 복합된 본격적 몰링 문화의 메카로 자리매김했다.

당시 타임스퀘어 대표는 언론과의 인터뷰를 통해 다음과 같이 말함으로써 타임스퀘어의 아이덴티티를 정확히 보여주었다.

(타임스퀘어는) 한마디로 원스톱 쇼핑몰이죠. '한 지붕 아래서 모든 것을 다 everything under the one roof'라고 생각하면 간단합니다. 우선 규모가 커야 하고요. 백화점, 할인점, 호텔, 병원, 레스토랑 등 모든 것이

입점해야 하죠. 단순히 물건을 파는 것이 아니라 시간을 파는 공간이 몰입니다. 이름이 '타임(시간) 스퀘어(공간)'인 점도 이 때문입니다.

오픈 1주년을 맞아 2010년에 발표한 타임스퀘어의 실적은, 평균 방문 객 수 주중 1일 16만 명, 주말 28만 명, 1년 매출 1조 1천억 원이었다. 현재까지도 명실상부한 국내 복합쇼핑몰의 대표 사례로 평가되고 있다.

타임스퀘어의 개발은 토지소유주인 경방이 파이낸싱을 통해 비용

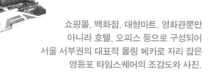

쇼핑몰, 백화점, 대형마트, 영화관뿐만
아니라 호텔, 오피스 등으로 구성되어
서울 서부권의 대표적 몰링 메카로 자리 잡은
영등포 타임스퀘어의 조감도와 사진.

을 조달하고 인허가, 시공사 선정(GS건설), 입점업체 유치, 준공 후 운영까지를 담당하는 '디벨로퍼developer (부동산 개발업자 또는 개발업체) 주도 방식'으로 진행되었다. 타임스퀘어의 주요 앵커anchor (집객을 주도하는 주요 기능 및 시설)인 이마트, CGV, 교보문고 등 대부분의 업체가 장기임대차 계약 조건으로 입점했으나, 코트야드메리어트호텔과 신세계백화점은 위탁운영 계약을 체결해 운영하고 있다(신세계백화점의 영업이익 일정 부분을 경방유통의 수익으로 인식하고, 수익의 일정 비율을 신세계에 위탁관리 수수료로 지급). 또한 2개 동의 오피스빌딩은 준공 전 선매각을 통해 자금 조달을 용이하게 했다.

센텀시티와 타임스퀘어 등 문화, 엔터테인먼트, 쇼핑이 한곳에서 이루어지는 체류형 쇼핑몰이 등장하면서, 2009년부터 유통산업발전법상 대규모 점포의 종류에서도 '복합쇼핑몰'이 독립된 업태로 분류되기 시작했다. 이후 유통대기업을 중심으로 한 대형 복합쇼핑몰의 시대가 열렸다. 유통산업발전법상 복합쇼핑몰의 정의는 다음과 같다.

용역의 제공 장소를 제외한 매장 면적의 합계가 3,000㎡ 이상인 점포의 집단으로서 쇼핑, 오락 및 업무 기능 등이 한곳에 집적되고, 문화·관광시설로서의 역할을 하며, 1개의 업체가 개발·관리 및 운영하는 점포의 집단을 말한다.

그러나 실제 영등포 타임스퀘어는 '쇼핑센터+백화점'으로, 롯데월드몰은 '쇼핑센터+백화점+대형마트'로 등록되어 있다. 대규모 점포의 업태 구분이 애매모호해서, 실제 복합쇼핑몰 형태로 운영되고 있더라도 등록자의 업태 선정에 따라 달라지는 것이다. 롯데와 신세계가 규모를 내세워 경쟁하고 있는 이런 복합쇼핑몰 개발 전성시대는 한동안 이어질 것으로 전망되지만, 정부의 복합쇼핑몰 규제 강도에 따라 많은 변수가 예상되는 것도 사실이다.

06.
스트리트형 임대 쇼핑몰의 등장

유통대기업 디벨로퍼가 아닌 일반 부동산 디벨로퍼가 개발을 주도한 상업시설은 대부분 분양형 상가였다. 그러나 앞서 언급한 대규모 테마형 상가의 공실과 슬럼화로 인한 사회문제 발생, 그리고 간접투자시장의 활성화에 따른 자산유동화 기회의 확대에 따라 100% 임대형 쇼핑몰이 등장하기 시작했다. 서부티엔디의 인천 스퀘어원(2012), 신영의 지웰시티몰2(2014) 등 다수의 부동산 디벨로퍼가 이런 임대형 쇼핑몰 개발에 뛰어들었다.

이 가운데 큰 이슈가 된 사례는 중견 디벨로퍼이자 시공사인 호반건설이 2013년 판교의 주상복합 써밋플레이스의 상업시설을 100% 직영 및 임대를 전제로 기획한 스트리트몰 '판교 아브뉴프랑'이었다. 27,544.34㎡ 면적에 총 200m 길이의 거리를 활용해서 좌우에 테마거리, 광장, 테라스형 상가, 야외 휴식공간을 배치해 오픈 당시 유통업체와 디벨로퍼들 사이에서 큰 화제가 되었다.

이를 계기로 호반건설은 '판교 아브뉴프랑'의 두 배가 넘는 규모인 '광교 아브뉴프랑(80,916㎡)도 같은 방식으로 기획, 오픈했다(2015). 이후 배곧신도시 등의 주상복합시설부터는 상업시설의 명칭을 '아브뉴스퀘어'로 변경해 분양하려 했으나, 입주 예정자들의 반발로 '아브뉴프랑센트럴'로 다시 분양 중이다. 지역과 상권을 구분하고 거기에 맞춰 전략을 다양화한다는 방침이다. 이런 중견 부동산 디벨로퍼 겸 시공사의 상업시설 직영 사례는 요진건설의 벨라시타, 네오밸류의 앨리웨이 등의 개발로 이어지고 있다.

물론 이런 임대형 쇼핑몰의 개발 및 운영은 대부분 그 사업 목적을 유동화나 분양에 두고 있다. 따라서 먼저 디벨로퍼가 상업시설을 기획하고 임차인 유치를 통해 활성화시킨 후 분양·매각하는 방식으로 개발하는 케이스도 있다. GS건설의 합정동 메세나폴리스는 임대 운영 후 상가시설의 대부분을 개별 매각했다. 우미건설이 동탄2신도시에 분양하는 복합상업시설 레이크꼬모lake COMO의 경우 65%는 직영, 35%는 분양한 뒤 자회사가 책임임대차해 운영할 계획이라고 한다. 네오밸류 역시 위례신도시, 구리갈매지구, 광교신도시, 인천도화지구 등에 개발하는 공동주택의 상업시설 전체를 기획·운영하며, 이중 일부는 보유, 일부는 분양할 계획이다.

유통대기업으로 집중되던 임대형 쇼핑몰, 일반 디벨로퍼로 집중되던 분양형 상업시설의 개발방식이 다변화되고 있는 것은 바람직한 현상이다. 수분양자들이나 테넌트tenant (임차인), 그리고 소비자들에게 다양한 선택권이 돌아가기 때문이다.

그러나 이런 직영·임대형 쇼핑몰 개발이 주상복합시설 개발의 큰 흐름으로 자리 잡을 것인가에 대해서는 논란의 여지가 있다. 일반적인 경우, 공동주택의 가격은 정부의 엄격한 규제를 받는 데 비해, 상업시설의 분양가는 대부분 디벨로퍼의 자의적 기준에 의해 책정된다. 따라서 주상복합시설 개발의 성패는 상업시설의 분양가에 의해 결정되는 경우가 많다.

임대형 쇼핑몰의 임대료를 기준으로 한 상업시설의 가치와 주상복합시설 프로젝트의 총 개발원가, 그리고 주변 분양 사례를 기준으로 한 상업시설의 분양가는 상당한 차이가 난다. 따라서 디벨로퍼 입장에서는 비교적 단기간에 빠져나올 수 있는 분양 방식을 선호하는 것이 당연한 일이다. 잠재적 투자자의 수요가 풍부한 지역에서 '분양'이라는 비교적 단순한 방식을 통해 상가를 처분하는 쉬운 길이 있다면, 굳이 상품기획MD, 조닝zoning(용도별 구획), 임차인 선정, 운영 등 장기간의 복잡한 절차를 거쳐 임대형 쇼핑몰을 운영하려는 디벨로퍼는 그다지 많지 않을 것이다.

그러나 이런 분양을 통한 상업시설의 구성은 또다시 체계화되지 않은 MD ⇨ 장기간의 손실 ⇨ 상가의 슬럼화라는 악순환으로 이어질 수 있다는 한계점을 가지고 있다.

07.
상업시설 임차인의 변화

　수십 년간 다양한 상업시설이 등장하고 몰락하면서, 그것을 구성하는 콘텐츠인 임차인tenant 의 종류도 크게 변화해왔다. 그동안 그야말로 다양한 임차인이 탄생해, 높은 인기를 끌다가 하루아침에 흔적도 없이 사라지기도 했으며, 큰 주목을 받지는 못했지만 오랫동안 그 자리를 지켜온 경우도 있다. 사실 상업시설들의 변천은 임차인의 변화를 빼놓고는 설명할 수가 없다.

　최근 오픈하는 쇼핑몰들은 단순한 매장과 식음료점을 중심으로 하던 기존 상업시설의 기능 대신, 경험하고 즐기는 비쇼핑시설 임차인의 비중을 늘리고 있다. 이것은 인구구조나 쇼핑 패턴의 변화에 따른 당연한 결과라고 할 수 있다. 상업시설의 콘텐츠를 구성하고 있는 국내외 브랜드의 론칭과 철수 역사를 살펴보면 다음과 같다.

　　1988년　코코스 국내 진출
　　1992년　TGIF 국내 진출
　　1993년　판다로사 국내 진출
　　1994년　LA팜스, 스카이락, 데니스 국내 진출
　　1995년　씨즐러, 베니건스, 플래닛할리우드, 토니로마스 국내 진출
　　1996년　까르네스테이션, OK코랄, 마르쉐 국내 진출

1997년 아웃백, 칠리스, 우노 국내 진출, 빕스(CJ) 론칭

1999년 스타벅스 한국 1호점 오픈

2002년 이쁘뽀따뮤스, 카후나빌 국내 진출

2003년 애슐리(이랜드) 론칭

2005년 유니클로 한국 1호점 오픈

2008년 자라 한국 1호점, 포에버21 한국 1호점 오픈

2009년 스파오 1호점 오픈

2010년 H&M 한국 1호점 오픈

자료: 각 사 홈페이지 및 언론 기사

1990년대부터 2010년대까지는 글로벌 브랜드들이 한국에 진출해 그 세를 확장하고, 이를 벤치마킹한 국내 브랜드들이 활발하게 론칭하던 시기였다. IMF, 글로벌 금융위기 등을 겪으면서 다수의 브랜드가 인수합병되거나 철수 또는 폐업하는 등 흥망성쇠를 겪어왔지만, 소비자의 니즈를 정확히 파악하고 시의적절하게 대처한 브랜드들은 아직도 굳건히 그 자리를 지키고 있다. 글로벌 혹은 내셔널 브랜드들의 흥망성쇠는, 2000년 오픈해 2016년 말 신세계프라퍼티로 운영권이 넘어간 코엑스몰의 사례를 통해 직접 확인할 수 있다.

2000년 강남의 중심이자 교통요지인 삼성역에 오픈한 코엑스몰은 이후 두 차례의 대규모 리뉴얼을 거치며 임차인의 격변을 온전히 겪어왔다. 타임스퀘어, 롯데월드몰 등이 등장하기 전까지 코엑스몰은 지하공간이라는 한계, 낮은 층고, 미로 같은 동선으로 이용에 많은 불편이 있었음에도 불구하고 강남권 대형 쇼핑몰의 대명사로 꼽혀왔다. 우선

접근성이 뛰어났고, 백화점과 아쿠아리움, 멀티플렉스, 대형서점, 면세점 등의 대형 앵커 임차인과 중소형 임차인이 성공적으로 조화를 이뤘기 때문이다.

중저가 브랜드, 패스트푸드, 대형서점, 영화관을 원스톱으로 이용할 수 있었던 코엑스몰은 강남의 중고등학생과 대학생, 직장인들의 쇼핑 메카였다. 우리나라 역사상 최대 관객 동원 영화관이 CGV나 롯데시네마가 아닌 메가박스 코엑스점이라는 사실 또한 이를 증명한다.

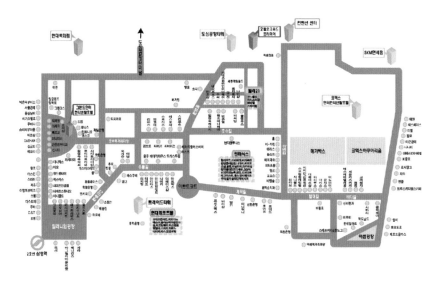

2008년 코엑스몰 매장 배치도

ㅁ 엔터식스: 2004년 500평에 약 20개의 브랜드로 오픈.

ㅁ 밀레21: 2002년 오픈한 유밀레공화국을 리모델링해 2006년 오픈. 대표적인 테넌트로는 유니클로,
  명품 편집숍인 W컨셉이 있으며, 지하 1층과 지하 2층으로 총 706평 규모.

ㅁ 자라: 2008년 밀레니엄광장에 오픈.

ㅁ TGIF, 베니건스 등 패밀리레스토랑이 주요 위치에 입점.

하지만 세월의 흐름과 함께 노후화된 시설, 연이은 경쟁 쇼핑몰의 등장 등으로 위기의식을 느낀 코엑스몰은 약 3천억 원의 예산을 들여 대대적인 리모델링 작업을 거쳐서 2014년 재개장했다. 그러나 정확한 수요층 설정 실패, 중고가 임차인 구성의 착오, 임대료 급등, 임차인과 고객을 고려하지 않은 환경과 인테리어 등의 문제로 인해 방문객이 급감했다. 기존 입점 상인들과의 갈등도 최고조에 달했다.

이에 리모델링을 주도했던 무역협회는 코엑스몰 법인을 청산하고,

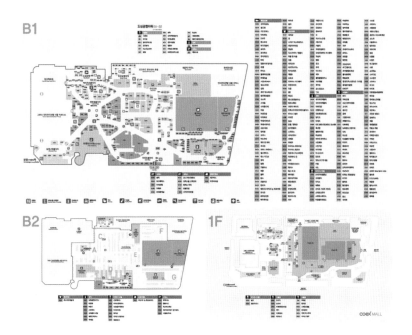

2014년 1차 리뉴얼 후 코엑스몰 매장 배치도

ㅁ 자라홈, 자주, 조프레시 등 신규 SPA와 라이프스타일숍 배치.

ㅁ 테이스팅룸 샤이바나, 피에프창, 케르반, 클로리스, 이코복스 등 신규 F&B의 등장.

외주운영업자로 '신세계프라퍼티'를 선정했다. 첫해 최소 보장 임대료로 660억 원을 제시한 신세계프라퍼티의 스타필드 코엑스점은 2016년 조용히 오픈했다. 지난 십수 년 동안 다양한 임차인이 등장하고 사라졌던 시험무대, 코엑스몰에서 2000년 오픈 당시부터 현재까지 같은 자리를 지키고 있는 임차인은 메가박스와 아쿠아리움 정도다.

2016년 말 신세계프라퍼티가 장기책임임대차 계약을 체결하면서 코엑스몰은 '스타필드 코엑스점'이라는 새로운 이름으로 탄생했다. 임차인들의 업종과 위치는 지속적으로 변경되었고, 이마트24와 스타벅스 등 신세계 브랜드의 임차인들이 우수한 입지에 자리를 잡았다.

특히 2017년 5월 30일에 오픈한 '별마당도서관'은 상품을 파는 데만 집중했던 대형 유통업체들의 운영 전략에 큰 변화가 생기고 있음을 보여주었다. 신세계프라퍼티는 코엑스몰의 초입, 중앙광장이라고 할 수 있으며 오랜 기간 푸드코트로 활용되던 2,800㎡(850여 평)의 공간에 60억 원의 비용을 들여 과감하게 무료 도서관을 조성했다. 일본에서 시작된 '리딩테인먼트(리딩+엔터테인먼트)'를 국내에 적극적으로 도입한 첫 사례로, CCC(컬처컨비니언스클럽, 츠타야서점 운영)가 운영 중인 '다케오 시립도서관'을 벤치마킹했다고 한다. 13m 높이의 대형 서가 세 개가 둘러싸고 있는 이 도서관에는 5만여 권의 장서와 잡지, E-북 시스템이 갖춰져 있으며, 매년 5억 원 이상의 운영비용을 예상하고 있다.

임대사업에 가장 유리했던 공간의 수익을 포기하고 '인스타그램에 올리기 좋은Instagrammable' 공간으로 바꿔버린 과감한 시도는, 특별한 목적이 없는 오프라인 고객들의 방문을 유도함으로써, 스타필드 코엑스점의 활성화에 커다란 기여를 하고 있다. 실제로 스타필드 관계자

스타필드 코엑스점 초입에 자리 잡은 850평 규모의 별마당도서관.

에 따르면, 별마당도서관 오픈 이후 유동인구나 매출이 눈에 띄게 증가했다고 한다. 소비자들의 움직임이 '물건을 사던' 소비에서 '경험을 사는' 소비로 변화함에 따라 다수의 유통업체, 소매업자들이 이처럼 경쟁적으로 체험형 콘텐츠를 개발해 선보이고 있다.

CHAPTER 1
리테일부동산 투자

2

리테일부동산 변화의 시작

밀레니얼 세대라는 새로운 소비자의 등장

일본의 베이비부머인 '단카이團塊 세대'는 명품을 입고, 유럽 브랜드 백을 들며, 최고급 식기에 식사를 하는 등 보여주기식 소비에서 자기만족을 찾았다. 그러나 그들의 자녀들로 소비 세대가 바뀌어가면서, 자녀가 물려받기를 원치 않아 쓰레기장에 버려지는 최고급 식기들이 늘어나고 있다고 한다. 물론 1인 가구가 늘어나면서 의식주 여건이 달라진 탓도 있겠지만, 가장 큰 이유는 소비의 방식이 달라졌기 때문이다. 이미 풍요로운 소비의 시대를 경험한 밀레니얼 세대는 과시형 소비가 아닌 '나만의 가치를 중시하는 소비'로 자신들을 표현하고 있다. 남

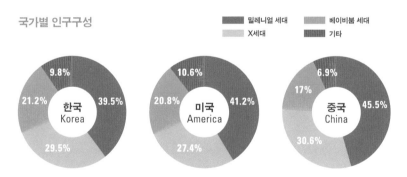

국가별 인구구성

밀레니얼 세대   베이비붐 세대
X세대   기타

한국 Korea: 9.8% / 39.5% / 29.5% / 21.2%

미국 America: 10.6% / 41.2% / 27.4% / 20.8%

중국 China: 6.9% / 45.5% / 30.6% / 17%

미국에서 만들어진 신조어 '밀레니얼 세대'는 베이비부머의 자녀 세대로, 1980~2000년에 출생한 세대를 의미한다. 미국의 경우 2014년 기준 9,200만 명으로 부모 세대(7,700만 명)를 추월했으며, 한국에서도 이미 부모 세대의 1.5배에 육박하고 있다.

자료 한국통계청 2015년 주민등록인구통계, 미국과 중국은 UN 데이터, Lpoint 트렌드조사보고서

들의 눈에 얼마나 가치 있는 물건이냐가 아니라, 나에게 얼마나 의미 있는 물건이냐에 따라 소비를 결정하는 것이다.

미국에서는 밀레니얼 세대가 주요 소비층으로 떠오르면서 이미 오래 전부터 이 세대에 대한 연구가 활발히 진행되었으며, 이들을 타깃으로 한 다양한 마케팅 전략이 도출되고 있다. 미국 밀레니얼 세대들의 소비 특징과 그에 따른 마케팅 방향은 다음과 같다.

1. 소유의 개념 변화 : 소유보다 공유, 경험

- 내면과 외면의 만족을 물건보다는 '경험'에서 찾거나, 그 경험을 온라인 혹은 소셜미디어를 통해 공유하면서 만족감을 느끼는 경우가 많다.
- 소유보다는 '공유'하거나 '빌리는 것'에 더 익숙한 소비환경이 형성되었다.
- 여건이 갖춰졌을 때 소비하기보다는 자신들이 원할 때, '소유'가 아닌 '소비'를 하고자 한다.

2. 주변의 의견과 경험을 공유하는 스마트 소비

- 디지털기기의 다양한 활용을 통한 가격비교, 친구나 경험자들의 상품 리뷰가 구매 결정에 큰 영향을 미친다.
- 온라인을 통해 적극적으로 피드백 활동을 한다.

3. 개인화된 서비스, 장기간 파트너십을 구축하는 마케팅 선호

- 적절한 물건을 적합한 타이밍에 마케팅할 수 있고, 소셜미디어

를 통한 개인화·타깃화된 마케팅이 가능해졌다. 소통과 빠른 피드백을 마케팅에 활용할 수 있게 되었다.

4. 모험과 경험을 중시

☐ 온라인이라는 편리한 쇼핑 플랫폼과 경쟁해, 오프라인 매장이 우위를 차지할 수 있는 것은 경험의 제공이다.

☐ 개인화된 경험, 기억에 남을 만한 새로운 경험을 제공함으로써 구매동기로 이어지도록 만드는 연속적인 프로그램, 마케팅 전략이 매우 중요하다.

5. 자신과 어울리는 '가치' 소비

☐ 밀레니얼 세대들은 자신들이 소비하는 제품을 만드는 회사의 가치에 관심을 가지고 있으며, 그 신념과 가치가 그들의 기준에 적합할 때 소비로 이어질 가능성이 높다.

☐ 밀레니얼 세대는 부모 세대보다 소득수준이 낮지만, 자신들의 관심 분야나 신념에 적합한 소비에는 프리미엄을 붙여 지불할 용의가 있다(아름다움, 진정성 등).

6. 성향 파악을 위한 절대적 자료 : 소셜미디어 데이터

☐ 가장 기술친화적인 세대로, 오프라인에서의 활동을 온라인으로 공유한다.

☐ 구매 전 다양한 정보를 입수, 다수의 선택을 따라가는 경향이 있다.

유통업체들은 밀레니얼 세대에 대한 연구가 활발하고 이들의 데이터를 이미 시장에 적용하고 있는 미국의 사례를 참고해 다양한 전략을 구상하고 시험해보고 있다. 이 과정에서 나온 주요 전략은 다음과 같다.

- □ 온라인과 오프라인의 융합.
- □ 그들을 참여시키고, 그들과 소통할 것.
- □ 장기적인 관계를 맺을 것.
- □ 그들에게 어필할 수 있는 가격경쟁력을 키울 것.
- □ 즉각 대응할 수 있는 민첩성으로 무장할 것.
- □ 그들의 요청에 대한 피드백의 속도가 가장 중요한 요소임을 명심할 것.

자료: Goldman Sachs, KPMG, Forbes 및 KOTRA 로스앤젤레스 무역관 자료 종합

02.

시공간을 초월한 쇼핑,
온라인 쇼핑의 증가와 쇼핑 경험의 공유

2015년 온라인 쇼핑몰의 매출액이 처음으로 국내 소매매출 1위를 차지해오던 대형마트를 넘어서 유통 채널 중 1위를 기록했다(다음 페이지 그래프). 2016년에는 온라인 쇼핑 중에서도 모바일 쇼핑 채널이 전통적 채널인 PC 쇼핑을 제치고, 백화점 매출까지 넘어섰다. 이제 소비자들은 그들이 어디에 있건, 시간이 몇 시건 원하는 물건을 검색하고, 비교하고, 지인들과 전문가들의 조언까지 얻어가며, 최저가에 쇼핑할 수 있는 최고의 쇼핑환경을 즐기고 있다.

쇼핑은 이제 단순히 물건을 사는 행위에 그치는 것이 아니라 자신을 나타내는 콘텐츠가 되고, 나누고 싶은 경험이 되고, 나아가 삶을 구성하는 라이프스타일이 되어가고 있다. 저녁에 신선식품을 주문하면 다음 날 새벽 문 앞에 상품 패키지가 기다리고 있다. 그 안에는 한 끼 식사용 파스타 재료와 레시피까지 들어 있다. 여행 갈 때 면세점에서 할인받아 사던 립스틱은 이제 해외 직구를 통하면 언제든 면세점보다 저렴한 가격에, 며칠 내 사무실까지 배달된다. 매장에서 입어본 후 그 자리에서 검색하고 주문한 SPA 브랜드 의류는 심지어 매장보다 20%나 저렴한 가격에, 매장에서는 품절인 사이즈까지 집으로 배송된다. 택배를 받을 장소나 시간이 여의치 않다면 전국의 편의점이나 픽업센터에서 찾아오면 된다.

이렇게 구매한 상품들이 SNS의 사진이 되고, 타임라인의 콘텐츠가 되어 '좋아요'를 기다리며, 쇼핑몰의 상품평이 되어 모든 판매자와 잠재 구매자의 소중한 정보가 된다. 이런 모바일 쇼핑과 상품·쇼핑 정보의 검색, 개인적인 쇼핑 경험의 공유 등은 이제 쇼핑 행태의 가장 강력하고 커다란 한 축으로 자리 잡았다.

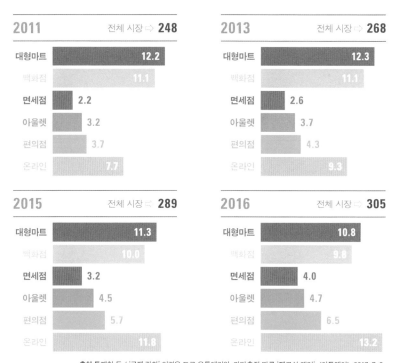

국내 소매시장 규모 추이 (단위: 조 원)

재래시장 및 승용차·유류 시장 제외, 대형 유통사의 온라인 채널을 제외한 온라인 전문 업체 규모.

2011   전체 시장 ⇨ **248**

대형마트	**12.2**
백화점	11.1
면세점	2.2
아울렛	3.2
편의점	3.7
온라인	7.7

2013   전체 시장 ⇨ **268**

대형마트	**12.3**
백화점	11.1
면세점	2.6
아울렛	3.7
편의점	4.3
온라인	9.3

2015   전체 시장 ⇨ **289**

대형마트	**11.3**
백화점	10.0
면세점	3.2
아울렛	4.5
편의점	5.7
온라인	11.8

2016   전체 시장 ⇨ **305**

대형마트	**10.8**
백화점	9.8
면세점	4.0
아울렛	4.7
편의점	6.5
온라인	13.2

출처 통계청 등 / '규제 강화' 어려운 토로 유통대기업, 과다출점 따른 '제로섬 게임', 〈이투데이〉, 2017. 7. 3.

오프라인 쇼핑몰의 쇠퇴

    쇼핑공간의 대명사였던 백화점은 고객들의 쇼핑 패턴이 변화하고, 온라인 쇼핑이 대세를 이루면서 급격한 쇠락의 길을 걷고 있다. 이런 움직임은 특히 백화점뿐만 아니라 패션 전문 매장에도 영향을 미쳐 거대한 폐점과 인력 감축의 바람이 불고 있다.

    메이시스, JC페니, 노드스트롬, 시어스, 콜스 등 수천 개의 매장을 앞세워 치열한 경쟁을 벌이던 미국의 백화점들은 최근 경쟁이라도 하듯 폐점 및 구조조정에 돌입했다. 일본의 사정도 크게 다르지 않다. 대기업과 철도회사들이 소유한 대형 백화점들 중 특히 지방의 중소도시

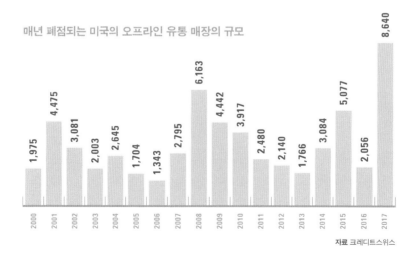

매년 폐점되는 미국의 오프라인 유통 매장의 규모

자료 크레디트스위스

에 입점했던 매장들의 폐점이 눈에 띄게 늘고 있다. 대부분의 고객을 대형 복합쇼핑몰이나 온라인 쇼핑에 빼앗긴 것으로 분석된다.

우리나라도 비슷한 상황에 처해 있다. 영원할 것 같았던 백화점의 위상도 다양한 플랫폼의 경쟁 업태 등장, 온라인 쇼핑의 급성장으로 인해 짧은 기간에 급격히 하락하고 있다. 매출 역시 2011년 11.4%에서 2012년 5.4%, 2013년 2.6%로 성장률이 계속 둔화되다가 2014년에는 마침내 마이너스 성장(-1.6%)을 기록했고, 이때부터 추세적인 역신장을 나타내고 있다. 세계적 추세나 국내 소비 패턴의 변화를 볼 때, 백화점의 매출이나 성장 회복은 쉽지 않을 것으로 예상된다.

이미 2016년 편의점의 순매출 합이 주요 백화점 3사의 그것을 넘어섰다. 다만, 미국이나 일본과는 다르게 대형 유통업체 3사가 나름대로 상권을 적절히 나누어 제한된 경쟁을 해온 덕분에, 영업 부진으로 인한 전면적 폐업 등의 극단적인 상황은 아직 눈앞에 닥치지 않았다. 그러나 백화점업계는 이미 이에 대한 대비를 서두르고 있을 것이다.

🏠 폐점한 백화점 부지의 활용

그렇다면 폐점한 백화점 건물 혹은 부지들은 어떻게 활용되고 있을까? 백화점 대부분은 도심에서도 교통이 편리한 상권의 중심지에 위치하고 있어, 이를 활용한 주거시설이나 다른 형태의 쇼핑시설로 개발되는 사례가 많다. 1975년 개장해 약 40년간 자리를 지켜온 백화점이 서점을 중심으로 한 라이프스타일센터로 변신한 예가 일본에 있다.

일본 오사카부의 중소도시인 히라카타시 히라카타역에 1975년 오

2016년 백화점이 폐점한 자리에 오픈한 히라카타 T-사이트.

한때 히라카타역의 상징이었던 킨테츠백화점 히라카타점.

픈한 마루부쓰백화점(시설 면적 12,807㎡)은 1977년 킨테츠백화점이 운영하기 시작하면서, 지역의 중심 쇼핑시설 역할을 해왔다. 하지만 1997년 분기매출이 199억 엔(약 2천억 원)에 달하는 등 사상 최고 점매출을 기록한 후, 2000년대 후반부터 매출이 절반 이하로 떨어지면서 (2010년 연매출 81억 엔), 급격히 쇠락의 길로 들어섰다. 결국 킨테츠백화점은 2011년에 히라카타점의 폐점을 발표했는데(2012년 2월 폐점), 직전 10년간의 실적 부진과 경영 개선에 대한 불확실성 때문이었다.

2011년 킨테츠백화점은 츠타야서점을 운영하는 CCC의 관계사인 (주)SO-TWO 계열사 스파이럴스타글로벌파트너스에 매각되었다. 그리고 2014년부터 철거공사를 시작해, 2016년 5월 '히라카타 T-사이트'가 그 자리에 오픈했다. 연면적 5,314㎡, 점포 수 43개로, 지하에는 슈퍼마켓 및 델리, 1층에는 와인숍과 레스토랑 및 요리 관련 도서, 2~5층에는 츠타야 히라카타역점, 상층부에는 금융기관 등이 위치하고 있으며, 최상층에는 테라스를 갖춘 트렌디한 식당가가 들어섰다.

우리나라에도 일본과 정확히 유사한 경우는 아니지만, 백화점의 폐점에 이어 완전히 새로운 용도로 계획된 사례가 있다.

안양시 범계역 사거리에 위치한 NC백화점 평촌점은 1994년 뉴코아백화점으로 오픈했는데(대지 면적 5,435.3㎡/B6~12F/연면적 23,000㎡), 2005년 NC백화점으로 재개장하면서 인근 지역의 대표적인 백화점으로 자리를 잡았다. 하지만 2012년 롯데백화점 평촌점이 오픈하는 등 경쟁점이 등장하면서 어려움을 겪다가, 결국 이랜드 자체의 경영 개선을 위해 매각하기로 결정되었다.

국내에서 매각된 대부분의 대형 상업시설이 세일앤드리스백 방식으

NC백화점 평촌점(왼쪽)과 그 자리에 신축 예정인 오피스텔 조감도. **출처** 엔씨백화점 공식 블로그, 피데스개발

로 매각 후에도 계속 운영을 해왔던 것에 비해, 매수측인 피데스개발
에서는 백화점을 철거한 후 오피스텔 700실과 상가 등으로 구성된 44
층 규모의 복합건물로 신축할 계획이라고 밝혔다.

백화점이나 상업시설은 일반적으로 교통이 편리하고 가시성이 좋은
사거리에 위치하고 있으며, 대규모 판매시설 건축이 가능한 상업지역
등에 속한다. 따라서 상업시설의 폐점 후 활용 방안은 해당 부동산의
입지, 용도지역 등을 모두 포함한 부동산의 범용성에 따라 평가된다.
주상복합시설, 업무시설, 병원, 다른 형태의 상업시설, 공공시설, 물류
시설 등 다양한 개발 가능성을 검토할 수 있다. 하지만 범용성이 부족
한 지방 소도시의 백화점이나 상업시설의 경우, 인구구조의 변화에 따
라 폐점 후 공실로 남겨질 우려가 크다.

2017년 국내 1위 대형마트인 이마트의 매장 수가 처음으로 감소했
다. 매출 부진 점포를 노브랜드로 변경한 데 이어 울산 학성점을 폐점

하고, 시지점 등 비효율 점포와 미개발 부지를 매각하는 등 구조조정을 서두르고 있다. 매각된 점포나 부지에는 임대주택이나 오피스텔이 들어설 것으로 알려졌다.

2017년부터 편의점 GS25의 총매출이 국내 대형마트 3위인 롯데마트의 그것을 넘어설 것이라는 전망도 기정사실이 되고 있다. 이런 시장의 변화와 세대의 변화에 따라 유통업계의 지각변동은 앞으로도 계속될 것으로 보인다. 이에 따라 리테일부동산도 변화에 대비한 준비를 서두르고 있다.

04.

개인 운영 상점의 성장과 명소 거리의 등장

한 개인의 이름이 거리와 브랜드를 형성하고, 그 지역의 부동산시장에 큰 영향을 미친 사례로는 경리단길의 '장진우거리'가 그 시초라고 할 수 있다. 2011년 별다른 특징이 없던 경리단길에 '장진우식당'이 오픈하면서부터, 일대는 트렌드세터들의 모임 장소가 되었고, 전국 곳곳에 경리단길을 모태로 한 ○○○길, △△△거리가 생겨나기 시작했다.

사실 이보다 훨씬 전에 생겨난 신사동 가로수길 역시 저층 상가들을 중심으로 특색 있는 개인 운영 상점(쇼핑, 외식 등)들이 주도했다. 하지만 이곳이 전국적인 명소로 자리 잡으면서, 글로벌 브랜드들이 앞다퉈 진출함에 따라 임대료가 급속도로 상승하는 등 젠트리피케이션 gentrification(급격하게 오른 임대료로 인해 기존의 거주자나 상점들이 밀려나는 현상)이 일어났다. 결국 이전의 개성 있던 점포들은 자취를 감췄고, 어디서나 볼 수 있는 흔한 브랜드들로 가득한 거리가 되어버렸다.

반면 경리단길은 교통이나 지리적 여건이 매우 열악한 지역임에도 하나의 개인 브랜드가 자리를 잡으면서 위상을 형성한 사례다. 다양한 레스토랑, 펍pub, 카페, 개성 있는 소품숍 등이 들어서면서, 다른 곳에서는 찾아볼 수 없는 고유의 개성을 갖추게 되었다. 그러나 거리가 유명해질수록 임대료는 상승하고, 그 여파로 초기 거리 형성에 한몫했던 점포들이 빠져나가면서 작은 자본과 규모로 큰 만족감을 주었던 경리단길만의 매력은 줄어들었다. 초기 경리단길의 특색을 형성한 소규모 식음료 소매점(F&B 리테일러)들을 중심으로 한 상권은 인근의 해방촌, 후암동 등지로 확장되고 있다.

이태원 인근의 경리단길과 해방촌을 시초로 홍대 옆 상수동, 망원동, 연남동, 서울대입구역 등도 저층 주택가의 1층에 작고 개성 있는 레스토랑과 카페, 바 등이 들어오면서 특색 있는 거리로의 변신이 급속도로 진행되었다. 망리단길, 연트럴파크, 샤로수길 등 각각의 별칭까지 붙은 이런 거리들은 디벨로퍼나 대기업 유통업체들이 기획한 상권이 아니라, 개인이 운영하는 맛집과 카페 등이 자리를 잡으면서 형성된 자연발생적인 상권이다.

정미소였던 '대림창고'가 낡은 시설 그대로 이벤트의 중심지로 떠오르고 '자그마치' 등 개성 있는 카페들이 생겨나면서 명소화된 준공업지역 성수동이나 예술가들이 모여들면서 역시 크게 변화하고 있는 문래동 공장지대처럼, 주변 상권의 확장보다는 지역 자체가 보유한 특징이 '찾고 싶은 거리'를 만드는 경우도 증가하고 있다. 비교적 갑작스러운 상권의 형성 및 임대료 상승을 해결하기 위한 각 지방자치단체의 노력도 조례 제정, 특구 지정 등 다양한 방식으로 나타나고 있다.

뜨고 있는 거리에서 사람들의 발길을 붙잡는 작은 개인형 레스토랑, 카페, 소품숍들은 소비자들의 SNS를 통해 유명해지면서 백화점, 복합쇼핑몰의 푸드코트, 오피스빌딩의 셀렉다이닝(여러 프랜차이즈 점포가 한 건물에 입주해 영업하는 형태) 등의 방식을 통해 전국으로 진출하고 있다. 이런 움직임에 따라 대기업을 중심으로 기획 및 전개되던 F&B 브랜드의 확장에도 큰 변화가 일어나게 되었다.

기존 준공업지역의 낡은 시설을 그대로 활용한 성수동의 베이커리 카페 어니언.

성수동의 카페 오르에르.

3

국내 상업시설 개발시장의 전망

지금까지 국내 상업시설의 개발을 살펴보면, 미국이나 일본의 사례를 충실히 따르는 경향도 있었지만, 한편으로는 우리만의 특별한 상황을 반영하는 흐름도 있었다. 대형마트 등 주요 쇼핑시설들의 성장과 쇠퇴, 쇼핑몰마다 비슷한 글로벌 SPA 브랜드들이 대거 입점해 획일화된 상품화 기획 등이 전자라면, 특별한 활용 계획 없이 고가로 분양된 상가들의 심각한 공실과 쪽분양 상가의 슬럼화, 주요한 특색 없이 유사한 상업시설들의 중복 배치와 구성이 바로 후자다.

일본의 경우, 각 쇼핑몰 개발이 이뤄질 때마다 모두 특별한 슬로건을 도입한다(오다이바의 다이바시티는 '극장형 도시공간', 스카이트리의 상업시설 소라마치는 '신시타마치', 즉 '새로운 서민들의 거리' 등). 그러나 우리는 글로벌 SPA 브랜드, F&B, 영화관, 내셔널 패션 브랜드 등이 거의 예외 없이 입점해 쇼핑몰의 간판을 보지 않고는 어디인지 구분하기 힘든 유사한 쇼핑몰들이 대부분을 차지하고 있다.

그런데 최근 들어 인구구조의 변화, 온라인 쇼핑의 급속한 성장, 새로운 수요층의 등장과 쇼핑 패턴의 급격한 변화 등에 따라 전 세계적으로 모든 상업시설 개발회사 및 운영회사들은 거의 동시에 해결하기 힘든 여러 가지 문제에 맞닥뜨리게 되었다.

고령화와 출산율 감소, 1인 가구의 증가 등 인구구조의 변화, 밀레니얼 세대라는 새로운 소비 계층의 등장, IT기술의 급격한 발달과 이에 따른 쇼핑 플랫폼의 변화 같은 외부 요인들이 소비자들의 쇼핑 행태와 공급자들의 운영 전략에 큰 전환점을 가져왔다. 이런 환경의 변화에 적절하게 대응하지 못한 일부 백화점, 패밀리레스토랑 등 오프라인 매장들은 세력을 잃었고, 새로운 형태의 매장들이 새로운 아이템과 전략으로 무장한 채 소비자들을 맞이하고 있다. 주요 움직임을 표로 정리하면 다음과 같다.

소비 계층의 변화로 시작된 상업시설 개발의 주요 변화

물건이 아닌 순간들을 모아라(Collect moments, not things)!
공급자 1. 임대자를 위한 공간에서 인스타에 올리고 싶은 공간으로(From Leasable Area to Instagrammable Place). 2. 쇼핑하는 공간에서 경험하는 공간으로(From Shopping Center to Experience Center). 3. 시장 점유에서 시간 점유로(From Market Share to Time Share).
전략 물건을 파는 공간이 아닌, 사람들이 모이고 싶은 장소를 먼저 조성해 명소화시키고, 경험소비가 자연스럽게 상품 매출로 연결되도록 하는 전략 수립.
상업시설 대응 사례 스타필드 코엑스점의 별마당도서관, 롯데마트 양평점과 서초점 1층의 어반포레스트, 네오밸류의 니어바이비 등. 아디다스의 '런베이스 서울', 삼천리자전거의 '어라운드3000' 등.
소비를 통한 라이프스타일 구현 욕구, '나'를 위해 돈을 아끼지 않는 소비 행태의 증가.
공급자 큐레이티드 쇼핑공간 조성.
전략 하나의 공간에 타깃화된 고객의 취향을 만족시킬 수 있는 아이템을 선별하고 제안.
상업시설 대응 사례 남성 전용 편집숍(스타필드 하우디), 오피스빌딩의 셀렉다이닝(디스트릭스 와이 등), 츠타야(T-사이트, 일렉트로닉스 등), 현대카드 쿠킹라이브러리, 오사카 큐스몰베이스 등.

2020 부동산 메가트렌드

다운로드가 아닌 스트리밍(From Download to Streaming).
장기임대 혹은 영구적 소유가 아닌, 필요할 때 필요한 만큼만 소비.

공급자 새로운 공간 개발에 앞서 기존 공간과 콘텐츠에 대한 재발견과 재구성.

전략 소유가 아닌 공유 소비에 초점, 쇼핑센터의 유휴공간 활용, 팝업스토어의 활성화.

상업시설 대응 사례 공유주차장의 활용 증가(파크히어 등), 유휴공간 활용 플랫폼의 출현
(에어비앤비, 스페이스클라우드, 스위트스팟 등).

온라인에서 오프라인으로, 그리고 그 반대로(Online to Offline and Vice Versa).

공급자 온라인 기업은 오프라인 강화, 유통업체들은 온라인 서비스 강화.

전략 온라인 업체의 효율적 유통망 확보, 오프라인 업체의 효과적 플랫폼 구축.

상업시설 대응 사례 아마존의 홀푸드 인수, 이지스자산운용(쌈지길)과 위메프의 제휴,
이마트의 11번가 인수 검토, 스타벅스의 사이렌오더 열풍 등.

대형화, 동시에 소형화

상업시설 디벨로퍼와 운영회사들은 이런 변화에 적극적으로 대응하고 있다. 우선 매장 개발 전략은 정반대의 두 방향으로 나뉜다.

🏠 복합쇼핑몰과 교외형 아울렛의 대형화

신세계프라퍼티는 2016년 스타필드 하남점을 시작으로 코엑스점과 고양점을 연이어 오픈하면서 자신들이 추구하는 '하루 종일 먹고, 놀고, 쇼핑하는 가족을 위한 체류형 복합쇼핑몰'이라는 아이덴티티를 확

스타필드 고양점.

신세계프라퍼티가 개발한 스타필드 하남점과 고양점의 시설 현황

하남점

위치	경기도 하남시 미사대로 750	
총면적	460,000m²(139,000평)	
부지 면적	118,000m²(36,000평)	
매장 면적	156,000m²(40,700평)	
층별 주요 시설	**F3~F5_ 아쿠아필드** 인피니티풀, 워터파크, 스파	13,000m²(4,000평)
	F4_ 메가박스 11개관(MX관, 부티크관, 키드관 등)	5,900m²(1,800평)
	F4_ 스포츠몬스터 농구, 배구, 풋살, 암벽등반 등	5,300m²(1,600평)
	F3_ 잇토피아 국내 최대 규모 푸드라운지	2,900m²(900평)
	F2_ 럭셔리존 루이비통, 구찌, 프라다 등 30여 개 브랜드	7,300m²(2,200평)
	F1_ 고메스트리트 야외 테라스(200m 다이닝로드)	5,600m²(1,700평)
	B1~F3_ 백화점 리틀신세계, 리빙셀렉트숍, 쿠킹스튜디오, 뷰티전문관 등	45,000m²(14,000평)
	B1~B2_ 트레이더스 11호점	16,600m²(5,010평)
주차 대수	총 6,200대(지하 2~4층, 지상 4층)	

고양점

위치	경기도 고양시 고양대로 1955
부지 면적	91,000m²(약 27,540평)
연면적	365,000m²(약 110,400평)
주요 시설	신세계백화점, 이마트 트레이더스(창고형 할인매장), 일렉트로마트, 영화관(메가박스), 아쿠아필드, 볼링장, 키즈 테마파크(토이킹덤, 브릭라이브)
식음료 매장	자니로켓, 쉐이크쉑, 루이, 소이연남 등 100여 개 입점 예정
주차 대수	4,500대(지하 1,850대, 지상 2,650대)

자료 신세계그룹

고히 정립하고 있다.

신세계프라퍼티의 대표는 "스타필드의 경쟁 상대는 단순히 유통뿐만이 아니라 리조트와 온라인"이라면서, "쇼핑몰에서 경험을 제공해 소비자가 행복한 공간을 만드는 것이 1차적 목표이며, 쇼핑은 부수적으로 따라오는 것"이라고 말했다. 실제로 스타필드 하남점의 경우 비쇼핑시설이 전체 면적의 30%에 달한다.

 생활밀착형 소형 매장의 성장

교통이 편리한 교외의 복합쇼핑몰들이 경험소비를 위한 콘텐츠로 무장하고 계속 대형화한다면, 도심의 주거지에서는 지역밀착형 소형 매장들이 급속도로 성장하고 있다.

2015년 편의점 3개 사의 매출 합계가 백화점 상위 3개 사의 매출

편의점과 백화점 상위 3사 순매출 추이

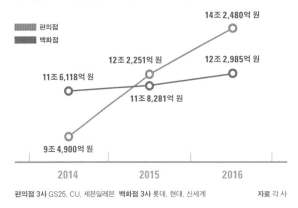

편의점 3사 GS25, CU, 세븐일레븐 **백화점 3사** 롯데, 현대, 신세계   **자료** 각 사

합계를 넘어섰다(아래 왼쪽 그래프). 급속하게 성장 중인 편의점 업태는 2017년에 들어서면서 국내 오프라인 유통의 대표주자인 대형마트를 위협하는 수준에까지 이르렀다. 빠르면 2017년부터 편의점업체인 GS25의 매출이 대형마트 매출 업계 3위인 롯데마트를 넘어설 것이라는 언론사들의 예측도 나오고 있다(아래 오른쪽 그래프). 1인 가구의 증가, 필요한 것만 필요할 때 구매하는 합리적 소비의 확산, 온라인 쇼핑의 증가 등으로 이제 편의점은 담배와 삼각김밥을 파는 동네 초입의 작은 가게 수준에서 소용량 생필품과 신선식품까지 아우르는 '초소형 대형마트' 역할로 변신하고 있다.

이런 상황은 과거 대형마트에서 주로 구매하던 생필품의 편의점 매출이 최근 2년간 빠른 속도로 증가했다는 사실에서 확인된다. 편의점 CU가 최근 5년간 주요 상품군별 매출을 분석한 결과, 소비자 사용 빈

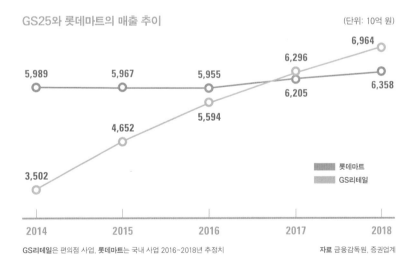

GS25와 롯데마트의 매출 추이　　　　　　　　　　　　　　(단위: 10억 원)

6,964

6,296

5,989　　5,967　　5,955

6,205　　6,358

4,652

5,594

3,502

롯데마트
GS리테일

2014　　2015　　2016　　2017　　2018

GS리테일은 편의점 사업, **롯데마트**는 국내 사업 2016~2018년 추정치　　　　**자료** 금융감독원, 증권업계

도가 가장 높은 제품군인 샴푸, 린스, 비누, 칫솔, 보디워시 등 생활용품의 매출 신장률이 2015년 이후 두 자릿수 성장세를 보였다고 한다. 휴지 매출도 2016년 20% 이상 큰 폭으로 상승했으며, 대형마트의 전유물이었던 애완용품 역시 무려 53.9%의 매출 증가율을 나타냈다는 것이다. GS25와 CU 매장은 2016년 1만 개를 넘어섰다. 한 조사기관의 발표에 따르면, 2016년 상반기 주류 상품군의 유통 채널별 판매량 순위는 편의점이 1위, 대형마트가 2위였다.

커피, 음료, 도시락 등 즉석식품의 경우 온라인 쇼핑이 편의점의 경쟁력을 따라갈 수 없다. 또한 '혼술'과 '혼밥'이 하나의 문화가 되면서 소용량 구매가 소비 패턴으로 자리 잡았는데, 이에 부응해 편의점업체들이 고객의 니즈에 적합한 상품들을 개발, 출시하면서 편의점의 성장세는 당분간 계속될 것으로 보인다.

2017년 8월, 신세계는 자사가 운영하는 위드미 편의점의 명칭을 '이마트24'로 변경하고, 새로운 소비 패턴에 맞는 문화공간과 생활공간이 결합된 미래형 점포로 성장시킬 계획이라고 발표했다. 점포 수를 늘리

이마트24 내부.

는 단순 경쟁의 틀을 질적 경쟁으로 바꾸고, 경영주와 상생할 수 있는 미래형 사업모델을 전개하겠다는 계획이다.

명칭부터 '24시간 이용할 수 있는 대형마트'를 표방한 이마트24는 매장 내에 밥을 직접 해주는 도시락, 생과일주스 코너, 커피바는 물론 자사 PB인 노브랜드, 유명 김밥집까지 입점시키면서 완전히 새로운 개념의 편의점을 탄생시켰다. 신선식품 라인만 보강된다면 편의성이 강화된 기업형 슈퍼마켓이라고 할 수 있다.

최근 다수의 편의점이 즉석식품 라인을 강화하고, 다양한 PB제품을 선보이는 것은 물론 택배와 세탁 서비스까지 도입함으로써, 말 그대로 원스톱 생활밀착형 점포로 성장하고 있다.

이런 움직임이 훨씬 전에 자리 잡은 일본에서는 전국 구석구석에 위치한 편의점을 중심으로 다양한 서비스를 선보이고 있다. 특히 편의점 '로손'은 노년층과 워킹맘을 타깃으로 이들의 소비 패턴에 적합한 서비스를 제공한다. '내추럴 로손'은 여성 소비자를 주요 타깃으로, 저열량 도시락과 유기농식품, 매장에서 구운 빵 등을 상대적으로 높은 가격대

무인편의점(세븐일레븐). 신세계 PB인 노브랜드.

에 판매한다. '로손 스토어 100'은 100엔의 저렴한 상품과 신선식품을 주력 상품으로 한다. '로손 프레시' 서비스는 육류와 채소, 과일, 우유, 달걀 등을 인터넷으로 주문하면 가정으로 배달하는 서비스다. 고령층 고객을 위한 헬스케어 특화 매장도 증가하고 있는데, 오사카 동부 지역 드러그스토어 운영업체인 '아카카베'와 업무제휴를 통해 약국과 상담실을 갖춘 '헬스케어 로손·로손 아카카베', 의약품 출장 조제 서비스를 제공하는 '로손 홈약국'도 운영하고 있다. 특화형 편의점의 진화는 편의점 자판기, 이동식 편의점 등 다양한 방식으로 확대되고 있다.

국내에서도 생체인식으로 출입과 계산을 하는 세븐일레븐의 무인편의점이 등장하는 등 다양한 시도가 이어지고 있다. 이마트의 노브랜드, CJ의 드러그스토어 올리브영도 식품 라인을 강화하는 등 생활밀착형 서비스 확대에 집중하고 있다.

점포가 아닌 거리와 장소의 명소화

"○○백화점 가자", "△△마트 가자", "▽▽아울렛 가자", "○○커피숍 가자"의 시대는 이미 지났다. 요즘은 홍대에서 밥을 먹고, 성수동과 망원동의 카페에서 차를 마시고, 경리단길에서 칵테일을 한잔하며, 연트럴파크(연남동 기찻길+센트럴파크)로 산책을 간다. 그 지역에 가야만 볼 수 있는 특색 있는 카페와 루프톱 바 등 SNS를 통해 소문난 곳 중

1970년대에 정미소로 지어져 창고 등으로 사용되다가
2010년대 중반부터 문화공간으로 자리 잡은 성수동의 대림창고.

심으로 지역 전체가 명소화되고 있다. 한때는 창고, 공장, 가정집, 목욕탕이었던 곳들이 하드웨어는 그대로 둔 채 새로운 소프트웨어를 입고 명소 반열에 오르고 있다(앞 페이지 사진).

개척자들이 조성해놓은 특색 있는 거리들이 천편일률적인 대기업 브랜드들로 채워지는 젠트리피케이션의 우려만 없다면, 도심이 새로운 프로그램으로 활성화되는 것은 매우 바람직한 일이다. 좁은 골목길 곳곳에 숨어 있는 개성 가득한 점포들을 발견하고 나만의 공간으로 만드는 것 또한 경험소비의 한 부분이기 때문이다. 이런 식의 개발은 정부나 대기업의 전략이나 캐치프레이즈로 이뤄지지 않는다. 따라서 개인형 리테일러들이 상업시설 개발의 한 축을 담당할 수 있도록 규제와 지원의 적정한 선을 찾아내야 한다.

03.

소비자의 라이프스타일에 대응하는
맞춤형 쇼핑공간의 증가

유통업체들의 생존전략은 다양한 임차인을 선별해 효율적으로 구성하는 방식으로 진화하고 있다. 타깃 고객층을 선정하고, 그들이 열광할 만한 아이템을 그들이 선호하는 방식으로 큐레이팅하는 임차인들이 증가하고 있다. 작게는 남성용 편집숍, 화장품 편집숍, 헬스앤드뷰티스토어에서 시작해 크게는 특정 스포츠를 좋아하는 사람들을 위해 인공암벽 시설을 갖추고, 농구골대를 설치하고, 러닝트랙을 만들고, 바로 옆에서 곧바로 사용할 수 있는 스포츠용품을 판매하기도 한다.

🏠 경험을 소비하는 공간

2015년 일본 오사카에서 오픈한 큐스몰베이스Q's Mall Base는 옥상에 러닝트랙과 풋살경기장, 중앙광장에는 야구장, 매장 내에는 실내 암벽등반 코스가 설치되어 있는 스포츠 콘셉트의 쇼핑몰이다. 대형 스포츠용품 매장인 스포츠제비오, 등산용품 전문매장, 피트니스센터, 스포츠 캐주얼 및 슈즈 전문점 등이 주요 코너에 자리 잡고 있으며, 주차장과 연결된 별동에는 대형 슈퍼마켓과 전자제품 전문점이 있다. 스포츠와 건강에 대한 소비자들의 관심이 증가하는 데 집중해 라이프스타일을 제안한 일본 최초의 쇼핑몰이라고 할 수 있다.

일본의 스포츠 콘셉트 쇼핑몰, 오사카 큐스몰베이스. 각종 스포츠를 출처 공식 홈페이지
체험하면서 관련 상품을 쇼핑할 수 있도록 구성했다. 옥상에 300m 규모의
에어트랙을 설치해 이용객들에게 새로운 경험을 제공하고 있다.

🏠 편집숍의 진화

　일본에서 이미 오래전에 자리를 잡은 백화점 식품관 '데파치카('백
화점 지하'라는 뜻)'는 고급 백화점의 지하식품관만을 선별해 하나의 임
차인으로 정립시켰다. 고급 식품과 델리 등 백화점 고객들의 니즈에
적합한 아이템들을 선별, 제안하면서 성장한 데파치카는 백화점의 세
력이 점점 약화되는 중에도 아직 꿋꿋하게 자리를 지키고 있다. 다이
마루 푸드마켓, 한큐 푸드센터, 다카시마야 푸드메종, 도큐 푸드쇼 등
각 백화점 지하식품관의 특색을 살린 매장들은 백화점 지하에서 벗어
나 쇼핑몰의 테넌트 구성에도 기여하고 있다. 우리나라에서는 갤러리
아백화점의 '고메이494', 신세계백화점의 'PK마켓', 현대백화점의 '현대
식품관' 등이 대표적인 백화점 식품관으로 자리를 잡고 있으며, 향후

단독 임차인으로서의 역할도 기대된다.

식품관뿐 아니라, 이세탄백화점의 화장품 코너를 편집숍으로 옮겨온 이세탄미러도 이런 큐레이티드 스토어 중 하나다. 우리나라에서도 신세계백화점에서 2016년에 론칭한 화장품 편집숍 시코르CHICOR가 우선은 신세계백화점 및 계열사에 테넌트(임차인)로 입점 후, 2017년 12월 강남역에 단독 매장을 오픈함으로써, 향후 성장 여부에 관심을 모으고 있다.

일본 긴자에 위치한 아코메야akomeya는 쌀과 관련된 거의 모든 것을 선별해 판매하는 라이프스타일 스토어다. 다양한 종류의 쌀, 주방 용품, 반찬은 물론 쌀로 지은 밥을 판매하는 레스토랑도 운영하고 있다. 2002년 오사카에서 오픈한 미스터칸소Mr. Kanso는 통조림 음식

이세탄미러.

아코메야 긴자 본점.

을 안주로 하는 바bar다. 우리나라에서도 시리얼 전문 바가 등장했고, HMR Home Meal Replacement (가정편이식)과 냉동식품을 전문으로 판매하는 슈퍼마켓(롯데슈퍼 Freezia)이 오픈하는 등 다양한 고객의 니즈에 맞춘 다양한 매장들이 속속 등장하고 있다.

04.

시대의 니즈에 부응하는
새로운 콘셉트의 상업시설 개발

장기간 지속된 경기침체와 인건비 상승, 임대료 증가에 대응해 터치스크린 주문 방식, O2O(사이렌오더 등), 무인편의점과 편의점 자판기의 증가, 공간 공유 서비스를 통한 팝업스토어의 확장, 셀렉다이닝 등 다수 테넌트의 제휴 및 공유 매장 증가 등의 현상이 나타나고 있다.

또한 업태의 쇠락을 타개하고 시너지를 일으키기 위해 각종 제휴가 이루어졌다. 온라인 업체의 오프라인 매장 확보와 오프라인 업체의 플랫폼 확충(아마존의 오프라인 유통업체 인수합병, 이지스자산운용과 위메프의 제휴, 일본 돈키호테와 패밀리마트의 제휴 등)이 현재도 활발하게 진행 중이다.

상업시설은 생물과 같다. 끊임없이 변화하는 소비자의 니즈, 급속히 발달하는 기술, 수시로 달라지는 경제적 상황과 정부의 정책 등 셀 수 없이 다양한 내외부 환경의 변화에 적응하면서 변화해왔고, 앞으로도 그럴 것이다. 따라서 섣부르게 1년 후 또는 5년 후의 상업시설 개발시장이 어떤 형태로 변할 것이라고 예측하는 것은 큰 의미가 없다. 나의 소비 패턴, 내 동료와 가족의 쇼핑 행태에 따라 천천히 또는 급격하게 변화할 것이다. 유통업체 혹은 디벨로퍼 역시 새로운 라이프스타일을 새로운 플랫폼을 통해 제안하면서 이런 소비 행태에 영향을 주고 또 받으며 성장할 것이다.

싱가포르의 탬피니스허브.

출처 공식 홈페이지

2017년 8월 6일, 싱가포르 도시철도MRT 탬피니스역 근처, 옛 탬피니스스타디움과 스포츠홀이 있던 자리에 싱가포르 최초의 종합 라이프스타일 허브인 '탬피니스허브OUR TAMPINES HUB, OTH'가 오픈했다. 3년간 약 5,400억 원을 들여 지은 이 시설은 '라이프스타일센터'를 캐치프레이즈로 하는 수많은 쇼핑센터 개발자들에게 중요한 벤치마킹 대상이 되고 있다. 오픈 당일 10만 명의 시민이 방문했고, 이후 1일 평균 3만 명의 시민이 찾고 있으며, 시설 이용 만족도도 매우 높다고 한다.

OTH는 싱가포르시민연합People's Association이 주도하고, 시민들의 복지, 주택, 문화, 근로 등을 담당하는 13개의 공공기관이 개발자로 참여했으며, 주민 15,000여 명의 아이디어를 반영해 기획했다. 개발자들은 OTH의 성공을 바탕으로 향후 제2, 제3의 허브를 싱가포르 전역으로 확대할 계획이다.

OTH의 중심에는 5천 석 규모의 축구장 타운스퀘어Town Square가 자리 잡고 있는데, 이 경기장은 이 지역을 연고로 하는 축구팀 탬피니스로버스의 홈그라운드이기도 하다. 이곳에서는 축구뿐 아니라 다양한 스포츠 경기가 가능하다. 400석 규모의 페스티브아트극장Festive Art Theater에서는 영화 및 다양한 공연을 즐길 수 있다. 특히 5층 규모의 탬피니스도서관은 3,300여 평의 면적에 약 40만 권의 도서를 보유하고 있다. OTH는 이미 지역의 주요 문화시설로 자리를 잡았다. 루프톱에는 6개의 수영장, 근방에서 가장 큰 규모의 어린이 놀이시설, 4개의 테니스코트와 2개의 풋살장, 1개의 하키코트를 갖춘 스포츠앤드레크리에이션파크가 있어, 시민들은 수준 높은 시설과 프로그램을 무료혹은 저렴한 가격에 이용할 수 있다.

뿐만 아니라 24시간 오픈하는 공공서비스센터에서는 12개 기관의 공공서비스도 이용할 수 있는데, 그동안 이 센터가 처리한 민원 건수는 같은 기간 기존 처리 건수의 두 배에 달한다고 한다.

1층 중앙의 페스티브플라자는 대규모 오픈공간으로 다양한 이벤트가 가능해 커뮤니티 활동 장소로 활용된다. 지하 1층과 지상 1층의 페스티브몰에는 대형 호커센터(4개 식당, 800석), 24시간 오픈하는 대형마트 페어프라이스Fairprice 및 스타벅스, KFC, 피자헛 등 다수의 레스토랑과 카페가 입점해 있다. 클리닉, 문화센터 등 다양한 생활편의시설도 자리하고 있다.

OTH에 방문하는 시민들은 저렴한 비용으로 스포츠 및 문화시설을 이용하면서 같은 공간 안에 있는 다양한 판매시설, 식당, 클리닉 등을 논스톱으로 이용하게 된다. 즉, OTH의 수익은 저렴한 스포츠 및 문화시설을 이용하기 위해 매일 OTH를 찾는 시민들의 집객을 통해 일어나는 것이다. 입주 기업이나 임차인들은 1일 3만 시민의 일상적인 소비를 위해 다양한 서비스를 선보이며, 이런 판을 깔아준 OTH에 높은 임대료를 내고 있다. 평균적으로 각 점포에는 평당 월 40~100만 원의 임대료가 책정되어 있다. 20평의 공간을 임대하려면 최대 월 2천만 원의 임대료를 부담하게 된다.

오픈 당일 싱가포르 총리는 OTH가 단순한 스포츠시설이 아니라, 지역 주민들이 필요로 하는 모든 서비스와 리테일을 공급하는 진정한 라이프스타일 허브로서, "퇴근하는 길에 필요한 모든 것을 해결할 수 있는 곳"이 될 것이라고 자신 있게 말했다.

수년간 다양한 요인들의 급속한 변화로 인해, 상업시설이 단순히 방문객들의 소비와 매출 신장에 의존해 성장하는 방식은 더 이상 살아남지 못하게 되었다. 진정으로 소비자들이 원하는 것을 연구하고, 그들의 관심과 시간을 효과적으로 유치해, 이를 자연스럽게 매출로 연결하는 것이 향후 상업시설 성장의 가장 큰 원동력이 될 것이다.

'한국의 롯본기힐스' '한국의 츠타야' '한국의 OTH'라는 캐치프레이즈에서 벗어나 부지 매입부터 기획, 건설, 운영까지 개발의 전 단계를 아우르며, 모든 참여자와 소비자(디벨로퍼, 임차인, 개인운영자, 소비자, 관리자까지)의 니즈를 만족시키는 진정한 리테일부동산의 등장과 성장을 기대해본다.

박정수 켄달스퀘어자산운용 투자본부장

/

MIT에서 부동산경제와 금융 박사과정을 수료하고, 코람코와 삼성생명을
거쳐 현재 켄달스퀘어자산운용 투자본부장으로 재직 중이다.
'MIT 부동산연구소' 재직 시절 무디스*Moodys*와 상업용부동산지수를
개발하는 등 연구활동을 수행했고, 국내 복귀 후 그랑서울 선매입 등
투자업무로 활동 영역을 넓혀가고 있다.
지수 개발 등 리서치 기반의 부동산 사이클 분석을 토대로 최근에는 국내
물류부동산 투자에 주력하고 있으며, MIT에서의 강의 경험을 살려
정부기관 및 언론사의 강연 활동도 활발히 진행하고 있다.

물류부동산시장과 투자

CHAPTER 2
물류부동산시장과 투자

1

상품이 소비자를 찾아가는 시대

상장 이후 20년간 641배에 이를 만큼 폭발적으로 성장한 주식가치 4,600억 달러(약 516조 원)의 회사. 이 성공 스토리는 다름 아닌 전자상거래e-commerce 업계의 선두주자인 '아마존Amazon'의 이야기다. 물류부동산시장의 성장은 아마존의 주요 비즈니스모델인 전자상거래시장의 성장에 기인하며, 이런 폭발적인 성장은 물류부동산시장 전반에 대한 관심의 확대로 이어지고 있다.

전자상거래라는 새로운 유통 채널의 등장 및 성장은 기존의 공급망supply chain에서 물류네트워크를 구성하는 물류센터distribution center로서의 역할에 소비자 중심의 배송센터fulfillment center라는 신규 수요의 창출로 이어지고 있다. 나아가 배송센터의 수요 증가는 물류센터를 소비자와 가까운 도심지 인근으로 이동시키며 확대 및 대형화하는 추세로 이어진다.

이런 물류부동산의 입지 변화, 자산의 물리적 특성, 그리고 임차인의 확대 및 성장은 광범위하게는 물류시장 그리고 물류부동산시장을 선순환 사이클에 진입시키는 구조 변화를 촉발하고 있다. 거래량 증가로 입증된 양적 성장이 다양한 투자자의 시장 참여를 가능하게 하고, 이는 투명성 증대 등 시장의 질적인 성장으로 이어지며, 이것이 다시 시장의 양적 성장으로 귀결되는 선순환 사이클을 형성할 것으로 기대되는 것이다.

한 발 더 나아가, 물류센터는 단순히 물건을 보관하거나 상점에 배송하는 기존 역할에서 벗어나 소비자들의 상점 방문을 대체하는 기능으로까지 진화하고 있다. 물류센터의 기능적 혁신과 함께 '구매 상품의 최종 목적지 배송'에 대한 지속적인 서비스 개선은 오프라인 상점 방문을 통한 물품 구매와 온라인 구매의 차이를 최소화할 것으로 예상된다. 이런 온·오프라인 유통 채널의 융합으로 형성된 새로운 유통

대형 물류센터 전경.

　　　　　　　　2020 부동산 메가트렌드

채널의 핵심 인프라로서 물류센터의 역할은 크게 확대될 것이다.

최근 물류시장의 가장 큰 변화는 배송의 목적지가 상점이 아닌 개인으로 확대되고 있다는 점이다. 이전에는 물류센터의 기능이 기업과 기업 간 거래 중심이었고, 이로 인해 배송의 빈도는 당연히 개인들에게 직접 배송하는 경우보다 낮았다. 하지만 최근 소비자들이 물건을 구매하는 패턴이 온라인 기반으로 빠르게 변화하면서, 소비자가 상품을 구매하기 위해 상점을 방문하기보다는 상품이 직접 소비자를 찾아

가는 형태로 변화하고 있다. 이는 상품을 보관하고 고객에게 전달하는 물류센터가 기능적·입지적으로 혁신하는 계기가 되었다.

　과거의 물류는 1980~1990년대를 거치면서 세계화의 물결 속에서 국가 간, 대륙 간 상품의 이동이 용이하도록 주요 항만 및 공항을 중심으로 발전했다. 하지만 이런 공급망 관점에서의 물류네트워크 구성은 2000년대 초반 전자상거래의 태동과 2010년대 이후 폭발적으로 성장하고 있는 전자상거래업체의 수요에 비춰볼 때 결코 부합하지 않는다.

　전자상거래가 다른 유통 채널과 명확하게 다른 점은 편리함과 가격 경쟁력이다. '편리함'은 근본적으로 소비자가 직접 상점을 방문하지 않고도 물건을 구매할 수 있다는 점에서 기인하는데, 편리함의 정도는 물건을 구매하기 위해 돈을 지불하고 물건을 받기까지 소요되는 시간에 따라 달라진다. 물건값이 지불되고 상품이 고객에게 전달되기까지의 과정을 주문배송 fulfillment이라고 하는데, 전자상거래업체의 경쟁력은 여기에 소요되는 시간을 최소화함으로써, 고객이 직접 상점을 방문해 상품을 바로 구매하는 것과 유사한 서비스를 제공하는 것으로 극대화할 수 있다.

　주문배송의 중요성이 커지면서 자연적으로 이 기능을 수행하는 배송센터의 중요성도 부각되고 있다. 기존의 물류센터DC에 비해 배송센터FC는 고객에게 빨리 배송하기 위해 도심 및 주거지에 가까운 입지를 필요로 하고, 기능적으로 다양한 상품군을 보관하고 적시에 포장 작업을 해서 배송차량에 싣기 위해 대형화하는 특성이 있다. 아마존은 10만㎡(약 3만 평) 규모의 표준화된 배송센터를 전 세계 각 지역에 자체 개발 또는 임대를 통해 이용하고 있다.

배송센터의 규모와 함께 입지가 강조되는 이유는, 자동화 시스템 적용을 통해서 배송센터 내의 처리 시간은 과학의 발달과 함께 감소하는 추세인 반면, '구매 상품의 최종 목적지 배송last mile delivery'에 소요되는 시간은 절대적으로 입지에 의해 결정되기 때문이다. 여기서 '최종 목적지last mile'라는 말은 사형수가 감방에서 사형집행장까지 가는 길에서 유래했는데, 물류시스템에서는 포장을 마친 상품이 최종적으로 고객에게 전달되기까지의 과정을 의미한다. 즉, 배송센터 내에서 상품이 골라내지고picking 포장돼 배송차량에 실린 후 고객에게 전달되기까지의 지리적·시간적 거리를 의미한다.

배송 시간은 많은 소비자가 해당 서비스의 질을 평가할 때 가장 중요하게 생각하는 요인이다. 모든 사람이 자신이 값을 지불하고 구매한 상품을 빠른 시간 내에 수령하기를 원한다는 데는 이론의 여지가 없다. 따라서 전자상거래를 포함해 상품 배송을 기반으로 하는 비즈니스모델을 가지고 있는 모든 기업은 물류서비스의 개선을 위해 고객의 거주지에 최대한 가까운 입지에 물류 및 배송센터를 확보하고자 하는 것이다.

CHAPTER 2
물류부동산시장과 투자

2

물류서비스 전쟁

대표적인 전자상거래업체인 쿠팡이 도입한 '로켓배송 서비스'는 물류서비스에 대한 소비자들의 눈높이를 크게 높이는 역할을 하면서, 시장에 물류서비스 개선을 위한 전쟁을 촉발하는 도화선이 되었다. 이전에는 '24시간 내 배송'에 대한 개념이 크게 확산되지 않았지만, 쿠팡의 로켓배송이 도입된 후 소비자들이 인터넷으로 주문한 물건을 다음 날 받아보는 것에 익숙해지면서, 다른 업체들에도 동일한 서비스 수준을 기대하게 되었다. 이로 말미암아 전자상거래업체 및 택배업체들은 물류서비스의 획기적 개선을 위해 투자와 노력을 기울이고 있다.

쿠팡의 로켓배송을 통한 직배송은 아마존의 사입형 비즈니스와 자체 물류네트워크 구축에서 한 단계 더 진화한 비즈니스모델이다. 사입형은 상품을 직접 구매해 재고의 부담을 안는 반면, 매입 가격을 낮춰 가격경쟁력을 강화할 수 있는 비즈니스모델이다. 사입형 비즈니스를 뒷받침하기 위해서는 매입한 상품을 체계적이고 효율적으로 보관해야 한다. 그리고 다품종의 묶음배송을 통해 배송 시간을 단축하기 위해서는 대형 창고가 필수적이다. 2016년 쿠팡이 준공한 인천 및 이천 물류센터는 이전에는 국내에 없던 10만㎡ 이상의 대형 물류센터다. 게다가 온라인 전용 물류네트워크의 구축이라는 관점에서 유통 및 물류시장 전반에 큰 영향을 미치고 있다.

이런 시장 변화에 위기를 느낀 경쟁 유통업체와 3PL(제3자물류, 물류 비용을 줄이기 위해 생산자와 판매자의 물류 전반을 제3자인 특정 업체를 통해 처리하는 방식) 업체들은 기존 물류네트워크의 개선 또는 통합 작업 등을 통해 경쟁력을 확보함으로써, 당분간 지속될 것으로 보이는 물류 전쟁에 대비하고 있다.

대표적으로 국내 물류시장 1위 업체인 대한통운은 기존에 분산되어 있는 다양한 물류센터들을 이용해왔는데, 메가허브 네트워크의 구성을 통해 운영 효율성을 증대함으로써 물류서비스 개선을 꾀하는 것

새롭게 진화하는 물류시스템.

으로 보인다. 서울 인근의 주요 거점에 이제껏 볼 수 없었던 초대형 물류센터에 다양한 기능을 최적화해서 분산 배치함으로써, 1위 업체로서의 지위를 확고히 하고 새로운 수요에 빠르게 대처하기 위한 유연성을 향상시키는 모양새다.

전자상거래업체와 직접적인 경쟁관계를 형성하는 오프라인 업체들도 온라인 전용 물류네트워크 구축을 통한 물류서비스 경쟁력 확보에 매진하고 있다. 오프라인 업체들, 특히 대형마트들도 20여 년의 성장과정에서 물류네트워크를 완성 단계까지 끌어올렸지만, 오프라인 비즈니스를 위한 용도였던 기존 네트워크는 온라인 비즈니스에 적합하지 않아 새로운 온라인 전용 물류네트워크를 구축하고 있는 추세다.

이런 식의 온·오프라인 간 물류전쟁은 미국에서도 관찰된다. 오프라인 1위 업체인 월마트Wal-Mart에서는 직원들이 퇴근하면서 고객에게 상품을 배송하는 서비스를 제공하고 있다. 월마트가 보유한 많은 오프라인 점포를 활용해 주변 고객들에게 직접 상점을 방문하지 않아도 되는 온라인 방식의 서비스를 제공하는 것이다. 반대로, 아마존은 최근 유기농 신선식품 유통 채널인 홀푸드를 인수함으로써, 신선식품 공급망을 확보함과 동시에 도심지 배송거점으로도 활용하는 등 다양한 물류서비스 전환을 추진하는 것으로 보인다.

두 업체의 사례에서 볼 수 있듯이, 온라인과 오프라인 업체 간의 경쟁은 배송전쟁으로 이어지면서 물류부동산시장에서 가장 강력한 주도자로서의 역할을 이어갈 것으로 예상된다.

🏠 물류센터는 어디로?

물류센터는 전통적으로 토지 가격ₗₐₙd rent이 가장 저렴한 곳에 위치해왔다. 일반적으로 가장 비싼 토지는 상업용, 다음이 주거용, 그리고 최종적으로 가장 싼 토지에 물류센터가 개발된다. 그 이유는 물류부동산에서 얻을 수 있는 임대료 수익이 오피스나 리테일 등 다른 상업용 부동산에 비해서 낮은 수준이기 때문이다. 전통적으로 많은 물류센터가 위치한 경기도 이천 지역의 물류센터 임대료는 평당 월 25,000~30,000원 수준으로, 서울 소재 프라임 오피스의 임대료가 평당 월 100,000원 이상인 것에 비하면 현저히 낮은 수준이다.

물류센터는 다른 부동산과 마찬가지로 접근성을 좌우하는 주요 교통수단에 대한 의존성이 크다. 하지만 오피스나 리테일 등 도심지에 입지한 상업용 부동산의 경우 많은 사람의 이동이 편리한 대중교통 접근성이 중요한 반면, 물류센터는 간선교통망, 대표적으로 고속도로 접근성이 매우 중요한 입지 요인으로 작용한다. 대부분의 물류 수송을 트럭이 담당하기 때문이다.

역사적으로 수도권 지역의 물류센터는 가장 먼저 개발된 경부고속도로를 중심으로 중소 규모의 창고로 공급되었다. 이후 영동고속도로가 개발되고 국토의 남북을 잇는 중부고속도로와 중부내륙고속도로가 준공되면서, 신규 고속도로 주변으로 개발의 축이 이동했다. 현재 서울을 포함한 수도권 물류센터의 재고량은 약 850만 평인데, 이중 절반 이상이 영동고속도로와 중부 및 중부내륙고속도로가 통과하는 용인·이천 지역 중심의 수도권 동남권역에 입지하고 있다.

이런 수도권 동남권역으로의 물류센터 집중은 간선교통망 접근성과 함께 저렴한 토지 비용에서 그 원인을 찾을 수 있다. 수도권은 우리 모두 알고 있듯이 각종 토지 이용 규제로 물류센터를 개발할 만큼 넓으면서도 저렴한 땅을 찾기가 매우 힘들다. 서울시 경계에 인접한 지역은 그린벨트로 둘러싸여 있고, 북쪽으로는 군사보호구역, 동쪽으로는 상수원보호구역 등 물과 관련된 규제, 남쪽으로는 인구밀집지역이 위치해 있고, 서쪽으로는 공업단지 및 항만 등이 형성되어 있다. 상황이 이렇다 보니 대규모 토지가 필요한 물류센터는 자연히 용인과 이천 지역을 중심으로 입지하게 된 것이다.

하지만 최근 이런 전통적인 물류센터 입지에도 매우 빠르게 변화가 일어나고 있다. 앞서 살펴보았듯이, 이제 물류서비스 경쟁에서 우위를 점하기 위해서는 도심지에 인접한 물류센터가 필수적이기 때문에, 이를 확보하기 위해서라면 높은 임대료를 감수할 용의가 있는 기업들이 등장한 것이다.

물류센터 개발에 보다 비싼 비용을 들일 수 있는 여건이 형성되면서, 도심지 인근에도 물류센터가 본격적으로 공급되기 시작했다. 대표적으로 2015년 서울의 동쪽 가든파이브에 인접한 동남권 물류단지(로아시스 Loasis)가 준공되었고, 김포 고촌물류단지 등 2013~2014년 이전에는 볼 수 없었던 도심지 인접형 물류센터가 공급되었다.

물류센터의 도심지 입지 확대는 기존의 용인·이천을 중심으로 한 수도권 동남권역에서, 김포·부천·일산 등 수도권 서부권역으로의 물류 수요 축 이동으로 이어지고 있다. 이런 현상은 상품이 소비자를 찾아가는 시대적 변화에 주요한 원인이 있다. 물류센터가 이제는 소비자 접근성을 높이는 동시에 노동력을 확보하기 위해서라도 인구밀집지역에 가까이 입지해야 할 필요성이 점점 커지고 있는 것이다.

기존의 B2B 기반 물류센터는 배송 빈도도 낮고 배송 단위가 컸지만, B2C 기반의 배송센터는 배송 빈도가 높고 배송 단위도 개별 소비자가 직접 주문한 다품종 소량이 주를 이룬다. 소량의 다품종 물건을 창고 내에서 신속하고 정확하게 찾고 골라내서 주문 단위로 포장하는 일은, 자동화 시스템 도입에도 불구하고 여전히 대다수 공정이 사람에 의해 이뤄지고 있다. 많은 노동력이 필요한 것이다.

이처럼 물류서비스의 경쟁력을 확보하기 위해 필요한 '빠른 배송'을 안정적으로 달성하기 위해서는 양질의 노동력 공급이 필수적인데, 경기도 동남권은 상대적으로 고령화가 많이 진행된 지역이다 보니, 물류센터에서 근무할 수 있는 사람이 많지 않다. 결국 이런 어려움을 극복하기 위해 물류센터를 인구밀집지역으로 옮김으로써 소비자 접근성을 향상시키고 동시에 노동력도 안정적으로 확보하고자 하는 것이다.

하지만 물류센터에서의 업무는 기본적으로 3D업종으로 인식되기 때문에, 아무리 도심에 가까이 접근한다 해도 노동력 확보에 어려움을 겪을 수밖에 없다. 이를 극복하고 물류센터 운영 효율성을 높이기 위해 자동화 노력이 계속 이어지고 있는데, 가장 앞선 사례가 바로 아마존의 로봇을 활용한 자동화 시도다. 아마존에서는 현재 약 3만 대의 물류 로봇 '키바'가 운영되고 있는 것으로 알려져 있다. 기존에는 상품은 고정된 곳에 보관하고 사람이 움직여가며 물건을 찾고 수집했지만,

이제 사람은 고정된 장소에서 작업을 하고 키바가 자동화 시스템을 통해 상품을 이동시키는 독특한 형태로 물류센터 운영의 혁신을 꾀하고 있다.

물류센터 입지의 변화와 함께 규모 면에서도 뚜렷한 구조적인 변화가 일어나고 있다. 지난 10년간 이전에는 찾아보기 힘들던 1만 평 이상 대형 물류센터의 공급이 증가해왔는데, 최근 이런 대형화가 더욱 심화되는 추세다.

배송센터는 마치 소비자가 직접 방문하는 오프라인 마트처럼 다양한 물품 구색을 갖추고 있어야 한다. 빠른 배송을 위해 소비자가 마트에서 구매할 수 있는 모든 물품을 동일한 배송센터에 보관하고 있어야 하는 것이다. 예를 들어, 한 소비자가 온라인으로 두 가지 상품을 주문했는데, 두 상품이 각각 다른 물류센터에 보관되어 있다면, 묶음배송을 위해 먼저 두 상품을 한 장소로 가져와야 한다. 이 과정에서 발생하는 배송 시간의 지체로 인해 배송에 대한 소비자의 기대 충족과는 거리가 멀어진다. 결국 많은 상품을 보관하고, 보관된 상품 중 판매된 상품을 수집해 소비자에게 전달될 상자에 포장하고, 각 목적지별로 분류해 트럭에 싣는 일련의 과정을 빠른 시간 안에 수행하기 위해서는 대형화가 필수적이다.

또한 최근의 물류서비스 전쟁으로 인해 업체 간 경쟁이 치열해지면서, 각 물류기업들은 저렴한 가격에 보다 나은 서비스를 제공하기 위해 물류센터들을 통합운영해야 할 필요성에 직면하고 있다. 이런 통합운영 움직임은 업계 선두인 대한통운의 최근 물류네트워크 구축에서 가장 뚜렷하게 나타난다. 대한통운은 자체 개발 및 임대를 통해 경기도 주요 위치에 다수의 메가허브 거점을 확보하고 있는 것으로 언론매체를 통해 알려졌다. 다른 경쟁 기업들도 유사한 움직임을 보이고 있다.

🏠 다양한 규모·유형의 물류센터 생태계

최근 물류센터의 대형화 추세와 허가 면적의 증가는 한 가지 의문을 갖게 한다. 기존의 중소형 물류센터들은 향후 공실로 남게 될 것인가? 단적으로 대답하자면, '그렇지 않다'! 전자상거래업체의 신규 수요와 기존 물류업체의 통합 수요가 대형 센터에 집중되어 있긴 하지만, 시장에는 그 외에도 비즈니스 규모와 유형에 따라 다양한 물류공간에 대한 수요가 여전히 존재하기 때문이다.

물류센터의 규모는 사용하는 회사의 규모와 밀접한 연관성이 있다. 많은 물건을 보관해야 하는 대형 업체는 당연히 대규모 물류센터를 필요로 하고, 그렇지 않은 중소형 기업은 그에 맞는 규모의 물류센터를 필요로 할 것이다. 그리고 기업들마다 초창기에는 매출 규모와 그에 따른 보관 물량이 소규모이기 마련이다. 이런 측면에서 물류센터에 대한 수요는 업체의 성장 단계별로 다양할 수밖에 없다. 초창기에는 대다수 기업이 임대형 창고의 일부를 빌려 물류서비스업체의 서비스를 이용하는 경우가 많다. 이후 차츰 기업이 성장하면서 빌드투슈트 build to suit, BTS 또는 자체 개발 등의 방법으로 독자적인 물류센터를 운영하게 된다. 그리고 다음 단계로는 독자 물류센터의 지역별 거점 형성을 통해서 물류네트워크를 완성하는 형태로 발전한다.

중소 규모 화주들은 대형 물류센터의 일부를 쓰거나 또는 중소형 센터의 넓은 면적을 사용할 수 있는데, 일반적으로 기업들은 보안의 중요성 때문에 자가 창고 등 건물 전체를 사용하거나, 다른 임차인과 섞이지 않고 한 층을 독자적으로 사용하는 것을 선호한다. 이런 특성으로 인해 5,000~10,000평 이하의 중형 물류센터도 여전히 다양한 수요자의 요청을 받을 것으로 예상된다.

또한 모든 물류센터가 전자상거래로 촉발된 배송전쟁에 참여하고 있는 것도 아니다. 실제 B2B 비즈니스를 주로 영위하는 기업들은 여전히 배송 빈도가 낮고 배송을 하는 단위도 상대적으로 크다. 예를 들어, 전자상거래업체의 최종 배송은 대부분 1톤 트럭이 담당하지만, B2B의 경우 이보다 큰 차량으로 배송하고, 이로 인해 배송 시간이 길어질 수 있다. 따라서 배송 빈도가 낮은 이런 기업은 물류센터 입지로 도심지에서 다소 거리가 있더라도, 주요 고속도로 접근성이 양호하면서 임대료가 저렴한 곳을 여전히 선호한다.

결론적으로, 물류센터가 기업의 제조와 유통 활동의 인프라를 제공하는 기반시설로서 지속적으로 기능하기 위해서는 다양한 규모의 물류센터가 여러 입지에 분포할 필요가 있다. 이를 통해 건강한 물류 생태계를 조성할 수 있다. 따라서 물류부동산 투자자 입장에서는 다양한 규모의 물류센터로 구성된 포트폴리오를 마련해야 한다.

🏠 물류부동산 임차인의 수요

다양한 규모의 물류센터에 대한 임차인들의 수요를 이해하기 위해서는, 각 기업의 성장 단계, 즉 해당 기업이 초창기인지 아니면 성숙기인지를 파악할 필요가 있다. 이런 개별 기업의 상황에 대한 이해는 그 기업이 속한 산업에 대한 이해를 필요로 한다.

물류센터의 임차인은 만들어진 상품을 소비자에게 전달하는 유통업체와 제조업체, 그리고 상품의 보관 및 이동과 관련된 서비스를 제공하는 물류서비스업체로 구성된다. 우선 유통업체는 전통적인 백화점과 마트를 포함해, 최근 가장 가파른 성장세를 보이고 있는 전자상거래업체 그리고 편의점 등이다.

백화점은 유통 채널 중 가장 성숙한 채널로, 물류센터의 수요를 직접 창출하기보다는 입점 업체의 물량을 소화하는 형태로 시장에 간접적인 영향을 미치고 있다. 이런 간접적인 영향과 함께, 백화점의 성장이 안정기로 접어들면서 다른 자산 대비 성장률이 낮은 점이 물류센터 임차인으로서 백화점 채널이 크게 두드러지지 않는 원인이다.

다음으로 마트는 전국에 걸쳐 거점 형태의 물류네트워크(신선과 상온창고)를 구성하고 있는데, 대형 센터들을 포함한 물류네트워크가 이미 완성 단계에 접어든 것으로 보인다. 이는 마트의 비즈니스 상황과 연관성이 있는데, 1993년 이마트 창동점 개점으로 시작된 마트 유통 채널은 빠른 성장기를 거쳐 안정기에 접어들었을 뿐만 아니라, 2017년에는 외부 환경의 변화에 맞춰 대표적인 회사들이 신규 출점을 중단하기에 이르렀다. 하지만 여전히 매년 5% 이상 성장하고 있고, 기존에 구축된 물류네트워크가 시장에 유동화 등의 형태로 제공될 경우, 물류센터 수요자로서의 역할뿐 아니라 물류부동산 투자시장에서도 주요한 역할을 할 것으로 기대된다.

전자상거래는 물류부동산의 새로운 사이클을 촉발한 유통 채널로, 시장에 직접적인 영향을 미치고 있다. 아마존으로 대표되는 미국의 전자상거래시장이 20년의 역사를 갖고 있는 반면, 오픈마켓을 제외한 사입형 비즈니스를 영위하는 유통 채널로서의 한국 전자상거래 역사는 3~4년에 불과하다. 고객에게 직접 물건을 배송해야 하는 전자상거래의 특성상, 많은 상품을 보관하는 보관형 창고의 특성과, 빠르게 고객에게 전달하는 유통형 창고의 특성을 모두 갖춰야 하는데, 이런 전자상거래의 배송센터 수요는 기존 시장에 존재하지 않았던 형태다. 이처럼 새로운 수요를 충족시키기 위해 신규 개발이 활발하게 이루어지게 되었고, 2012년 이후 수도권 지역 물류센터의 공급량 증가는 이런 신규 수요와 무관하지 않다.

또한 새로운 비즈니스모델로서 전자상거래는 다양한 스타트업Start-up(신생 벤처기업) 기업들과 함께 다양한 물류센터의 수요를 창출하고 있다. 앞에서 살펴보았듯이, 기업들은 사업 초창기에 임대형 창고의 일부를 사용하다가 점차 성장하면서 주요 거점 확보를 통한 독자적 물류네트워크를 갖추기까지, 폭넓은 스펙트럼의 다양한 수요층을 형성하면서 물류부동산시장 전반에 활력을 불어넣고 있다.

이런 전자상거래업체의 성장은 오프라인 업체인 기존 마트들의 비즈니스를 위해 완성한 물류네트워크에 더해, 온라인 비즈니스 전용 물류네트워크 구축의 필요성을 확산시킴으로써, 간접적으로 물류부동산시장을 성장시키는 역할을 하고 있다. 대형 마트들은 오프라인 신규 출점보다는 온라인 비즈니스 강화를 통해 온라인 업체와의 경쟁에서 우위를 점하는 동시에 새로운 유통 채널의 확보를 꾀하고 있다. 최근 자주 접하게 되는 옴니채널omni channel (온·오프라인 매장을 결합한 방식의 쇼핑 체계)은 이와 같은 시도의 한 유형으로, 당분간은 시장에서 주요한 키워드

2020 부동산 메가트렌드

로 작용할 것으로 예상된다.

 편의점의 경우, 1인 가구 증가에 따른 수요 증가와 함께 은퇴 세대의 시장 참여로 인해 가장 높은 성장률을 보이고 있다. 시장조사 자료에 따르면, 현재 매일 15개의 점포가 새로 생겨나고 있는 상황이다. 이런 빠른 성장은 당연히 물류센터의 수요로 연결되는데, 편의점은 다른 유통 채널과는 다른 특성을 보인다. 분산된 많은 점포에 높은 빈도로 물건을 배송해야 하는 편의점 비즈니스의 특성상, 하나의 물류센터가 커버할 수 있는 지역이 한정되어 있고, 무엇보다 도심지 주변에 위치해야 한다.

3

소셜커머스와 유통대기업의 진검승부

전자상거래시장은 대표적인 박리다매 비즈니스모델로, 일정 규모 이상으로 성장한 회사가 시장을 지배하는 '승자독식'의 시장이다. 이런 산업의 특성상, 전자상거래기업들은 시장주도적 기업이 되기 위한 사업 전략을 전개한다.

전자상거래산업에서 독보적인 위치를 확보한 아마존은 미국 전자상거래시장 점유율 43%의 1위 기업이다. 2017년 5월 15일로 상장 20년을 맞이한 아마존의 2017년 예상 매출액은 약 160조 원으로, 미국 내 주요 유통업체인 베스트바이Best Buy, 타깃Target, 반스앤드노블Barnes and Nobels 등의 매출액을 합한 것보다 많다고 한다. 참고로, 이 액수는 우리나라 소비의 절반에 가까운 규모로, 한 기업이 한국 전체 소비 활동의 절반에 해당하는 시장을 차지하고 있는 것이다.

한국의 전자상거래산업도 글로벌 트렌드와 동일한 패턴으로 빠른 성장세를 보이고 있다. 다음 페이지의 그래프는 2010년 이후 전자상거래 매출액과 마트 매출액을 비교한 것이다. 2016년 극단적으로 좁혀진 두 유통 채널 간 매출액은 2017년에 들어서는 전자상거래 매출액이 마트 매출액을 추월하는 대변혁기를 맞이했다. IT와 물류만을 필요로 하는 전자상거래업체의 총 매출액이 전국 도심지 마트에서 발생하는 매출액 합계를 넘어섰다는 점은, 앞으로 이런 추세가 지속적으로

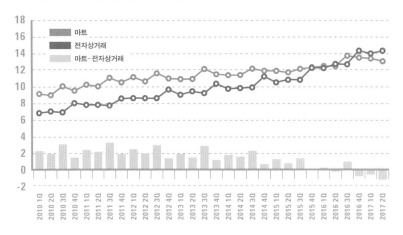

2010년 이후 분기별 전자상거래 매출액과 마트 매출액 비교　(단위: 조 원)

강화될 것이라는 예측에 무게를 실어준다.

전자상거래를 위해서는 IT와 물류 투자가 필요하지만, 마트를 세우는 데 필요한 투자금액보다는 훨씬 적다. 이런 시장 진입의 용이성은 현재의 시장구도에서 여러 기업이 다양한 형태로 전자상거래시장에 진출하도록 하는 유인이 되고 있다. 더구나 아직 미국의 아마존 같은 절대승자가 등장하지 않은 상황이기 때문에, 당분간 국내 전자상거래 업체 간의 경쟁은 매우 극심할 것으로 예상된다.

온라인을 기반으로 한 전자상거래업체 간 경쟁과 함께 오프라인 업체의 온라인 비즈니스 진출은 전자상거래시장 경쟁을 격화시키는 또다른 요인이다. 우리나라보다 전자상거래가 발달한 미국의 경우를 보면, 온라인 기업의 오프라인 진출은 지극히 제한적인 반면, 오프라인 업체들은 일관되게 온라인 채널 확대를 꾀한다. 이런 시도는 옴니채널로 구체화되고 있다.

최근 소매시장의 환경 변화는 온라인 채널의 강화라는 점에서 의문의 여지가 없는 상황으로, 당분간 소비의 주요 채널로서 시장 내 점유율을 지속적으로 확대해갈 것으로 전망된다. 전자상거래업체의 지속 가능한 성장을 위해 가장 중요한 점은 IT와 물류 인프라 확보다. 온라인 기반 업체는 온라인 배송센터 네트워크를 만들고, 옴니채널업체는 기존 오프라인 채널을 위해 구축한 물류네트워크와는 별도의 온라인 전용 배송센터 네트워크 확대에 많은 노력을 기울일 것으로 보인다. 그 사례로, 이마트 전자상거래 부문 매출은 2011년 3,300억 원에서 2014년 7,380억 원으로 크게 성장했으며, 경기도 용인 보정몰센터와 김포몰센터 준공으로 온라인 전용 물류네트워크를 구축하고 있다.

🏠 배송서비스의 파괴적 혁신

최신 물류센터 개발과 함께 배송 방식 분야에서도 많은 시도가 이루어지고 있다. 물류센터 내 처리 시간은 관리시스템 등 최신 과학기술 활용을 통해 단축이 가능한 반면, 배송차량에 물건을 실은 후 최종 목적지까지 배송하는 데 걸리는 시간은 물리적 거리 및 교통 상황에 의존적일 수밖에 없어서, 기술 혁신만으로 개선하기 어려운 특성이 있다.

이런 어려움을 극복하기 위해, 기존 유통기업들은 오프라인 유통망을 최대한 활용하고 있다. 연매출 500조 원을 자랑하는 미국 1위 유통업체 월마트는 미국 내 대부분의 인구에 접근할 수 있는 오프라인 매장 네트워크를 가지고 있다. 이런 촘촘한 오프라인 소매점망을 온라인

배송서비스의 혁신이 될 드론 배송.

비즈니스의 배송서비스에 활용하기 위해, 월마트는 최근 직원이 퇴근하면서 배송하는 서비스를 제공하고 있다.

온라인 기반 유통업체가 오프라인 소매점 네트워크를 단기간에 구축하기는 어려운 일이다. 그래서 아마존은 미국 유기농 신선식품 체인인 홀푸드 인수를 통해 신선식품 부문의 경쟁력을 확보하는 동시에 도심지 배송거점을 확보하고자 했다. 아마존은 홀푸드 인수 후 주요 상품을 20% 할인된 가격에 판매함으로써, 온라인에서 검증된 전자상거래 전략을 오프라인에서도 적극 실행하고 있다.

물류네트워크의 확대와 더불어 배송서비스를 개선하기 위한 보다 혁신적인 시도도 지속적으로 이어지고 있다. 아마존은 공중 물류센터 개발을 위한 다양한 특허를 출원했다고 한다. 배송센터의 지리적 한계를 극복하기 위해 거대한 비행선과 드론을 활용한 배송서비스도 구상하고 있는데, 물리적 거리를 극복하기 위한 아마존의 혁명적 시도가 실현되면, 물류부동산시장에 미치는 영향이 지대할 것으로 예상된다. 이전 부동산에서 가장 중요하게 여겨져온 3L Location, Location, Location이라는 대원칙을 무너뜨릴 것이기 때문이다.

4

물류부동산은 돈이 되는 자산인가?

물류부동산은 다른 상업용 부동산에 비해 상대적으로 수익률이 높다. 투자수익률에 영향을 미치는 요인으로는 매입 가격 외에도 대출, 운영비용 등이 있는데, 이런 요인들은 상업용 부동산 자산별로 다르다. 그 차이를 이해하기 위해서는 이런 요인들이 반영되지 않는 캡레이트cap rate(소득 기반의 부동산 투자액 회수율) 비교법이 유용하다.

현재 오피스시장의 캡레이트는 4~5%대인데, 물류부동산은 6~7%대에 형성되어 있다. 두 캡레이트 간의 차이는 평균적으로 200bps(2%) 정도인 것으로 보인다. 과거 오피스시장 캡레이트가 6%대에서 형성되었던 시기에는 물류부동산이 8%대에 형성되면서 유사한 캡레이트 스프레드가 유지되었다.

이런 캡레이트 스프레드의 형성 및 유지는 각 자산별 투자위험, 즉 리스크에 기인한다. 일반적으로 물류부동산의 투자위험이 오피스보다 높게 인식되는 것은 시장투명성 및 물류부동산의 임대차 운영상 특성 때문이다. 오피스부동산은 매년 평균적으로 5조 원 이상의 자산이 거래되고, 이로 인해 많은 거래 자산이 기관이 투자할 수 있는 수준으로 관리되고 있다. 예를 들어, 매입 시 진행되는 실사에 필요한 자료들만 해도, 오피스부동산은 지속적으로 관리된 자료들이 잘 구비돼 있는 반면, 물류부동산은 자료들이 미비한 경우가 종종 있다. 이런 점들

전 세계적으로 성장 중인 물류부동산시장.

이 바로 자산의 리스크로 반영되는 것이다.

물류부동산은 일반적으로 1만 평 이상의 대형 자산도 2~3인의 임차인만으로 구성되는 경우가 대부분이다. 1만 평 넓이에 3~4층의 창고로 구성된 경기도 소재의 물류부동산을 예로 들어보자. 앞에서도 언급한 것처럼, 임차인들은 안보 및 관리 등의 이유로 각 층을 개별적으로 사용하는 것을 선호하기 때문에, 이 창고도 각 층별로 1명씩 3인의 임차인으로 구성되어 있다. 그런데 여기서 한 임차인이 이전을 하게 되면 단번에 3분의 1이 공실이 된다. 반면 임대형 오피스빌딩은 이보다 훨씬 더 다양하고 많은 임차인들로 구성되어, 상대적으로 임차 리스크가 적은 것으로 인지되는 것이다.

2020 부동산 메가트렌드

물류부동산의 리스크가 높은 또 다른 이유는, 상대적으로 적은 거래량과 이로 인한 시장유동성, 더 나아가 투명성이 다른 자산에 비해 더 낮기 때문이다. 물류부동산은 2012년 전에는 채 2천억 원에도 미치지 못하는 거래량을 보여왔다. 또 대부분의 거래가 기관이 보유한 물건을 기관이 매입하는 경우가 아닌, 자가 창고 또는 물류부동산 개발시행사로부터 기관이 매입하는 경우였다. 이로 인해 거래 시 제공되는 정보의 질과 양이 오피스보다는 미미했다.

하지만 2012년 이후 다양한 기관이 물류부동산시장에 관심을 갖고, 투자 가능 물건이 증가하면서 구조적인 변화를 맞았다. 2012년 이후 최근 5년간 평균 거래량이 6천억 원을 넘겼고, 2016년에는 처음으로 1조 원을 넘어서면서, 전체 상업용 시장에서 물류부동산이 차지하는 비중이 15~20%까지 상승했다. 이는 해외 선진국 상업용 부동산시장 내 물류부동산의 규모와 유사한 수준으로, 상당히 의미가 큰 지표로 볼 수 있다. 이런 양적인 성장은 곧 질적인 성장으로 이어질 것으로 예상되며, 이는 다양한 신규 해외자금의 투자를 통해 실현되고 있다.

5

전 세계적인 대세, 물류부동산

물류부동산시장의 인기는 2010년대 초반 미국을 시작으로 최근 유럽과 아시아로 확산되고 있다. 2008년 글로벌 금융위기 이후, 미국 상업용 부동산시장의 회복기에 가장 먼저 활발하게 거래된 것이 바로 물류부동산이었다. 그 열기는 호주와 일본 등으로 이어졌고, 우리나라 물류부동산시장도 2010년대 초중반 회복기를 거치면서 성장기로 접어들었다.

이런 세계적인 물류부동산시장의 활성화는 전자상거래산업의 성장이 한 국가나 특정 대륙이 아닌 전 세계적인 현상으로 확산되면서 이루어진 것이다. 앞에서도 살펴본 것처럼, 전자상거래로부터 촉발된 유통·상업시장의 구조적 변화가 물류산업 전반으로 확산되면서 물류부동산시장은 자연적으로 수혜를 입게 된 것이다.

미국 등 선진국들은 매출 및 수익이 양호한 전자상거래업체가 우리나라에 비해 월등히 많은 상황으로, 임차인의 유형이 다양하고, 이들이 사용하는 물류센터 또한 자가, 임차, 빌드투슈트 등 다양한 형태로 운영되는 만큼 투자 범위가 훨씬 넓다. 또한 상승세를 유지하기 위해 더 좋은 입지의 물류센터를 확보하려는 임차인들의 노력이 이어지면서, 투자기관이 적극적으로 투자할 수 있는, 우량 임차인이 확보된 높은 투자등급의 자산 또한 지속적으로 증가하고 있다.

🏠 물류부동산시장의 투자 전망

전 세계적인 물류부동산의 성장세와 비교해보면, 우리나라의 물류부동산시장은 아직 태동기다. 물류부동산의 주요 수요층인 전자상거래와 3PL(제3자물류) 시장 상황이 선진국의 발전 경로에 비춰볼 때 초기 단계에 해당된다. 폭발적인 성장을 이어가고 있는 두 산업이 선진국의 추세를 따라 성장한다고 보면, 향후 국내 물류부동산시장은 지속적으로 성장할 것으로 예상된다.

우선, 전자상거래산업은 성장하고 있으나 절대강자는 없는 상황으로, 이는 빠른 성장기에 나타나는 특성이다. 전자상거래시장의 성장세는 편리함과 가격경쟁력을 바탕으로 계속 이어질 것으로 예상되는데, 이런 산업 자체의 성장은 시장 참여자의 구성과는 무관하게 지속될 것이다.

또한 3PL시장의 확대는 물류부동산의 임차인 폭의 확대로 이어지면서, 임대형 물류부동산의 공급 증가 그리고 이런 임대차 계약을 바탕으로 한 매물의 증가로 이어질 확률이 높다. 무엇보다 시장이 건강하게 성장하고 투자 대상 자산으로서 자리 잡기 위해서는 질적 성장과 양적 성장이 동반되어야 하는데, 현재 시장의 전개는 양적 성장이 질적 성장으로 연결되면서 선순환의 고리를 만들어가는 방향으로 이루어지고 있다는 점이 고무적이다.

시장의 양적 성장은 투자자의 관점에서 보면, 투자환경의 확대로 이어지고, 이는 보다 다양한 요구수익률을 갖는 투자자의 시장 참여를 가능하게 한다. 최근의 빌드투코어build-to-core 전략을 통한 물류개발시장의 기관 참여 등은 투자환경의 확대와 더불어 다양한 유형의 투자자들이 시장에 참여하는 계기를 제공하고, 나아가서 시장유동성이 향상되는 양상으로 전개되고 있다.

기존 물류부동산시장의 해외투자 자금은 운영 중인 실물자산으로 한정되었는데, 최근에는 개발과 선도거래forward contract (사전에 약정한 가격으로 일정 시점에 인수 또는 인도하는 거래) 등으로 확대되고 있다. 시장의 성장과 함께, 리스크 스펙트럼상 다양한 투자자금의 시장 참여는 물류부동산시장의 구조적 변화로 이어지고, 이를 통해 선순환의 고리(양적 성장 ⇨ 자금의 다양화 ⇨ 질적 성장 ⇨ 양적 성장)를 형성하면서 지속적으로 발전하는 토대가 될 것이다.

강동헌*Anthony Kang* 에이알에이코리아 대표이사

/

미국 뉴욕 컬럼비아대학교에서 경제학을 전공했다. 보스턴칼리지 로스쿨에서
법학박사*Juris Doctor*학위, 하버드대학교에서 부동산·도시개발 석사학위를 취득했다.
미국, 홍콩, 한국 내 유수한 로펌들에서 변호사로 활동하며 다수의 부동산 투자,
운용, 개발 및 매각 등 관련 자문업무를 진행했으며, 이후 도쿄 리먼브라더스*Lehman
Brothers*와 홍콩 메릴린치*Merrill Lynch & co.*를 거쳐 현재 에이알에이코리아(舊
맥쿼리리얼에스테이트코리아))의 대표이사다.
2017년 국토교통부 장관상을 수상했으며 한국리츠협회 이사를 맡고 있다.

오피스시장의
미래 전망

CHAPTER 3
오피스시장의 미래 전망

1

국내 오피스시장의 트렌드

종로의 '그랑서울', 강남의 'GFC', 여의도의 'IFC'…… 서울을 걸으며 누구나 한번쯤 호기심을 가져보았을 법한 최고급 오피스빌딩들이다. 특정 기업의 사옥과 달리, 이런 대형 오피스빌딩들은 층과 사무실마다 각기 다른 여러 회사가 입주해 있다. 과연 이런 오피스빌딩의 소유자는 누구일까? 대부분은 자산운용사와 연기금 같은 기관투자자들이다.

　회사 자금을 지속적으로 사업에 투자하고 운용해야 하는 기업의 입장에서는, 많은 돈을 투자해 사옥을 직접 짓거나 매입하는 것이 이득이 되지 않을 수 있다. 반면 많은 자금을 굴리는 것이 주요 사업인 투자회사 입장에서는, 이런 건물을 보유하고 잘 운영한다면 적절한 수익

서울의 대표적인 오피스빌딩. (왼쪽부터) 종로의 그랑서울, 여의도의 IFC, 강남의 GFC.

을 얻을 수 있다. 실제로 여러 가지 이유로 사옥을 보유하지 않고 있는 많은 기업이 부동산 투자 및 운영 주체 소유의 사무실을 임차하고, 이들에게 임대료를 지불하고 있다.

우리나라에서 유수 기업들의 사무실이 가장 많은 지역은 크게 세 곳이다. 서울 중심의 도심, 강남 그리고 여의도. 따라서 투자자들은 서울의 오피스시장을 이야기할 때 흔히 이렇게 세 구역으로 나누곤 한다. 바로 CBD central business district (도심업무구역), GBD Gangnam business district (강남업무구역), YBD Yeouido business district (여의도업무구역)다. 앞서 언급한 그랑서울은 CBD, GFC는 GBD, IFC는 YBD에 위치한다.

투자자 입장에서 오피스 임대시장 동향을 설명하는 주요 지표로는 '공실률'과 '임대료'가 있다. 이 두 지표는 리서치기관에서 발행하는 시장보고서를 통해 확인할 수 있지만, 기관별로 산정 방법 및 표본 기준이 다르므로, 같은 시기의 지표도 다를 수 있음을 유념해야 한다.

글로벌 부동산컨설팅사인 '세빌스코리아 Savills Korea'는, 2017년 1분기 기준 CBD, GBD, YBD 등 세 주요 권역에 위치한 30,000㎡(9,075평) 이상의 프라임급 빌딩 120개 중 92개를 선정해 시장 동향을 조사하고 분석했다(오른쪽 위 도표). 임대료는 건물주가 책정한 기준층 명목임대료 face rent를 기준으로 산정했다.

평균 임대료의 경우 CBD, GBD, YBD 순으로 높게 나타났지만, 권역 내에서도 오피스 등급 또는 규모에 따라 가격은 큰 편차를 보였다. 또한 임대료는 통상 명목임대료를 기준으로 작성되는 만큼, 요즘 시장에서 흔히 접할 수 있는 인센티브(무상임대, 건물주의 인테리어 비용 지원 등) 부분이 제외된 수치임을 감안해야 한다.

아래 그래프는 서울 세 권역의 공실률을 보여준다. 여기서 상당히 흥미로운 부분은, 2008년까지만 하더라도 서울시 평균 공실률이 5% 이하였다는 점이다. 이 수준의 공실률은 미국식 기준에 의하면 '완전 공실률'에 근접한 것으로, 시장이 건물주 위주로 돌아가는 상황이다. 따라서 채 10년이 안 된 2017년 1분기 현재의 공실률(CBD 17.3%,

2017년 1분기 서울의 주요 권역별 프라임 오피스 월 임대료 및 공실률

권역	평균 임대료 원/평, 임대면적 기준	평균 임대료 원/평, 전용 면적 기준	전년 동기 대비 인상률	공실률 (전 분기 공실률)
CBD	102,600	185,800	1.2%	17.3% (16.2%)
GBD	90,400	176,700	1.2%	7.9% (9.6%)
YBD	79,200	161,700	0.1%	17.0% (14.2%)
서울 지역 평균	93,800	177,900	1.0%	14.1% (13.6%)

자료 세빌스코리아, 오피스시장보고서

2008년 1분기~2017년 1분기 서울 주요 권역별 프라임 오피스 공실률 추이

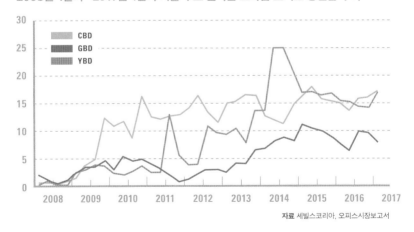

자료 세빌스코리아, 오피스시장보고서

GBD 7.9%, YBD 17.0%)은 과거에는 상상하기 힘든 수치였다. 그만큼 수요에 비해 오피스 공급량이 많아졌음을 의미한다. 또한 지난 10년간 건물주 우위의 시장에서 임차인 우위의 시장으로 트렌트가 변해왔음을 보여준다.

🏠 오피스 공급 동향

일반적인 재화의 가격은 해당 재화를 매수하는 세력과 매각하는 세력, 즉 수요와 공급의 상대적인 크기에 따라 변화한다. 오피스 역시 마찬가지로 수요와 공급이 임대료와 매매 가격을 결정한다는 점에서 시기별 추이에 대한 이해가 필요하다.

'컬리어스인터내셔널코리아Colliers International Korea' 시장전망보고서에 따르면, 2017년 서울의 신규 오피스 공급은 33개 동, 334,000평이 예정되어 있다. 세부적으로는 상반기에 197,000평, 하반기에 137,000평 공급될 예정인데, 여기에는 사옥과 투자용 오피스가 혼재되어 있다. 이는 최근 5년 평균 공급량 대비 13.2%, 2016년 대비 24% 증가한 수치다. 따라서 수요가 이를 따라오지 못한다면, 추가적 공급증가에 의한 공실률 상승은 불가피할 것으로 보인다.

🏠 오피스시장의 전망

비록 공급이 지난 5년보다 많다 하더라도, 권역별 그리고 건물 등급(프라임급 여부)에 따라 오피스 수요는 다르게 나타날 것으로 전망된다.

서울시내 오피스 중장기 공급 전망

(단위: 천 평)

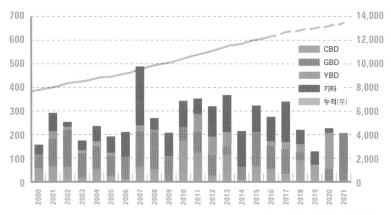

자료 컬리어스인터내셔널코리아, 시장전망보고서

2017년 서울 오피스 주요 공급 사례

구분	시점	빌딩명	용도	연면적(평)
CBD	1분기	수송스퀘어(수평 증축)	투자	15,234
	2분기	하나은행 본점(재건축)	사옥	16,347
GBD	3분기	호반건설 사옥	사옥	13,732
	3분기	마제스타시티 A, B동	투자	25,038
	4분기	삼성생명 일원빌딩	투자	23,108
YBD	1분기	K-Tower	투자	14,066
	4분기	Nice 1 사옥(재건축)	사옥	8,044
기타	1분기	롯데월드타워	사옥	43,461
	1분기	Tower 730	투자	23,715

자료 컬리어스인터내셔널코리아, 시장전망보고서

프라임급 건물 임차인은 프라임급 건물로 이동하는 경향이 강하며, 비프라임급 건물 임차인들 중에도 프라임급으로 이동하는 경향이 있기 때문이다.[1]

시장에서 프라임급 오피스에 대한 수요가 지속되는 이유는, 이런 프라임급 자산들은 안정적인 수익률을 낼 수 있기 때문이다. 뿐만 아니라 채권과 유사한 성격으로, 자산의 다양화와 인플레이션헤지inflation hedge(화폐가치 하락에 대비해 주식이나 토지, 건물 등을 구입하는 것) 효과도 기대할 수 있다. 또한 향후 금리 인상 등 시장 변화와 지정학적 상황에 따라 변동성이 존재하겠지만, 큰 틀에서는 세계의 투자자본 규모가 증가하고 대체투자의 비중이 높아지면서, 좋은 입지의 고급 오피스에 대한 경쟁은 더욱 치열해질 것으로 보인다.

권역별로는 CBD가 비교적 다른 지역보다 공급량이 제한돼 있기 때문에, 투자자 입장에서는 지속적으로 관심을 가질 만한 지역이라고 할 수 있다. CBD 오피스 공급 물량의 대부분은 2017년까지 마무리 단계에 접어들어, 공급량이 점진적으로 감소하면서 향후 안정화될 것으로 예상된다. 또한 최근 공급되거나 공급 예정인 오피스는 사옥 목적이거나 또는 사전임차 비율이 높아서 공실률에 미치는 영향은 제한적일 것으로 보인다.

반면 YBD의 경우, 교직원공제회관에 더해 2020년 336,610㎡에 달하는 초대형 오피스빌딩인 '파크원'이 들어설 예정이다. 기존 IFC의 공실 부담이 채 가시지 않은 상황에서, 투자자 입장에서는 일정 기간 수요난이 예상된다. 뿐만 아니라 저금리·저성장 시대에 고전을 면치 못하고 있는 금융업 관련 종사자들이 집중되어 있기 때문에, 향후 임차

자료 통계청

수요 전망이 다소 비관적이다. 이는 통계 수치에서도 엿볼 수 있다. 위 그래프에서와 같이 전체 고용자 수는 시간이 지남에 따라 상승세를 유지하고 있는 데 비해, 금융 및 보험업·고용업 종사자 수는 하락세다.

🏠 오피스 매매시장의 흐름

매매시장 추이를 분석할 때 중요하게 여기는 요소로 평당 거래 가격을 들 수 있다. 자산의 가격을 연면적으로 나눈 가격을 의미하며, 이역시 권역별·등급별로 차이가 있다. 다음 페이지 표에서 볼 수 있듯이, 2017년 1분기 기준 서울의 오피스 거래는 4개의 대형 오피스가 거래된 CBD가 전체의 약 50%를 차지하는 반면, YBD는 당분기 거래사례가 없는 것으로 조사되었다. GBD의 오피스 거래는 모두 중소형

2017년 1분기 권역별 오피스 주요 거래 사례

CBD

빌딩명	주소	거래 면적 (3.3m²)	거래 가격 (억 원)	평당 가격 (천 원)	매도자 / 매수자
삼성화재 사옥	중구 을지로	16,533	4,380	26,493	**매도** 삼성화재해상보험 **매수** 부영주택
T-Tower	중구 남대문로	12,583	1,887	14,996	**매도** 마이다스자산운용 **매수** 이지스자산운용
태평로빌딩	중구 태평로	12,101	2,300	19,005	**매도** 삼성생명보험 **매수** 이지스자산운용
수송스퀘어	종로구 수송동	15,220	3,830	25,165	**매도** 이지스자산운용(SK D&D) **매수** 이지스자산운용(모건스탠리)

GBD

빌딩명	주소	거래 면적 (3.3m²)	거래 가격 (억 원)	평당 가격 (천 원)	매도자 / 매수자
빈폴빌딩	강남구 논현동	1,398	460	32,892	**매도** 삼성물산 **매수** 금강제화
바른빌딩	강남구 대치동	3,433	777	22,632	**매도** 개인, 법무법인바른 **매수** 이지스자산운용
강남메트로빌딩	서초구 서초동	3,998	861	21,538	**매도** 삼성생명보험 **매수** 마스턴투자운용
일송빌딩	강남구 삼성동	6,088	1,272	20,891	**매도** 미래에셋자산운용 **매수** KTB자산운용
SK네트웍스 사옥	강동구 성내동	3,036	437	14,379	**매도** SK네트웍스 **매수** 한섬글로벌
한화생명 사옥	강서구 화곡동	2,063	373	18,079	**매도** 한화생명보험 **매수** 부영주택

BBD

빌딩명	주소	거래 면적 (3.3m²)	거래 가격 (억 원)	평당 가격 (천 원)	매도자 / 매수자
알파리움	분당구 백현동	33,957	4,780	14,077	**매도** 알파돔시티 **매수** ARA Korea

자료 컬리어스인터내셔널코리아, 시장전망보고서.

2020 부동산 메가트렌드

빌딩이었으며, BBD_{Bundang business district}(분당업무지구)의 경우 알파돔 시티PFV가 개발한 판교 알파리움이 평당 약 1,400만 원에 거래되어 권역 내 역대 최고 평당가를 경신했다.

2

해외 상업용 부동산시장

글로벌 상업용 부동산시장의 거래량은 2009년 이후 꾸준히 증가해 왔는데, 2015년 기록적인 금액을 기록한 후 2016년에는 소폭 감소하는 추세를 보였다. 하지만 다른 지역에 비해 부동산 투자 비중이 낮았던 아시아·태평양 지역의 투자자들은 포트폴리오 분산 효과를 높이기 위해 부동산 투자를 늘렸고, 이는 2016년 아시아·태평양 지역의 부동산 거래량을 증가시키는 결과로 이어졌다.

또한 다른 자산군 대비 양호한 실적, 꾸준한 자본금 유입, 부동산 자산 특유의 인플레이션헤지 효과 등으로 인해 꾸준히 증가해온 전

세계 상업용 부동산 거래 (단위: 10억 달러)

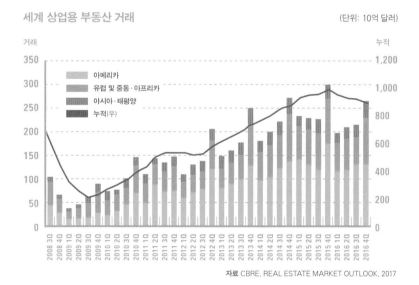

자료 CBRE, REAL ESTATE MARKET OUTLOOK, 2017

세계 부동산펀드시장은 2008년 금융위기 이후 더욱 가파른 상승세를 타게 되었다. MSCIMorgan Stanley Capital International의 2016년 4분기 글로벌 부동산펀드지수의 규모도 펀드의 순자산가치NAV 기준으로 313억 달러, 펀드에 포함되어 있는 개별 자산의 자본가치capital value 기준으로는 380억 달러에 이르렀다.[2]

수익률 측면에서는, 프라임급 자산들의 가격이 상승하고 펀드REF, Real Estate Fund 및 리츠REITs (부동산 투자를 전문으로 하는 간접투자기구) 투자가 증가했음에도 불구하고, 세계 부동산 수익률은 채권에 비해 매력적인 수치를 보였다. 글로벌 부동산컨설팅기업인 'CBRE'에 따르면, 2016년 두 상품의 수익률 차가 역대 최고치에 근접했는데, 이런 차이는 저금

세계 부동산과 채권의 수익률 비교

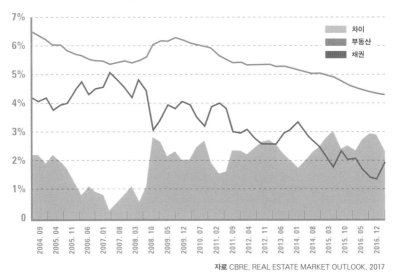

자료 CBRE, REAL ESTATE MARKET OUTLOOK, 2017

　　　　　2020 부동산 메가트렌드

리 시대 및 절대수익을 추구하는 대체투자의 활황과 맞물려 장기적인 추세로 유지될 것으로 보인다.

전미부동산수탁자협의회NCREIF, National Council of Real Estate Investment Fiduciaries가 유럽비상장부동산투자기구투자자협회INREV, European Association for Investors in Non-Listed Real Estate Vehicles 및 아시아비상장부동산투자기구투자자협회ANREV, Asian Association for Investors in Non-Listed Real Estate Vehicles와 함께 정기적으로 발표하는 '글로벌 부동산펀드지수GREFI, Global Real Estate Fund Index는 전 세계 총 523개, 약 705조 원 규모의 부동산펀드를 포함하고 있다. 이 자료에 따르면, 글로벌 부동산펀드들의 수익률은 2012~2015년 꾸준한 상승세를 보이다가, 2016년부터 조정기에 접어들었다. 하지만 2017년 1분기 기준 아시아·태평양 지역의 총 수익률은 3.40%로 다른 지역보다 높았다.

부동산 자산운용사들은 아시아·태평양 지역에서 오피스(45%)와 리테일(44%) 부동산에 집중적으로 투자하고 있다. 북아메리카 역시 오피스에 가장 중점을 두고 있으나, 주택·물류·리테일을 아우르는 고른 분포를 나타낸다. 특히 주거상품에 대한 투자 비중이 극히 미미한 아시아와 유럽에 비해 24%라는 높은 비중의 투자 형태를 보이고 있는 점이 주목할 만하다. 유럽은 리테일·오피스·물류에 고른 분포를 보이고 있다.

이런 부동산 자산군 중 2016년 평균적으로 가장 높은 수익률을 올린 것은 10.6%를 기록한 물류시장이며, 오피스시장이 7.6%로 뒤를 이었다. 아시아·태평양 지역에서는 오피스가 12.3%로 가장 높은 수익률

국가 및 권역별 상업용 부동산 예상 평균 수익률

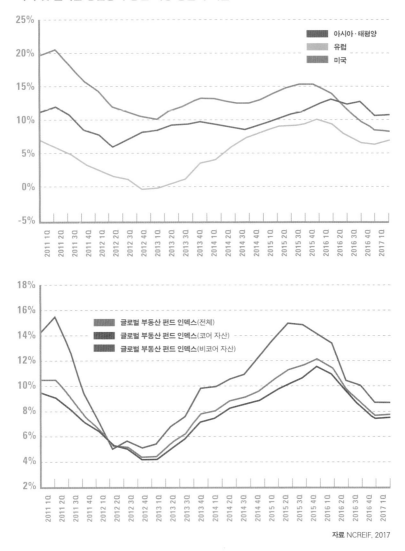

자료 NCREIF, 2017

세계 투자자들의 대체투자 자산배분 비중

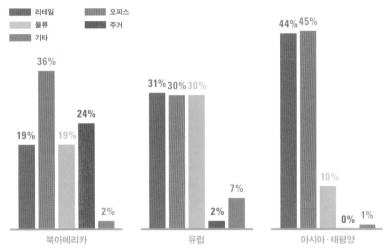

자료 한국리츠협회, 〈리츠저널〉 Vol. 23, 2017

세계 부동산 유형별 수익률 비교

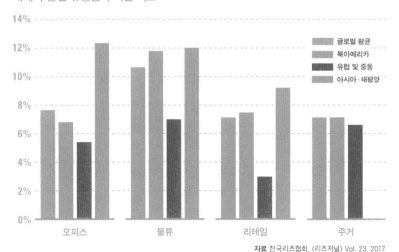

자료 한국리츠협회, 〈리츠저널〉 Vol. 23, 2017

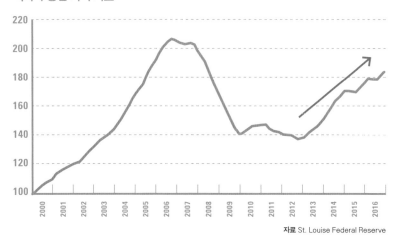

자료 St. Louise Federal Reserve

을 보였으며, 북아메리카는 물류, 유럽 및 중동은 주거와 물류가 높은 수익률을 기록했다.

세계에서 가장 큰 시장인 미국의 부동산은 금융위기 직전 최고점을 기록한 후 급락했다가, 2016년 이후 다시 이전과 비슷한 수치를 회복했다. 시장에서는 이 수치가 정점에 이르렀다는 전망이 많은데, 이는 대출펀드가 유행하는 계기가 되기도 했다.

해외 부동산시장의 동향

최근 해외 부동산시장의 화두는 호주다. 호주 경제는 원자재시장에서 서비스 섹터가 강화되는 추세이며, 이에 따라 사무전문직 고용시장이 빠르게 성장하면서 도심 부동산 수요를 견인했다는 평가다.

국내 운용사인 미래에셋자산운용이 2013년 3억 3천만 호주달러에
인수한 시드니 포시즌스호텔의 가격은 최근 5억 호주달러를 상회하기
도 했다. 인수한 지 4년이 채 안 되는 기간에 평가가치가 50% 이상 오
른 것이다. 이 외에 호주의 빌딩에 투자한 다양한 투자자들도 막대한
임대료 수익 및 평가차액을 얻었다.

이런 흐름에 따라 도이치자산운용이 전망한 미래 임대수익 전망의
상위권에는, 호주의 주요 도시들이 독보적으로 위치한 가운데 상하이,
홍콩, 서울 등 아시아의 금융허브들이 자리를 잡았다. 서울의 경우, 베
이징과 도쿄보다 높은 1.5%의 오피스 임대수익 상승이 예상된다(다음
페이지 그래프).

글로벌 부동산시장에 투자하고자 하는 자본이 최고조에 달하면서,
전 세계적으로 좋은 입지에 우량 임차인을 확보한 프라임급 코어 자
산들이 인기 상품이 되었다. 다만 이런 풍부한 유동성과 쏠림 현상은

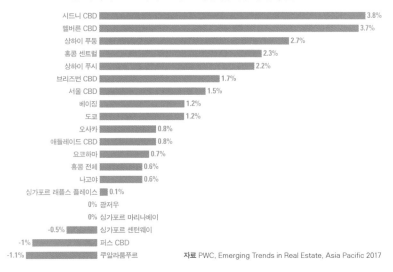

시드니 CBD 3.8%
멜버른 CBD 3.7%
상하이 푸둥 2.7%
홍콩 센트럴 2.3%
상하이 푸시 2.2%
브리즈번 CBD 1.7%
서울 CBD 1.5%
베이징 1.2%
도쿄 1.2%
오사카 0.8%
애들레이드 CBD 0.8%
요코하마 0.7%
홍콩 전체 0.6%
나고야 0.6%
싱가포르 래플스 플레이스 0.1%
0% 광저우
0% 싱가포르 마리나베이
-0.5% 싱가포르 센턴웨이
-1% 퍼스 CBD
-1.1% 쿠알라룸푸르

자료 PWC, Emerging Trends in Real Estate, Asia Pacific 2017

프라임 자산들의 수익률을 다소 감소시키기도 했는데(오른쪽 그래프), 그럼에도 불구하고 전통적인 자산의 수익률보다는 높은 추세를 유지하고 있다. 따라서 앞으로 지속적으로 매력적인 투자 대상이 될 것으로 보인다.

반면 고위험-고소득을 지향하는 투자자들의 경우, 밸류애드value-add 자산에 더 높은 관심을 갖게 될 것이다. '밸류애드'란 공실률이 높거나 노후화돼 당장의 가치는 낮지만 투자 이후 리모델링이나 개발, 적극적인 임대 전략 등을 통해 가치를 끌어올림으로써 수익을 내는 것을 말한다. 또한 향후 투자 의사결정에는 금리 인상 가능성, 환태평양 지역의 지정학적 리스크 등이 화두가 될 텐데, 특히 주목할 만한 점은 중국 경제의 둔화다.

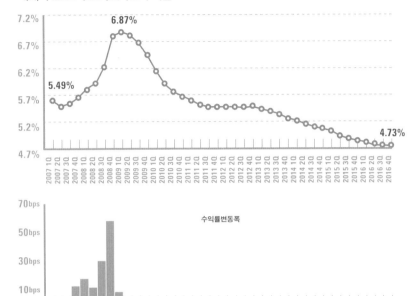

자료 JLL, Global Market Perspective, 2017

중국의 GDP 대비 부채 비율은 2015년 기준 200% 이상으로 급등
했는데(238페이지 그래프), 중국과 같은 대규모 경제에서 이렇게 빠른
속도로 부채가 늘어난 전례는 없다. 이런 속도는 2007년 금융위기의
진원지였던 미국과 1990년대 초반 버블 붕괴 직전의 일본에 비해서도
매우 빠른 수준이다. 또한 버블 붕괴기 일본의 GDP 대비 부채 비율
에 육박한 것에 비춰볼 때 중국의 위험성이 증가하고 있다고 보는 시
각도 있다.

늘어나는 중국의 부채

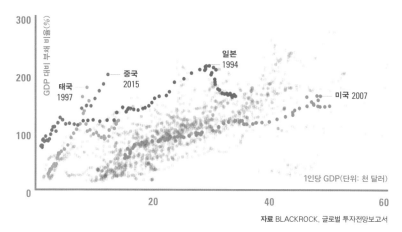

GDP 대비 부채 비율(%)

300

200

100

0

태국
1997

중국
2015

일본
1994

미국 2007

1인당 GDP(단위: 천 달러)

20   40   60

자료 BLACKROCK, 글로벌 투자전망보고서

　이는 국유기업 및 지방정부에 대한 무분별한 대출로부터 기인했는데,
중국 정부는 은행 채무를 장기 채권으로 전환하고, 민간 영역 및 가계
로 여신을 유도하는 등 개선책을 내놓고 있다. 세계 부동산 투자의 큰
부분을 차지하는 중국의 경기를 앞으로도 주목해야 하는 이유다.

3

증가하는 부동산 투자 자금

01.

저금리와 유동성 확대

2008년 미국발 금융위기 이후 세계적으로 저금리 기조가 이어졌다. 경기부양 차원에서 각국 중앙은행들이 금리를 낮춘 것이다. 우리나라 정부 역시 지난 10년 이상 투자, 생산, 고용 증가를 도모하기 위해 여러 차례 금리를 인하하고 유동성을 확대하는 기조를 유지해왔다. 이렇게 시장에 자금은 늘어났지만, 채권 등 전통적 투자자산들의 매력이 감소함에 따라, 그 대응책으로 대체투자에 대한 관심 및 기대가 높아

세계 주요 국가의 기준금리 변화 추이

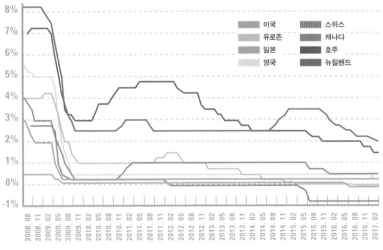

자료 각국 중앙은행, 나눔트레이딩 웹페이지

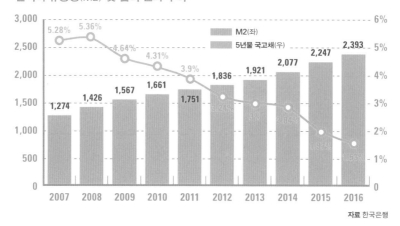

한국의 유동성(M2) 및 금리 변화 추이

자료 한국은행

졌다.

'대체투자'는 '전통투자'와 대비되는 말로, 주식과 채권 이외의 자산 군에 투자하는 것을 말한다. 크게 사모펀드PEF, private equity fund, 헤 지펀드hedge fund, 부동산, 사회간접자본SOC, social overhead capital 등 으로 구분할 수 있는데, 이들은 전통투자시장과의 상관관계 및 변동 성이 낮다는 특징이 있다.

대체투자에서는 레버리지leverage 효과를 누리기 위해 차입이 자주 활용된다. 레버리지는 돈을 빌려 투자 금액을 극대화한다는 뜻이고, 레버리지 효과란 이런 타인의 자본을 지렛대 삼아 자기자본의 수익 률을 높이는 것을 의미한다. 지금과 같이 금리가 낮고 유동자금이 풍 부한 시기에는 레버리지를 활용해 더 큰 투자를 하기가 더욱 용이해 진다. 그 결과 시장에는 많은 돈이 쏟아졌고, 재간접펀드 또한 관심을 모으고 있다.

또한 고령화와 베이비붐 세대의 은퇴 시기가 다가오면서, 금융자산을 통한 소득으로 노후를 대비하고 자산을 관리하려는 움직임이 활발해져 금전신탁 수탁고가 증가하고 있다. 저금리로 인해 갈 곳을 잃은 '스마트머니'가 대체투자로 몰리고 있는 또 하나의 이유다. 한편, 고령화에 대비한 가계의 저축은 일반적으로 연금제도를 통해 이루어지기 때문에, 보험사를 비롯한 연기금들의 자금력과 새로운 투자처에 대한 수요는 꾸준히 증가할 것으로 보인다.

재간접펀드란?

'펀드의 펀드'라고 불리는 재간접펀드는 자산운용사가 직접 자산에 투자하는 것이 아니라 다른 펀드에 재투자하는 펀드로, 여러 펀드에 분산투자함으로써 위험을 최소화하면서 수익을 추구한다. 분산투자를 하기 때문에 리스크를 줄이는 것과 동시에, 실물투자처의 한정성을 해소할 수 있는 것이 재간접펀드의 가장 큰 장점이다. 뿐만 아니라 저금리 시대와 넘치는 유동자금 속에서 투자처를 찾는 기관투자자들에게, 재간접펀드는 안정적인 배당을 주는 매력적인 상품이 될 수 있다. 이들의 기법 및 상품의 다각화 니즈를 손쉽게 투자할 수 있는 재간접펀드가 해결해준 셈이다. 더 나아가 근래에는 리츠의 펀드, 또는 리츠의 리츠와 같은 상품도 출시되고 있는데, 투자자들의 상품 다양화와 분배 니즈를 해소하는 데 크게 기여할 것으로 전망된다.

대체투자 선호 현상

이런 분위기에서 기금운용 수익성 확보를 위한 기관투자자들의 대체투자 수요 역시 증가했는데, 가장 큰손은 연기금들이다. 우리나라 연기금 중 가장 큰 규모를 자랑하며 글로벌 부동산시장의 큰손으로 떠오른 국민연금공단NPS과 한국투자공사KIC의 경우, 2014~2016년 2년간 대체투자가 각각 36%, 144% 증가했다. 절대액수 측면에서도 국민연금공단의 대체투자액은 54조 원에 이른다.

좀 더 자세히 살펴보면, 국민연금공단의 국내 대체투자 규모는 2012

주요 연기금 및 공제회의 대체투자 현황 (단위: 10억 원)

	2014	2015	2016	평균	대체자산 수익률
국민연금공단	46,655	54,659	63,667	54,994	9.9~12.5%
한국투자공사	7,475	13,361	18,248	13,028	6.6~9.9%
사학연금	1,861	2,041	2,199	2,034	5.9~7.6%
공무원연금공단	600	722	887	736	3.8~10.7%
교직원공제회	7,327	9,429	11,225	9,327	5~10.9%
군인공제회	4,999	4,390	5,140	4,843	−0.8~3.7%
지방행정공제회	3,587	3,849	4,371	3,936	5.8~9.2%
합계	72,504	88,451	105,737	88,898	

자료 김용훈, 대체투자 현황 및 시사점, 2017 / 각 기관의 연차보고서 및 홈페이지의 경영공시

년 18조 3천억 원에서 2017년 1분기 기준 21조 5천억 원으로 증가했는데, 그중에서도 부동산 투자 비중은 같은 기간 24.6%에서 27.9%로 상승했다. 한국투자공사 역시 전통자산과 낮은 상관관계를 유지하면서 상대적으로 높은 수익률을 추구하는 대체자산 투자를 점진적으로 확대한다는 장기 투자전략에 따라, 2016년에는 대체자산 비중을 2015년 말 기준 12.4%에서 13.7%로 확대했다. 국민연금공단과 한국투자공사는 2017년 각각 12조 원, 7조 8천억 원을 대체투자에 신규 투자할 계획이라고 밝혔는데, 이는 전년 대비 무려 50% 이상 늘어난 금액이다.

대체투자 규모 증대에 열을 올리는 것은 국내 투자자들만이 아니다. 세계의 대형 연기금들도 대체투자 비중을 크게 늘리고 있으며, 그 규모가 클수록 수익률이 높다는 유의미한 상관성 또한 발견된다.

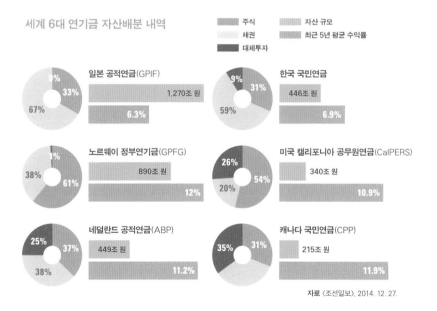

세계 6대 연기금 자산배분 내역

주식　채권　대체투자　자산 규모　최근 5년 평균 수익률

일본 공적연금(GPIF)
0%　33%　67%
1,270조 원
6.3%

한국 국민연금
9%　31%　59%
446조 원
6.9%

노르웨이 정부연기금(GPFG)
1%　38%　61%
890조 원
12%

미국 캘리포니아 공무원연금(CalPERS)
26%　54%　20%
340조 원
10.9%

네덜란드 공적연금(ABP)
25%　37%　38%
449조 원
11.2%

캐나다 국민연금(CPP)
35%　31%
215조 원
11.9%

자료 〈조선일보〉, 2014. 12. 27.

4

국경을 넘나드는 부동산 자금

해외 부동산을 겨냥한 국내 자금

국민연금공단의 운용수익률을 살펴보면, 대체투자가 전통상품에 비해 고무적인 결과를 보였다. 그중에서도 두드러지는 것은 해외 대체투자의 높은 수익률이다. 현재 은행 이자율이 1~3%대에 불과한 실정을 감안할 때, 2015년 해외 대체투자의 성과(수익률 14.9%), 그리고 5년 평

국민연금공단 기금운용 수익률

(단위: %)

구분	2016년(잠정치)	2015년	5년('12~16) 평균(잠정치)
기금 자산 계	4.75	4.57	5.07
금융 부문	4.69	4.57	5.13
국내 주식	5.64	1.67	2.82
해외 주식	10.13	5.73	11.24
국내 채권	1.83	4.29	4.15
해외 채권	4.01	1.52	4.88
국내 대체	5.74	8.98	6.69
해외 대체	12.34	14.9	11.18
단기 자금	2.08	2.09	2.42
복지 부문	▲ 1.35	▲ 2.08	▲ 1.2
기타 부문	0.63	0.72	1.05

자료 보건복지부 홈페이지

국내 투자자의 주요 해외 부동산 투자 사례

드로테르담빌딩

국가 / 도시	네덜란드 / 암스테르담	투자 연도	2016년
임차인	메디아마르크트&자투른	매입가	4,500억 원
투자자 / 증권사	새마을금고중앙회, 메리츠종금증권		
현지 / 국내 운용사	아문디자산운용 / 시몬느자산운용		

도이치텔레콤 사옥

국가 / 도시	독일 / 본	투자 연도	2016년
임차인	도이치텔레콤	매입가	2,640억 원
투자자 / 증권사	메리츠종금증권, 키움증권		
현지 / 국내 운용사	키움자산운용		

H&M 물류창고

국가 / 도시	독일 / 함부르크	투자 연도	2016년
임차인	H&M	매입가	1,500억 원
투자자 / 증권사	국민연금		
현지 / 국내 운용사	에이디에프자산운용		

악사보험사 사옥

국가 / 도시	독일 / 함부르크	투자 연도	2016년
임차인	악사그룹	매입가	1,200억 원
투자자 / 증권사	행정공제회		
현지 / 국내 운용사	이지스자산운용		

노바티스제약 사옥

국가 / 도시	프랑스 / 파리	투자 연도	2016년
임차인	노바티스제약	매입가	4,800억 원
투자자 / 증권사	한국투자증권		
현지 / 국내 운용사	밀리니움인마크자산운용		

소웨스트플라자(로레알)

국가 / 도시	프랑스 / 파리	투자 연도	2017년
임차인	로레알	매입가	6,000억 원
투자자 / 증권사	현대해상		
현지 / 국내 운용사	베스타스자산운용		

알리안츠 사옥

국가 / 도시	독일 / 베를린	투자 연도	2017년
임차인	알리안츠그룹	매입가	4,000억 원
투자자 / 증권사	하나금투, 한화증권		
현지 / 국내 운용사	베스타스자산운용		

아마존 물류센터

국가 / 도시	폴란드 / 포즈난	투자 연도	2016년
임차인	아마존	매입가	1,000억 원
투자자 / 증권사	NH투자증권		
현지 / 국내 운용사	하나자산운용		

스트라이트타워(E)

국가 / 도시	벨기에 / 브뤼셀	투자 연도	2017년
임차인	엔지(ENGIE)의 자회사 일렉트라벨	매입가	5,000억 원
투자자 / 증권사	삼성증권		
현지 / 국내 운용사	현대인베스트먼트자산운용		

조사 대상 1천억 원 이상 프로젝트 펀드, 지분 투자, 전급 담임(리픽로징) 기준 / 2016년 1월~2017년 5월 기준

❶ 투자 연도
❷ 투자 기관
❸ 투자 물건
❹ 투자 금액

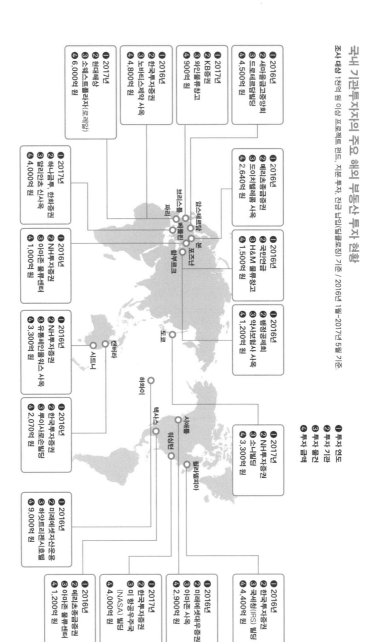

❶ 2016년
❷ 새마을금고중앙회
❸ 드로테아알림임
❹ 4,500억 원

❶ 2017년
❷ KB증권
❸ 와인물류창고
❹ 900억 원

❶ 2016년
❷ 한국투자증권
❸ 노바티스제약 사옥
❹ 4,800억 원

❶ 2017년
❷ 현대해상
❸ 소쉐스트롱라지(로레알)
❹ 6,000억 원

❶ 2016년
❷ 메리츠종금증권
❸ 도이치텔레콤 사옥
❹ 2,640억 원

❶ 2016년
❷ 국민연금
❸ H&M 물류창고
❹ 1,500억 원

❶ 2016년
❷ 행정공제회
❸ 악사자산운용 사옥
❹ 1,200억 원

❶ 2017년
❷ 하나금투, 한화증권
❸ 얼라이언스 신사옥
❹ 4,000억 원

❶ 2016년
❷ NH투자증권
❸ 아마존 물류센터
❹ 1,000억 원

❶ 2016년
❷ NH투자증권
❸ 구글세이몬윈스 사옥
❹ 3,300억 원

❶ 2016년
❷ 한국투자증권
❸ 무어사프순물림
❹ 2,070억 원

❶ 2016년
❷ 예리츠종금증권
❸ 아마존 물류센터
❹ 1,200억 원

❶ 2017년
❷ 한국투자증권
❸ 아마존 사옥
❹ 2,900억 원

❶ 2016년
❷ 미래에셋자산운용
❸ 미 항공우주국(NASA) 빌딩
❹ 4,000억 원

❶ 2017년
❷ 한국투자증권
❸ 국세청(IRS) 빌딩
❹ 4,400억 원

❶ 2016년
❷ NH투자증권
❸ 소니빌딩
❹ 3,300억 원

자료: 설선희, 국내 기관, 해외 부동산 투자 10조, 글로벌 큰손 부상', (이데일리2), 2017. 5. 26.

균 수익률(11.18%)은 상당히 고무적이다. 특히 2015년 해외 대체투자의 수익률은 주식 및 채권에 비해 월등하다.

대체투자의 한 축을 차지하는 부동산의 경우, 국내 시장의 협소함에 따라 심화된 매입 경쟁에서 벗어나기 위해, 또 포트폴리오를 다각화하기 위해 해외 부동산 투자가 크게 증가하고 있다. 금융투자협회에 따르면, 2016년 말 순자산 총액 기준 해외 부동산펀드 규모는 22조 651억 원을 기록했다. 이는 3조 15억 원이었던 2010년 말보다 700% 이상 증가한 수치다.

은행계 큰손들도 블라인드펀드를 조성해 해외 투자에 뛰어들고 있다. 특히 NH금융은 2천여 억 원의 부동산 투자를 포함한 1조 5천억 원 규모의 블라인드펀드를 내놓았고, 국민연금 등 연기금과 미래에셋자산운용 등의 운용사들도 블라인드펀드를 통해 수익률 제고를 꾀하고 있다.

블라인드펀드란?

투자처를 확정하기에 앞서 자금을 마련한 뒤 우량 투자처에 돈을 투입하는 펀드다. 기관투자자들은 빠르게 늘어나고 있는 자금을 직접 적절한 투자처에 배분하고 설계하는 것에 한계를 느끼고 있다. 그래서 실적이 좋은 자산운용사를 선별해 운용은 그들 자율에 맡기고, 투자액을 일임하는 것이다. 부동산에 투자하는 자산운용사들에게 블라인드펀드는 적절한 투자처를 발견하면 곧바로 자금을 투입할 수 있다는 것이 큰 장점이다. 이는 근래와 같이 우량 자산에 대한 매입 경쟁이 치열할 때, 입찰과 협상에 있어 확보된 자금을 바탕으로 유리한 고지를 점유할 확률을 높일 수 있다.

세계가 주목하는 서울 코어오피스시장

해외의 투자자들 역시 국내와 마찬가지로 분산 효과 측면에서 투자 대상을 외국 시장으로 넓혀왔다. 최근 상하이, 도쿄, 서울, 싱가포르 등 아시아 도시들의 코어오피스 투자 선호도가 크게 증가하고 있다. 오피스빌딩의 공실률이 글로벌 평균보다 낮을 뿐만 아니라, 주요 선진국을 상회하는 수익률을 유지하고 있으며, 이들 도시에는 국제 거래가

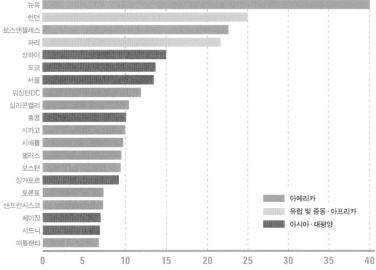

2016년 상업용 부동산 직접투자 상위 20개 도시 (단위: 10억 달러)

자료 JLL, Global Market Perspective, 2017

가능한 금융환경이 잘 갖춰져 있기 때문이다.

서울 오피스시장의 경우, 2016년 기준으로 8조 3,776억 원의 거래 규모로 역대 최고 기록을 경신했다. 이 가운데 해외 투자자들의 거래 규모가 3조 4,344억 원이었다. 2012년 기준으로 1조 원에도 미치지 못했던 과거와 비교해본다면 두드러진 증가세로, 서울 오피스시장의 달라진 위상을 느낄 수 있다.

2017년 현재 서울 오피스시장 투자 자금의 국내와 해외 비중은 각각 48%, 52%다. 2016년에는 해외 투자자의 오피스 거래 규모가 3조 4,344억 원에 달할 만큼, 예년에 비해 해외 투자자들의 투자 규모가 두드러진 증가세를 보였다.

금리는 역사상 최저 수준까지 떨어졌고, 투자의 변동성과 불확실성은 크게 증가했다. 연기금과 공제회, 보험사 등의 자산은 국민의 후생 및 노후생활과 직결돼 있어 매우 안정적인 운용을 추구한다. 더욱이

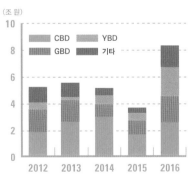

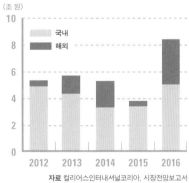

자료 컬리어스인터내셔널코리아, 시장전망보고서

해외 투자자의 주요 국내 부동산 투자 사례

	투자 연도	구조	매수자	매입가
스테이트타워남산	2014년	REF	아부다비 투자청	5,031억 원
파인애비뉴 A동	2014년	REF	소파즈	4,775억 원
잠실향군타워 B동	2014년	REF	캐나다 연금투자위원회	4,000억 원
Tower 8	2015년	REF	REEFF	3,601억 원
씨티센터타워	2015년	REF	AEW캐피털	2,044억 원
IFC 서울 국제금융센터	2015년	REF	브룩필드	2조 5,500억 원(추정)

이들의 운용 자금이 늘어나면서, 국내 대체투자시장의 협소함과 포트
폴리오 다각화 요구가 맞물려 대체투자의 국경이 허물어지고 있는 것
이다. 해외 투자자들의 활발한 인바운드 진입에 힘입어 근래에는 거래
량이 역대 최고치인 8조 원에 근접했는데, 이들은 코어 또는 트로피
자산에 중점적으로 투자했으며, 주요 거래 내역은 위 표와 같다.

CHAPTER 3
오피스시장의 미래 전망

5

슈퍼 부동산과 임차인을 찾아서

01.
트로피 자산의 승리

통상 오피스시장의 빌딩들은 코어와 비코어(또는 프라임급과 비프라임급)로 구분된다. 코어core 자산은 일반적으로 신용도가 높은 우량 임차인과 장기임대차 계약이 되어 있어 미래 현금 흐름이 안정적일 것으로 기대되는 자산이다. 특히 트로피trophy 자산이란 광화문의 SFC나 시그니처타워, 강남의 GFC와 같이 우량 임차인 확보가 보장되고 상징성이 있는 빌딩을 말한다.

이런 코어 자산은 비교적 높은 수익률을 낼 수 있을 뿐 아니라, 채권과 유사한 성격으로 자산의 다양화와 인플레이션헤지 효과도 기대할 수 있다. 그래서 안정적인 수익을 찾는 국부펀드 또는 대형 연기금 등 기관투자자들의 주요 투자 대상이 되는 것이다.

세빌스코리아가 최근 발행한 2017년 1분기 오피스시장보고서에 따르면, 세컨더리secondary 오피스에서 프라임급 오피스로 임차인의 이동이 크게 증가하는 추세다. 이런 이전 사례는 61%로, 2016년의 36%와 비교하면 상당히 큰 폭의 증가다. 이처럼 업그레이드 수요가 증가하면서 프라임급 오피스의 임차인 업종도 공유오피스, 게임업체 등으로 점차 다양해지고 있다.

코람코자산신탁이 총 81개의 기관, 143명의 전문가를 대상으로 한 설문조사 결과, 대형·신축 오피스 선호 트렌드에 따라 프라임급 오피스는 임대료 상승 폭이 확대되고, 중소형 오피스는 임대료가 더욱 하락할 것으로 예상되었다. 건물 규모와 시설 수준에 따른 임대시장 차별화가 진행될 것이라는 분석이다.[3]

장기임대차 물건 선호 현상

　현재 상업용 부동산시장은 임차인이 우위를 점하고 있다. 서울 주요 오피스 권역의 공실률이 과거에 비해 증가한 한편, 임차인으로부터 나오는 수익으로 배당금이 발생하고 자산 가격 역시 결정되기 때문이다. 장기임대차 계약 자산이 선호되는 것도 이 때문이다.

　다음 페이지의 표는 최근 성공적으로 완판된 공모투자 물건을 요약·정리한 것이다. 각 물건의 잔여 임차기간WALE, weighted average of lease expiry 을 보면, 장기임대차 계약이 확정된 물건에 대한 투자, 즉 리스크가 적고 안정적인 투자를 선호하는 것을 알 수 있다.

　특히 듀레이션duration(투자 자금의 평균 회수 기간)에 맞춰 자금의 유입과 유출을 관리해야 하는 보험사와 같은 경우, 장기간 임차인이 보장된 물건을 선호한다. 프라임급이 아닌 B급 오피스일지라도 우량한 임차인이 보장된 경우 많은 투자자가 선호하는데, 이런 현상은 협소한 국내 시장보다는 부동산시장에서 더 다양한 상품을 발굴하고 있는 해외 투자에서 더 뚜렷하게 나타난다.

최근 판매된 공모투자 물건 비교

NASA 본사

AMC	하나자산운용	위치	미국 워싱턴DC
거래 날짜 / 펀드 설정 기간	2017 1Q / 5년	WALE	12
거래 규모 / 공모 규모(억 원, %)	4,620 / 1,740(87% of equity)	Cap Rate	5.7%
주임차인 / 임차인 신용도	나사 / S&P:AA+		

댈러스 스테이트팜 HQ

AMC	미래에셋	위치	미국 텍사스 댈러스
거래 날짜 / 펀드 설정 기간	2016 3Q / 7년	WALE	20
거래 규모 / 공모 규모(억 원, %)	9,790 / 3,000(66% of equity)	Cap Rate	5.5%
주임차인 / 임차인 신용도	State Farm Mutual / S&P:AA		

호주 캔버라 오피스

AMC	미래에셋	위치	호주 캔버라
거래 날짜 / 펀드 설정 기간	2017 1Q / 5년	WALE	8
거래 규모 / 공모 규모(억 원, %)	3,120 / 1,400(100% of equity)	Cap Rate	–
주임차인 / 임차인 신용도	Australia Dept. Education / S&P:AAA		

티마크 그랜드 호텔

AMC	하나자산운용	위치	서울
거래 날짜 / 펀드 설정 기간	2016 3Q / 5년	WALE	20
거래 규모 / 공모 규모(억 원, %)	2,130 / 690(100% of equity)	Cap Rate	4.7%
주임차인 / 임차인 신용도	마크호텔(하나투어) / Fitch:A0		

한국석유공사 본사

AMC	코람코	위치	울산
거래 날짜 / 펀드 설정 기간	2016 4Q / 5년	**WALE**	20
거래 규모 / 공모 규모(억 원, %)	2,200 / 840(100% of equity)	**Cap Rate**	3.9%
주임차인 / 임차인 신용도	한국석유공사 / Fitch:AAA		

CHAPTER 3
오피스시장의 미래 전망

6

증권사의 적극적인 시장 참여

투자 역량에서 강점을 보이다

최근 증권사들은 적절한 투자처가 줄어들자 기존의 주식과 채권 사업을 넘어 비교적 안정적인 수익이 보장되는 부동산, 인프라, 에너지, 원자재 등 대체투자에 적극적으로 뛰어들고 있다. 대체투자가 증권사들의 새 수익원으로 자리 잡아가고 있는 것이다. 이중 주력상품은 역시 부동산으로, 부담해야 하는 리스크 대비 수익성이 제일 좋은 실물자산이 부동산이라고 판단하기 때문이다.

부동산시장의 매입 경쟁이 치열해지면서, 언더라이팅underwriting(최종 투자자 모집 전 투자에 대해 확약하는 것) 역량과 딜소싱deal sourcing(투자처 발굴) 및 딜클로징deal closing(소유권 이전 완료)의 확실성, 장기간 구축해온 금융권 네트워크 등이 이 분야에서 증권사의 강점으로 부각되고 있다.

특히 한국투자증권, NH투자증권 등 자기자본 4조 원 이상의 대형 증권사들은 2016년 부터 사업 다각화를 위해 미국과 유럽 내 오피스, 물류센터 등 해외 부동산 투자에 박차를 가하고 있다.

2016~2017년 국내 증권사들의 주요 해외 부동산 투자 현황

증권사	금액	주요 내역
삼성증권	4,000억 원	프랑스 파리 소웨스트타워
한국투자증권	930억 원	폴란드 브로츠와프 아마존 물류센터
	2,070억 원	호주 캔버라 루이사로손빌딩
	2,100억 원	벨기에 브뤼셀 아스트로타워
NH투자증권	1,000억 원	폴란드 포즈난 아마존 물류센터
	3,300억 원	호주 시드니 울워스 본사 사옥
미래에셋대우	2,800억 원	호주 캔버라 50아커스 클러크 스트리트빌딩(미래에셋자산운용)
	3,500억 원	독일 뒤셀도르프 보다폰 캠퍼스
키움증권	2,500억 원	미국 댈러스 KPMG 플라자

자료 언론 보도 종합, 한국투자증권

총액인수와 구조화에 적극적으로 참여

해외 부동산 투자가 늘어나면서 국내 증권사의 해외 빌딩 총액인수 (자기 명의로 인수)가 증가하고 있다. 2015년 한국투자증권이 국내 최초로 폴란드 아마존 물류센터를 총액인수하며 첫 테이프를 끊었다. 이후 증권사가 기관투자자에게 셀다운sell-down 하는 구조가 최근 2년 사이 급증했다.[4] 셀다운 방식은 투자 기간을 단축하는 장점이 있으나, 인수 금융사가 물량을 다 팔지 못할 경우 그대로 떠안아야 하는 리스크가 존재한다.

투자 자금의 다양화, 부동산공모시장

　　기관투자자들의 전유물로 생각되어온 부동산투자시장이 이제는 개인투자자들에게도 각광을 받고 있다. 근래 들어 상장 리츠와 부동산공모펀드가 부상하고 있는데, 저금리 등으로 갈 곳을 잃은 개인 자금이 여기에 주목하고 있기 때문으로 보인다. 그동안 펀드와 리츠 등 부동산 간접투자 상품은 주로 국민연금 같은 대형 연기금이나 기업 위주의 사모私募 방식으로 이뤄져 개인들은 사실상 투자가 불가능했다.

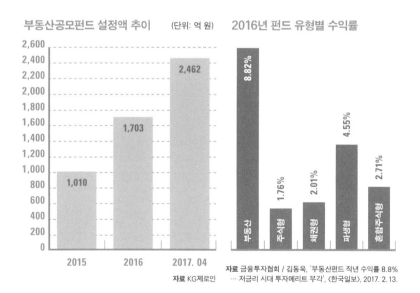

부동산공모펀드 설정액 추이 　(단위: 억 원)

2016년 펀드 유형별 수익률

자료 KG제로인

자료 금융투자협회 / 김동욱, '부동산펀드 작년 수익률 8.8%
… 저금리 시대 투자메리트 부각', 〈한국일보〉, 2017. 2.13.

하지만 저금리 기조가 이어지면서 부동산펀드로 안정적인 수익을 올리는 기관투자자들의 방법을 모방하고자 하는 투자자가 많아졌고, 부동산 자산운용사들도 이를 겨냥한 공모형 펀드를 내놓게 된 것이다. 투자한 건물의 임대료 등을 통한 기대수익이 연 5~8% 수준으로 은행 이자율보다 훨씬 높을 뿐만 아니라, 자산을 매각할 때 시세차익에 의한 소득도 기대할 수 있다.[5] 무엇보다도 증권이 아닌 실물자산에 투자하는 것이어서 최저 금액이 보장되고 인플레이션에 대비할 수 있는 매력적인 대안 상품으로 성장한 것이다.

또한 운용사에서 투자하는 상업용 건물들은 개인이 투자할 수 있는 주거용 부동산에 비해 경기민감도가 낮아서 비교적 안정적인 수익을 얻을 수 있기 때문에, 안정적으로 큰 자산을 운용하고자 하는 부자들에게도 각광을 받고 있다.

7

오피스 공유의 시대

오피스시장에서의 공유경제

어떤 물건을 소유하는 것이 아니라 서로 빌려주거나 함께 사용하는 개념으로 인식해 경제활동을 한다는 '공유경제' 비즈니스모델은 오피스시장에서도 빠르게 확산되고 있다. 2010년 미국 뉴욕에서 설립돼 현재 기업가치 22조 원을 바라보는 스타트업 '위워크WeWork'가 대표적인 예다. 이 회사는 주요 도심 및 상권 내 대규모 사무실을 임대한 후, 이를 부분적으로 나눠 기업(주로 창업을 준비하는 스타트업) 또는 개인에게

위워크 뉴욕 5번가 오피스 내부.
출처 Findworkspaces.com

재임대하는, 일종의 '전대차' 비즈니스모델을 기반으로 한다.

　이를 흔히 '공유오피스' 혹은 '코워킹스페이스 co-working space'라고 표현하는데, 독립된 개인사업자들이 한 공간에 모여 서로의 아이디어를 공유하며 의견을 나누는 협업의 공간 또는 커뮤니티를 말한다. 월단위 임대차 계약으로 환경 변화에 유연하게 대처할 수 있고, 보증금과 집기구입비 등 초기 비용과 임차비용을 절감할 수 있다는 것이 가장 큰 장점이다. 실제로 뉴욕에서 책상 10개를 공유서비스로 사용할 경우, 일반 사무실 임차 대비 약 15%의 비용절감 효과가 있다는 연구결과가 있다.[6]

서울의 공유오피스 현황

글로벌 부동산컨설팅업체인 '쿠시먼앤드웨이크필드'에 따르면, 2017 년 2분기 GBD 오피스 공실률은 6.6%로, 1분기 7.2% 대비 0.6% 하락했다. 서울 주요 권역 중 GBD만 유일하게 오피스 공실률이 감소한 것이다. 그 주요 원인은 무엇일까?

이는 공유오피스업체들의 역할이 컸던 것으로 분석된다. 최근 테헤란로에 위워크를 비롯해 스튜디오블랙, 패스트파이브 등 공유오피스업체들이 잇따라 들어서면서 스타트업 기업들이 붐비고 있다. 중소기업청(현 중소벤처기업부)에 따르면, 2016년 11월 말 기준 강남구에 위치한 벤처기업은 1,517개로, 2015년 말과 비교해 91개 증가했다. 서울 전체 25개 자치구 중 가장 빠른 속도로 증가하고 있는 것이다.[7]

공실률이 높아지는 도심에 활기를 불어넣는 크고 작은 기업들이 입주하면서 주변 상권이 살아나고 있어, 업계에서는 공유오피스에 대한 기대가 커지고 있다. 이처럼 공유오피스의 증가가 스타트업 기업 또는 1인 기업들의 수요를 충족시키면서, 임대업 불경기에도 강남 오피스시장 공실 해소의 '일등공신' 역할을 하고 있는 것이다.

🏠 사례1, 위워크

2016년 8월 1일 서울 강남역점을 시작으로 한국에 진출한 위워크는 홍우빌딩의 10개 층을 사용하고 있으며, 15년 장기임차 계약이 된 상태다. 위워크의 강점인 네트워크와 협업문화를 구현해, 현재 강남점은 90% 이상 점유되었으며, 2017년 1월 을지로에 3천 명 규모의 2호점을 오픈했다.

2017년 8월에는 강남구 테헤란로에 3호점이 15년 장기임차 조건으로 오픈했는데, 입주한 건물의 명칭이 일송빌딩에서 위워크빌딩으로 미리 변경된 점을 눈여겨볼 필요가 있다. 임차인 우위가 지속되는 국내 시장에서 공유오피스의 위상이 날로 높아지고 있음을 방증하기 때문이다. 위워크빌딩에 투자하는 부동산펀드를 운용하는 KTB자산운용은 위워크를 유치함으로써 안정적 수익과 자산가치의 상승을 모색하고 있다. 이처럼 공실 해소를 위해 자산운용사들이 공유오피스를 입주시키는 전략이 꾸준히 전개되고 있다.

국내 위워크 지점 요약

1호점 홍우빌딩	
위치	서울 서초구 서초동
지점 / 역세권	강남역점 / 강남역
규모	19F/B5
연면적	12,880m²(3,896평)
기준층(전용면적)	105평
위워크 사용층	7F-9F, 11F-18F

2호점 대신금융그룹 명동사옥	
위치	서울 중구 저동1가
지점 / 역세권	을지로점 / 을지로3가역
규모	25F/B7
연면적	52,928m²(16,011평)
기준층(전용면적)	347평
위워크 사용층	7F-16F

3호점 일송빌딩	
위치	서울 강남구 삼성동
지점 / 역세권	삼성역점 / 삼성역, 선릉역
규모	19F/B6
연면적	20,126m²(6,088평)
기준층(전용면적)	169평
위워크 사용층	11F

🏠 사례2. 리저스 비즈니스센터

'리저스Regus'는 영국의 대표적인 공유오피스 브랜드 중 하나로, 전 세계 120개국 900개의 도시에 약 3천 개의 센터를 운영하고 있다. 2004년 한국에 첫발을 내디딘 이래 현재 총 16개의 지점으로 확장되었는데, 서울에는 14개 빌딩에 입주해 있다. 리저스 비즈니스센터는 이용객들에게 업무에 필요한 사무기기, 화상회의 시스템, 휴게실뿐만 아니라, 비서업무와 우편물관리 등 행정서비스까지 제공하는 것이 특징이다.[8]

서울 소재 리저스 비즈니스센터 요약

구분	공덕센터	SC제일은행센터	교보증권센터
위치	서울 마포구	서울 종로구	서울 영등포구
규모	20F/B8	22F/B4	19F/B3
연면적	34,474m²	77,415m²	40,946m²
사용층	자림빌딩 10층	한국 SC은행빌딩 20층	교보증권빌딩 10층
역세권	공덕역	종각역	여의도역
구분	포스코 P&S타워센터	무역센터	EK타워센터
위치	서울 강남구	서울 강남구	서울 강남구
규모	27F/B6	54F/B2	21F/B6
연면적	43,299m²	107,850m²	18,913.62m²
사용층	포스코 P&S타워센터	트레이드타워 27, 30, 33층	EK타워 4층
역세권	역삼역	삼성역	선릉역
구분	강남역센터	센터원센터	서울역센터
위치	서울 서초구	서울 중구	서울 중구
규모	21F/B6	36F/B8	24F/B8
연면적	36,203m²	168,049m²	60,016m²
사용층	강남빌딩 16층	센터원빌딩 서관 27층	서울시티타워 22층
역세권	강남역	을지로입구역	서울역
구분	강남CW센터	강남KS센터	강남역 YS센터
위치	서울 강남구	서울 강남구	서울 강남구
규모	6F/B2	6F/B2	8F/B2
연면적	4,170m²	2,494m²	2,978m²
사용층	청원빌딩 2층	KS빌딩 3층	역삼빌딩 3층
역세권	강남역	강남역, 역삼역	강남역

구분	해성센터	스페이시즈 그랑 서울센터	
위치	서울 강남구	서울 종로구	
규모	20F/B5	24F/B7	
연면적	6,462m²	175,533m²	
사용층	해성빌딩 4층	그랑서울 타워 7층	
역세권	삼성역, 선릉역	종각역	

🏠 사례3. TEC

2017년 6월 홍콩계 비즈니스센터인 TEC the executive centre가 서울 종로에 아시아 지역 100번째 프리미엄 비즈니스센터를 오픈했다. 종로 구의 랜드마크인 종로타워 17층(약 300평)을 사용하고 있는데, TEC센 터의 멤버십 소지자는 TEC 종로타워센터, 삼성 글라스타워센터, 여의 도 IFC타워쓰리 IFC tower three 등 세 곳 모두를 이용할 수 있다.

현재 TEC는 도쿄, 베이징, 시드니 등 아시아·오세아니아 지역 24개 도시에 100개의 센터를 운영하고 있다. 이처럼 글로벌 네트워크를 보 유한 세계적인 공유오피스업체들이 국내에 지속적으로 들어오면서 부 동산 임대시장에 큰 영향을 미칠 것으로 예상된다.

03.
공유오피스의 향후 전망

    앞에서 살펴본 세 업체와 함께 국내 전문업체인 르호봇, 패스트파이브, 스튜디오블랙 등 공유오피스업체들 간의 경쟁이 치열해지고 있다. 종합부동산서비스업체 CBRE에 따르면, 미국의 오피스 공유서비스업은 2016년 기준 지난 5년간 매년 21% 이상 성장했다고 한다.[9] 또한 미국 부동산회사 226개사를 대상으로 한 설문조사에 의하면, 이들 중 40% 이상이 공유오피스를 이용하고 있거나 이용을 고려하고 있다고 답변했다.

    공유오피스는 업무공간을 공유함으로써 임차비용을 절감할 수 있고, 공간 활용의 효율성을 높일 수 있다는 것이 입주자 입장에서 가장 큰 장점이다. 한편 부동산 임대시장 측면에서는 공유오피스업체를 들여 공실을 해소할 수 있고 건물의 가치 상승을 기대할 수 있다는 점이 매력적이다. 또한 도시정책적 측면에서도 협업공간 공유를 통해 다양한 계층의 창업을 지원해 도시경제에 활력을 불어넣을 수 있는 잠재력이 높다는 점에서, 공유오피스에 대한 수요는 꾸준히 성장할 것으로 예상된다.[10]

    하지만 오피스를 운영해 이윤을 창출하는 자산운용사 입장에서는, 잠재적인 수익률 감소에 대해 조심스럽게 고민하고 준비해야 하는 시기이기도 하다. 또한 사무실 내 여러 사업자등록의 제약과 같은 사무공간 공유에 대한 법·제도적 쟁점 이슈 등이 여전히 남아 있다. 도시 사회의 공익을 위해서는 어떤 방향으로 제도 개선이 되어야 하는지, 정책 및 사회적 합의가 필요할 것으로 보인다.

NOTES

1   세빌스코리아, 오피스시장보고서.

2   한국리츠협회, 〈리츠저널〉 Vol. 23, 2017.

3   용환진, '올해 오피스시장 양극화 전망… 프라임급 임대료 상승, 중소형은 하락 불가피', 〈매일경제〉, 2017. 1. 1.

4   성선화, '국내 기관, 해외 부동산 투자 10조. 글로벌 '큰손' 부상', 〈이데일리〉, 2017. 5. 26.

5   배현정, 'SPECIAL 공모 부동산펀드, 리츠의 부활, 축복일까', 〈한국경제〉, 2017. 6. 23.

6   김용남, '공유경제 시대 오피스 임대의 미래', 〈서울경제〉, 2016. 8. 30.

7   고병기, '스타트업 1번지 테헤란로… 공유오피스가 부활시켰다', 〈서울경제〉, 2016. 12. 25.

8   류재용, 아크로팬, 2015. 7. 16.

9   김용남, '공유경제 시대 오피스 임대의 미래', 〈서울경제〉, 2016. 8. 30.

10 국토연구원, 《공유경제 기반의 도시공간 활용 제고 방안 연구》, 2015.

2020
미래 부동산 트렌드

이상욱 어반하이브리드 대표

/

서울대학교 환경대학원 도시계획 박사과정을 수료했으며, '어반하이브리드'
설립에 참여했다. 어반하이브리드는 공유가치 창출을 목표로 하는 퍼블릭
디벨로퍼 *Public Developer* 로서 공유공간(셰어하우스 및 코워킹오피스,
셰어팩토리)을 기획 및 개발, 운영하고 있다. 라이프스타일 기반 주거생활 플랫폼
'쉐어원'을 론칭해 공유공간을 활용한 자산개발관리 서비스를 제공하고,
도시 청년들이 적정 가격으로 합리적인 주거생활을 할 수 있는 새로운 개발모델을
제시하고 있다. '쉐어원'은 업계 최초로 신축 셰어하우스를 공급했으며,
국내 최초로 3년 공실의 오피스를 셰어하우스로 용도전환하는 모델을 선보였다.

공유부동산
자산관리 전략

1

공유경제가 바꾸는 부동산시장

01.
공유경제의 시대, 소비문화의 변화

    세계는 그야말로 '공유경제'의 시대다. 공유경제에 대한 이해 여부와 관계없이 공유경제는 이미 우리 삶에 다양한 영향을 미치고 있다. 서울시는 2012년 '공유도시sharing city 서울'을 선언했다. 도시문제를 해결하기 위해 개인이 소유한 시간, 공간, 재능, 물건, 정보 등을 필요한 사람과 나누거나 함께 사용함으로써 자원의 가치와 효용을 높이고, 지역경제를 활성화하겠다는 것이다.

    이것은 비단 서울만의 상황이 아니다. 2008년 글로벌 금융위기와 함께 경제 저성장, 취업난, 가계소득 저하 등 사회문제가 심각해지면서, 전 세계적으로 공유경제에 대한 인식이 급속도로 확산돼왔다. 2017년 전 세계 공유경제의 시장 규모는 186억 달러(약 21조 1천억 원)에 달하며, 앞으로 계속 확대될 것으로 전망된다.

    공유경제의 확산은 장기적인 저성장 때문만은 아니다. 스마트폰 등 모바일 환경의 구축과 온디맨드 서비스on-demand (수요자의 요구를 즉각 반영해 재화나 서비스로 제공하는 경제활동)의 확장 또한 공유경제의 확산을 이끌었다. 다양한 유휴자원을 필요한 사람에게 연결하는 공유경제의 핵심은, 자원을 개별적으로 소유하는 것을 넘어 다른 사람들과 함께 나누고 좀 더 효율적으로 사용하는 데 있다.

    에어비앤비(숙박), 쏘카(자동차), 쏘시오(물건), 스페이스클라우드(공간),

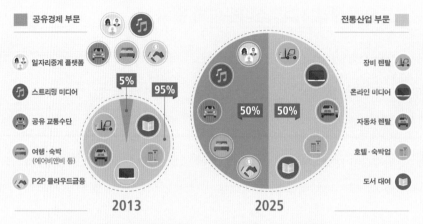

공유경제 부문   전통산업 부문

일자리중계 플랫폼

스트리밍 미디어

공유 교통수단

여행·숙박
(에어비앤비 등)

P2P 클라우드금융

장비 렌탈

온라인 미디어

자동차 렌탈

호텔·숙박업

도서 대여

5%

95%

50% 50%

2013

2025

Revenue for all ten sectors: **US$ 255 billion**
Revenue for five Sharing Economy sectors:
US$ 15 billion

Revenue for all ten sectors: **US$ 670 billion**
Revenue for five Sharing Economy sectors:
US$ 335 billion

공유경제는 기존 렌탈시장 영역을 대체하며 2025년까지
전체 시장의 50%까지 확대될 것으로 예상된다.

출처 DHL-Access over ownership –
Sharing Economy logistics

위즈돔(지식), 8퍼센트(금융) 등 다양한 온디맨드 서비스는 정보에 대한
접근과 공유를 용이하게 한다. 플랫폼 형태의 온디맨드 서비스의 등장
으로 공유 체계에 참여하는 주요 이해관계자는 이득을 얻고 있으며,
이 플랫폼들은 그 자체의 확장성과 다양성을 기반으로 사람들 사이의
연결을 급속히 확장시키고 있다.

공유경제 관련 서비스의 증가는 기존 산업구조와 사람들의 라이프
스타일을 송두리째 바꿔놓고 있다. 특히 밀레니얼 세대를 중심으로 자
산을 소유하는 방식, 일하는 방식, 조직을 구성하는 방식 등이 빠르게
변화하고 있다. 가처분소득이 한정된 이 세대는 자산을 소유하기보다
는 접근access 기회를 늘리고 경험하는 것을 중시한다. 음악을 다운로

드하기보다 스트리밍streaming하고, 자동차를 구입하기보다는 카셰어링car sharing 서비스를 활용한다.

경험과 가치 중심의 생활방식은 개인생활을 넘어 취향 중심의 커뮤니티를 형성하기까지 한다. 1인 가구의 증가에서 보듯, 밀레니얼 세대는 개인적인 가치 추구와 독립성을 중시한다. 이색적인 취미를 즐기는 한편, '혼밥'과 '혼술' 등 혼자 하는 것을 당당하게 즐긴다. 동시에 비슷한 취향을 가진 사람들끼리 모이는 것에도 거리낌이 없다. '따로 또 같이'라는 말처럼, 삶은 독립적이지만 개인과 그룹들이 특정 가치를 중심으로 유연하게 모이는 것이다.

독서모임 기반 지식 공유 커뮤니티 서비스 '트레바리'의 홈페이지.　　출처 http://trevari.co.kr

그 과정에서 공유경제 온디맨드 서비스가 중요한 역할을 한다. 만나서 같이 밥을 먹는 '집밥', 같이 책을 읽고 감상을 공유하는 '트레바리Trevari', 함께 즐기는 소셜 액티비티 플랫폼 '프립Frip' 등이 대표적이다. 혼자 하거나 친구와 가족 중심으로만 공유하던 활동을 비슷한 취향을 가진 타인을 만나 온·오프라인 커뮤니티를 형성함으로써 함께 즐기는 것이다.

공유경제는 이전에 경험한 적 없는 새로운 경제환경과 문화 트렌드에 부합하면서 주류 경제의 일부로 빠르게 확산되고 있다. 소비자의 라이프스타일 변화와 공유경제의 확산은 도시문화를 새롭게 정의하고 있으며 부동산시장에도 지대한 영향을 미친다. 일자리를 찾아, 그리고 다양한 경험소비를 위해 도시로 몰려드는 청년들이 연남동, 망원동, 성수동과 같은 새로운 중심지를 만들어내면서, 특정 지역을 중심으로 공간 수요가 증가하고, 임대료가 상승하고 있다.

사실 가처분소득이 부족한 도시민들은 안정적인 주거와 업무 공간을 마련하기 어려운 상황이다. 그 결과, 지불 가능한 주거 및 업무 공간을 마련하는 방안으로 '공유공간시장'이 전 세계적으로 빠르게 성장하고 있다. 개인생활에 집중할 수 있는 독립적 공간과, 다양한 기능 제공을 통해 심리적 만족감을 주는 공유공간이 공존하는 '셰어하우스'와 '셰어오피스'가 대표적인 예다. 잘 사용되지 않던 지하공간, 옥탑 및 옥상 공간이 이제 파티, 연습실, 워크숍, 공연 등 다양한 문화활동이 펼쳐지는 공간으로 공유된다. 대형 오피스빌딩의 로비는 팝업스토어로 꾸며져 상업공간으로도 활용된다. 주말이나 저녁시간에 비는 도심 오피스빌딩의 주차장은 쇼핑이나 문화·여가활동을 원하는 도심 방문자들에게 제공된다. 공유 기반의 부동산시장은 이렇게 주거공간에서부터 업무공간, 상업공간, 문화공간, 주차장, 창고 등에 이르기까지 다양한 영역으로 확대되고 있다.

이렇듯 공유경제와 공유공간시장은, 공실이 늘고 수익성이 떨어져 고심하고 있는 부동산 소유자들에게 일종의 '블루오션'으로 대두되고 있다. 셰어하우스와 셰어오피스 같은 공유공간은 사람들을 불러모은다. 그리고 사용자에게 필요한 서비스를 제공하는 파트너사와 협력하여 공간서비스를 확대하는 플랫폼 역할을 하기도 한다. 사용자는 공간 비용을 줄일 수 있고, 다양한 사람들과 협력해 새로운 부가가치를 창출할 수 있다. 부동산 소유자는 공간을 유연하게 만들고 이용 빈도를 높여 수익을 개선할 수 있다. 플랫폼으로서 공유공간은 도시민들의 삶의 질을 개선하고 있으며, 공유경제는 향후 부동산 개발과 자산관리에서 핵심이 될 것이다. 공유경제와 공유공간에 대한 이해와 적응을 위한 사고전환이 필요한 시점이다.

공유공간 서비스를 활용한 자산관리

서울 부동산시장에는 '공실'이 빠르게 늘고 있다. 경기침체와 더불어 오피스, 상가, 주택 등 유형을 가리지 않고 공실이 증가하고 있는 것이다. 서울의 오피스 공실률은 2017년 1분기 기준 9.8%에 달했다. 이 수치는 대형 기업들이 입주하는 프라임급 오피스와 중소형 오피스 공실을 모두 포함한 것이다.

서울 강남, 잠실, 여의도, 종로 등 전통적인 업무지구를 중심으로 프라임급 오피스 공급은 꾸준히 늘고 있다. 프라임급 오피스 소유자들은 임차 기업을 모집하기 위해 렌트프리 rent-free (일정 기간 동안 사무실 등을 임차료 없이 사용하는 것) 등 다양한 조건을 제시한다. 기업들은 좀 더 나은 업무환경을 찾아 연쇄적으로 상위 오피스로 옮기고 있는 만큼, 상대적으로 업무환경이 열악한 중소형 오피스와 꼬마빌딩의 공실률은 실제로 10% 이상일 것으로 추측된다. 실제로 강남 테헤란로 뒷블록이나 논현동 언주로 일대 등에서 '임대' 현수막이 붙은 중소형 오피스와 꼬마빌딩들을 쉽게 볼 수 있다.

이것은 비단 오피스에만 해당되는 이야기가 아니다. 전체적인 소비 위축과 온라인 중심 소비 패턴으로의 전환에 따라 폐업하는 상점이 늘면서, 상가 공실도 꾸준히 증가하고 있다. 강남대로, 홍대, 압구정, 청담동 등 유행을 선도하던 지역에서도 1층이 비어 있는 건물을 쉽게

'임대 문의' 현수막이 붙은 강남의 한 중소 규모 빌딩.

발견할 수 있다.

장기적인 경제 위축과 산업환경 및 소비자의 라이프스타일 변화로 인해 부동산 운영관리에도 변화가 필요해졌다. 기존 방식으로 임차인을 무작정 기다리거나 일부 임대료 조정 정도로는 임차인을 구하기 어려운 상황이다. 자산의 용도를 변경하거나 새로운 임대서비스를 제공해 사용자가 부가가치를 얻을 수 있도록 하는, 보다 적극적인 전략이 필요하다.

한편, 주택 부족과 집값 상승으로 주거비 부담이 큰 청년 1인 가구를 위한 합리적인 가격의 주택은 턱없이 부족한 현실이다. 공실이 발생하고 있는 오피스를 청년들을 위한 주택으로 전환한다면 안정적인 임대수익을 확보할 수 있다. 혹은 기존 오피스공간을 독립 사무실과 새로운 공유공간으로 구성해, 작은 사무공간을 필요로 하는 창업 혹은 스타트업 수요를 공략하는 운영전략도 고려할 필요가 있다. 이와 함께 사용자들의 수요에 맞춘 편의서비스 제공을 통해 부가적인 수입을 얻을 수도 있다.

셰어하우스, 셰어오피스, 여가문화공간과 같은 공유공간 서비스는 결국 큰 공간을 작은 단위의 유연한 공간으로 조정함으로써, 다양한 사람들이 함께 사용하도록 만드는 것이다. 그리고 그 공간을 사용하는 사람들의 라이프스타일에 맞춘 서비스를 제공함으로써 공간에 대한 만족도를 높일 수 있다. 이처럼 유연한 공간 공급과 새로운 라이프스타일에 기반한 서비스 제공은 지속적인 임차 수요 확보에 큰 도움이 될 것으로 보인다. 공유공간은 그야말로 부동산 자산관리를 위한 새로운 콘텐츠로서, 적절한 해법으로 부상하고 있다.

이렇듯 빠르게 변화하는 경제환경에 대응하고 시장 트렌드에 맞추기 위해서는 새로운 개발전략이 필요하다. 새로운 트렌드로서의 공유공간 비즈니스는 단순한 임대사업이 아니다. 공간을 매개로 한 서비스산업으로서의 특성이 있는 것이다. 초기 사업기획과 공간개발 과정에서 타깃 특성에 맞는 세부적인 계획 수립도 필요하다. 개발 이후 공간을 운영 및 관리할 때에도 사용자 니즈에 맞춰 서비스를 지속적으로 발전시켜야 한다. 다양한 사용자 간 공통의 커뮤니티를 만들기 위한 전문적인 서비스 또한 필요하다.

부동산 개발과 자산관리가 전문화되면서 개인이 직접 부동산을 개발하고 운영하기가 어려워졌다. 특히 고령의 자산소유주가 많아 과거와 같이 직접 임차인을 상대하는 것 자체가 쉽지 않다. 새로운 부동산환경에 맞춰 자산운용 방식에 새로운 접근법이 필요해진 것이다.

이런 부동산 개발 환경의 변화에 발맞춰 개인 자산소유주를 위한 부동산서비스산업도 빠르게 발전하고 있다. 스타트업을 중심으로 개인 소유 부동산을 전문적으로 개발 및 운영관리하는 기업들이 속속 등장하고 있다. 이들은 자산소유주를 대신해 부동산 개발기획부터 설계, 시공, 운영관리 등 부동산산업 전 영역에 걸쳐 전문적인 자산운용 서비스를 제공한다. 또한 시장환경에 맞춰 자산가치를 높일 수 있는 프로그램과 운영전략들을 제시한다. 사업기획에 따라 적합한 공간구성과 합리적인 수준의 사업구조, 자금조달 방안을 제안하는 업무도 수행한다. 개발 이후에는 사용자들을 대상으로 전문화된 공간서비스를 제공하기도 한다.

이외에도 온디맨드 서비스가 공간 운영에 중요한 도구가 되고 있다. 공간중개 플랫폼은 공간 운영자와 사용자들을 연결함으로써, 사용자들을 공간으로 불러모으고 사용 빈도를 높이는 중요한 역할을 한다. 전문화된 자산운용 서비스 이용은 공간에 대한 사용자 만족도를 높여 공실을 줄이고 운영 리스크를 최소화하는 전략이다.

전문 부동산서비스를 활용하는 것이 개인 입장에서는 추가 비용으로 느껴질 수도 있다. 하지만 급변하는 부동산시장 환경에 개인이 적절하게 대응하기가 점점 어려워지고 있다. 따라서 전문적인 부동산서비스를 통해 기대수익은 다소 줄더라도 공실률을 낮춰 안전성을 높이는 전략에 주목해야 한다. 공실을 줄이는 것이 장기적인 수익률을 높이고 자산가치를 향상시키는 방법이기 때문이다. 이제는 개인 자산소유주도 자산의 운영 및 관리 방법에 대해 새롭게 고민해봐야 할 시점이다.

CHAPTER 1
공유부동산 자산관리 전략

2
공유공간을 활용한 자산운용 전략

공유경제의 확산과 함께 공유공간시장은 빠르게 성장하고 있다. 디지털 기술의 발전에 따라 원격으로 처리할 수 있는 일이 많아지면서 프리랜서, 리모트워커remote worker (기업이나 조직에 속해 있으면서도 직접 대면하지 않고 일하는 사람) 등 혼자 일하는 사람도 많아져, 코워킹co-working 공간이 빠르게 늘고 있다.

공간 공유는 '새로운 트렌드'에서 하나의 '일상'으로 자연스럽게 생활 속에 자리 잡아가고 있다. 코워킹공간의 확산과 함께 셰어하우스와 같은 코리빙co-living 공간도 청년들의 생활 속으로 들어오고 있다. 혼자 일하거나 혼자 사는 사람들이 증가하고, 삶과 일의 균형을 중시하는 풍조가 확산되면서 코워킹공간에 대한 수요가 급격히 증가하고 있다. 청년들이 몰리는 도시의 높은 공간비용 또한 공유공간시장의 성장에 영향을 미치고 있다.

새로운 주거문화공간, 셰어하우스

🏠 기존 임대주택시장을 대체하는 셰어하우스

셰어하우스는 삶과 일의 균형을 추구하는 밀레니얼 세대의 성향과 대도시의 과도한 주거비용 등으로 인해 등장했다. 청년들이 지불 가능한 수준의 주거비를 부담하면서도 쾌적한 환경을 누릴 수 있는 새로운 주택 유형, 즉 가성비가 높은 주택인 것이다. 여럿이 한집에 살면서 지극히 개인적인 공간인 침실은 각자 따로 사용하지만, 주방·거실·화장실·욕실 등은 다른 사용자들과 공유한다. 개인공간은 3평 내외로 기존 원룸보다 좁지만, 더 넓은 거실과 주방을 공유하면서 전체적인 생활공간은 더 쾌적하며, 전문적인 운영관리를 통해 더 나은 생활편의 서비스를 누릴 수 있다.

셰어하우스는 개인공간은 좁지만, 다양한 형태의 넓은 공유공간을 통해 높은 생활편의성을 제공한다. 사진은 강남구 역삼동 소재 쉐어원의 내부.

제공 쉐어원

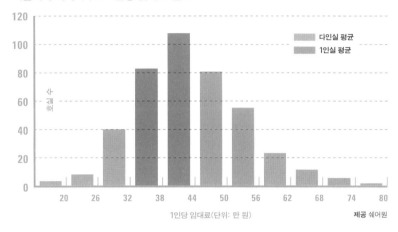

1인당 임대료(단위: 만 원)

제공 쉐어원

셰어하우스는 임대료와 주거환경 모두 사용자에게 매력적인 상품이다. 여럿이서 주거비를 분담하기 때문에, 주거비 부담이 큰 청년들이 지불 가능한 수준으로 공급할 수 있다. 주택의 구성과 수요자의 특성, 1인실과 2~3인 이상의 다인실 여부에 따라 가격이 달라진다. 서울의 경우 30만 원대 초반에서 50만 원대 중반까지 분포한다. 1인실은 평균 49~56만 원, 다인실은 1인당 30~45만 원 정도다. 가격 대비 더 쾌적하고 넓은 주거환경을 제공하는 셰어하우스들이 기존 고시원과 다세대 원룸 시장을 대체하고 있다.

셰어하우스 사용자는 기존 주택보다 상대적으로 더 나은 주거환경을 합리적인 가격으로 이용할 수 있다. 공급자는 다세대 원룸이나 고시원 등의 주택상품을 대체하고 장기적이고 안정적인 현금 흐름을 확보할 수 있다. 양쪽 모두 윈윈할 수 있는 구조인 것이다. 셰어하우스는

서울 강남 지역 주택시장 포지션

주거의 질

오피스텔
면적 10평
임대료 90만 원

고급형 셰어하우스
면적 7.5평(공유+개인)
임대료 80만 원

다세대 원룸
면적 8평
임대료 70만 원

저렴형 셰어하우스
면적 7.5평(공유+개인)
임대료 55만 원

고시원
면적 2평
임대료 40만 원

주거비

제공 쉐어원

하나의 주택을 방 단위로 분리해 임대계약을 체결하기 때문에, 동일한 면적에 더 많은 임차인을 수용할 수 있다. 또한 임대공간을 분리하기 때문에 상대적으로 높은 평당 임대료로 총 임대수입을 늘릴 수 있다. 사용자 입장에서는 다른 형태에 비해 부담해야 할 초기 비용과 월세가 저렴해 입주 부담이 적다. 또한 생활편의 서비스와 입주자들 간의 커뮤니티 라이프를 통해 거주 만족도를 높일 수도 있다.

셰어하우스라는 새로운 주택상품을 통해 공급자는 공실 부담을 줄이고, 혹여 공실이 발생하더라도 다른 사용자들로부터 안정적인 수익을 얻을 수 있다. 사업 안정성이 상대적으로 높은 것이다.

🏠 자산관리를 위한 셰어하우스 공급 방식의 진화

셰어하우스에 대한 수요가 증가하면서 공급 방식도 다양해지고 있다. 기존 주택을 새롭게 인테리어해 임대하는 경우도 있고, 셰어하우스 전용으로 신축하거나 오피스를 용도변경해 공급하기도 한다. 개인공간과 공유공간도 수요자들의 라이프스타일에 맞춰 공유생활에 적합한 방식으로 새롭게 설계되고 있다.

현재 셰어하우스시장은 주로 기존 주택을 새롭게 인테리어해 전대(운영사가 주택을 임차해 여러 사용자에게 다시 임대하는 방식)하는 전략으로 성장했다. 서울시내 전체 셰어하우스의 96%가 중대형 아파트와 오피스텔, 방을 여러 개 만들 수 있는 다세대·다가구 주택의 일부를 리모델링한 것이다. 기존 주택을 여럿이 나눠 생활할 수 있도록 개조한 셈이다. 전국적으로는 셰어하우스의 85% 이상이 기존 주택을 리모델링하여 공급되고 있다. 2012년 우리나라에서 셰어하우스를 처음 출범시킨 '우주 woozoo'가 대표적이다. '플랜A', '바다', '에이블하우스', '보더리스하우스' 등 다양한 업체들이 이런 방식을 통해 셰어하우스를 운영

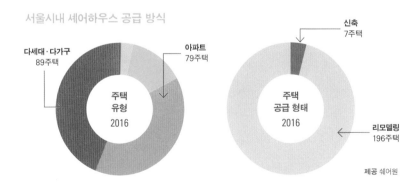

서울시내 셰어하우스 공급 방식

다세대·다가구
89주택

아파트
79주택

주택
유형
2016

신축
7주택

주택
공급 형태
2016

리모델링
196주택

제공 쉐어원

하고 있다.

　이 방식은 공급을 빠르게 늘리고, 초기 투자비용을 줄여 임대 가격을 낮출 수 있다는 장점이 있다. 기존 주택의 구조를 변경하거나 화장실과 주방을 확장하는 등 대규모로 공사하기보다는, 도배나 도장을 새로 하고 가구 세팅 등 간단한 인테리어 공사를 진행한다. 이 경우 공급자는 초기 투자금으로 주택을 임대하기 위한 보증금과 인테리어비용만 있으면 시작할 수 있다. 기존 다주택 소유자의 경우, 별도의 보증금 없이도 시작이 가능하다. 서울 대학가 40~50평대 아파트를 기준으로, 보증금을 제외하고 3천만 원 내외의 투자금으로 시작할 수 있는 것이다.

　이처럼 간단한 인테리어를 통해 하나의 주택을 여러 공간으로 분리해서 임대계약을 맺기 때문에, 세대 단위로 임대할 때보다 높은 임대수익을 얻을 수 있다. 이 방식을 통해 공급자는 만실 기준 10% 내외의 수익률을 기대할 수 있다.

　그러나 기존 주택을 리모델링하는 방식은, 하나의 방을 여럿이 사용하도록 만들게 되므로 개개인의 사생활을 보장하기 어렵다. 또한 화장실 등 제한된 공유공간을 여럿이 동시에 이용하기에도 한계가 있다. 40~50평대 아파트는 대부분 4개의 방과 2개의 화장실로 구성된다. 이 경우, 한 방에 2~3명씩 총 8~10명이 한집에 거주하게 된다. 3~4명이 살기에 적합하도록 설계된 공간에서 8~10명이 동시에 거주하면, 혼잡하고 불편한 것이 당연하다. 개인의 효용을 극대화하고 가성비를 중시하는 청년 세대의 라이프스타일에 부합하기에는 어려운 측면이 있다. 따라서 이런 형태는 자연스럽게 공실률이 높아진다. 기존 주택을 리모델링한 셰어하우스의 평균 공실률은 15%이고, 이에 따라 기대 수익은 감소할 수밖에 없다.

여럿이 함께 생활하는 셰어하우스의 특성을 반영한 신축 개발 사례도 속속 등장하고 있다. 공유공간과 개인공간을 확실히 구분하고, 욕실과 화장실 등의 기능을 분리해 함께 사는 불편을 최소화하는 전략이다. 기존 방식에 비해 개인공간과 공유공간을 자유롭게 구성하고 개인실을 적정 규모로 만들 수 있어, 전체적인 효용이 높아진다. 또한 방의 면적과 개수를 조정해 수익을 조정하기가 비교적 용이하다.

전체 셰어하우스 중 10% 정도가 공유생활에 적합한 방식으로 신축

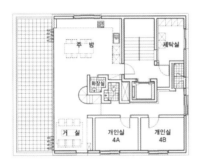

쉐어원
@역삼뉴튼 실배치

1인실을 중심으로 다양한 공유공간을 배치해
공유생활에 적합하도록 설계한 신축 셰어하우스 사례.

제공 쉐어원

되었다. '서울소셜스탠다드'가 신축 셰어하우스를 서울 통의동에 최초로 공급했으며 이후 '쉐어원', '소풍셰어하우스', '공상가' 등이 신축 방식으로 셰어하우스를 공급하고 있다.

서울 역삼동에 위치한 '쉐어원'은 기존에 주차장으로 활용하던 필지를 셰어하우스로 개발했다. 건물 개발 초기 단계에서부터 셰어하우스를 기획해, 동일한 규모(3.5평 내외)의 개인실 8개를 배치했다. 또한 거실, 주방, 세탁실 등의 공유공간을 한곳에 모아 사용자들이 약 20평의 공간을 효율적으로 사용하도록 했다. 화장실의 경우에도 화장실, 샤워실, 세면대를 공간적으로 분리함으로써 사용자가 몰리는 아침과 저녁 시간에도 사용에 불편이 없도록 했다.

임대를 목적으로 주택을 개발하는 경우, 셰어하우스는 기존 원룸보다 높은 수익을 기대할 수 있다. 규모에 따라 차이는 있지만, 연면적 150평 내외일 경우 기존 원룸보다 약 10%, 300평 이상일 경우 약 18% 이상의 추가 임대수입이 가능하다. '쉐어원'은 신축 셰어하우스를 개발해 임대수입에서 운영비용을 제외하고도 6% 정도의 수익을 올리고 있다. 현재 서울 다가구 임대주택 수익률이 평균 4~5%에 머물고 있는 것에 비하면 수익이 높은 셈이다.

최근에는 초기 투자비용과 개발 기간이 상대적으로 많이 필요한 신축 방식을 대신해, 공실이 늘고 있는 중소형 오피스빌딩의 용도를 변경하는 방식이 주목받고 있다. 신축 방식처럼 셰어하우스에 적합하게 공간을 구성하면서도, 신축에 비해 비용을 크게 낮춰 주거비를 합리적으로 조정할 수 있다는 장점이 있다. 앞에서 살펴본 것처럼 서울의 오피스 공실률은 꾸준히 증가하며 10% 이상을 기록하고 있다. 더 큰 문

신축 셰어하우스 내 공유공간과 개인공간의 모습. **제공 셰어원**

제는 이런 공실 증가가 일시적인 현상이 아니라, 전 세계적인 경기침체와 함께 장기화될 가능성이 높다는 점이다. 따라서 공실이 발생하고 있는 자산에 대한 새로운 관리전략이 필요하다.

세계적으로도 기존 사무실을 수요에 비해 공급이 부족한 주택으로 전환하는 전략이 좋은 대안으로 부상하고 있다. 실제로 미국과 유럽에서는 오피스를 주거공간으로 전환하는 개발 사례를 쉽게 볼 수 있다. 현재 미국 대통령인 도널드 트럼프는 1990년대부터 뉴욕에서 오래된 오피스빌딩을 고급 아파트를 포함한 주거복합 건물로 개발했다.

사회적으로도 공실이 많은 오피스빌딩을 주거 용도로 전환하면 청년 주거문제 해결에 도움이 된다. 적정 주거공간 부족과 주거비 상승으로 서울을 이탈하는 청년들에게 안정적인 주거지를 제공할 수 있게 되는 것이다. 국내에서 최초로 시도된 '쉐어원오렌지'의 경우, 3년 이상 공실이 발생하고 있던 역삼동 소재 꼬마빌딩 2개 층을 셰어하우스로 전면 개조했다. 이를 통해 40만 원대 가격으로 대학생과 사회초년생에게 주거서비스를 제공하고 있다. 공실률도 3% 미만으로 떨어져, 자산소유주는 전체적인 임대수익을 개선하는 한편, 공실 발생으로 저평가되었던 자산가치를 높일 수 있었다.

공실이 많은 고시원이나 여관 또한 용도전환을 통해 셰어하우스로 운영할 수 있다. 고시원은 저렴한 주거비를 기반으로 1인 가구의 주요 주거 형태로서 자리를 잡고 있다. 하지만 고시원 자체의 공간적 열악함과 로스쿨 제도 도입 등으로 고시원시장에 변화의 바람이 불어닥쳤다. 신림동과 노량진 등 고시원 밀집지역을 중심으로 공실이 빠르게 증가하고 있다.

3년 이상 공실이 발생하던 서울 역삼동 소재 오피스를 8개 개인실과
주방, 거실 등 공유공간을 가진 셰어하우스로 전환한 사례. 제공 쉐어원

단기 거주공간인 고시원은 현재 사용자의 니즈에 전혀 부합하지 못하는 상황이다. 하지만 기존 고시원의 개인공간을 적극적으로 활용해 새로운 형태의 셰어하우스를 개발할 수 있다. 기존 개인공간을 크게 넓히기는 어렵겠지만, 공유공간을 넓혀 쾌적한 환경을 제공할 수 있다. 즉, 개인공간은 최소화해 주거비 부담을 줄이고, 대신 넓은 공유공간을 통해 개인이 경험하는 체감 면적을 넓히는 것이다. 기존 고시원은 방을 나오면 복도라는 공간과 바로 부딪히지만, 공간 개조를 통해 거실과 주방 등 넓은 사용공간을 제공할 수 있다.

실례로 신림동 고시촌에 위치한 '쉐어어스'는 고시원을 셰어하우스로 탈바꿈한 사례다. 4개 층 44개의 방 가운데 4개만 입주자가 있던

서울 신림동의 오래된 고시원을 개조해 공유공간을
넓히고 개인실을 재조정한 셰어하우스 사례.

제공 선랩(SUNLAB) 건축사사무소

2,3F 1+1 UNIT / 2 UNIT / 3 UNIT / BOARD / FLOOR

고시원을 19개의 방이 있는 셰어하우스로 개조했다. 복도를 없애 공유
공간을 넓히는 데 중점을 두면서 다양한 공간으로 설계했다. 2인, 3인,
6인이 각자 개인공간을 독립적으로 사용하면서 화장실과 거실을 공유
하는 유닛으로 구성했다. 또한 각 층에 모임공간, 스터디공간, 영화감
상실 등 특색 있는 공유공간을 배치함으로써, 건물 전체를 하나의 집
처럼 느낄 수 있도록 했다. 이를 통해 대학생과 외국인 유학생, 사회초
년생 등이 공간뿐만 아니라 시간과 경험을 공유하는 공간으로 진화했
다. 공실이 대부분이었던 고시원이 탈바꿈해 공실률 3% 미만의 거주
공간으로 다시 태어난 것이다.

셰어하우스는 밀레니얼 세대로 대표되는 청년들의 새로운 주거공간으로 자리를 잡아가고 있다. 단순한 주거비 절감을 넘어, 실질적 생활의 질을 높이는 가성비 높은 주거상품인 것이다. 하지만 좀 더 매력적인 셰어하우스시장을 만들어가기 위해서는 단순한 주택상품이 아닌 사용자 라이프스타일에 기반을 둔 더 나은 주거환경과 주거편의 서비스로의 전환이 필요하다.

신축 혹은 전면적 리노베이션을 통한 용도변경 방식은 단순한 주거공간 공급을 넘어 공유생활에 최적화된 공간 구성이 가능하다. 또한 운영효율을 높일 수 있는 규모의 경제를 만들기에도 용이하다. 사용자 편의성 차원에서도 초기 기획 단계에서부터 리테일, 오피스, 문화공간 등 다양한 콘텐츠를 복합적으로 구성할 수 있다. 파티, 취미강좌, 세미나 같은 여가문화를 지원하는 등 주거를 기반으로 한 생활편의 서비스 제공이 가능해지는 것이다. 단순한 주거공간 임대를 넘어, 주거생활 전반에 필요한 서비스 제공을 통해 부가적인 수익을 기대할 수 있다. 새로운 시대를 맞이해 자산운용 차원에서도 새로운 생활방식에 걸맞은 공간을 창출하고 운용하기 위한 고민과 노력이 절대적으로 필요한 시기다.

🏠 셰어하우스 개발 사례: 유휴자산을 활용해 6% 이상의 수익 만들기

가성비 높은 주거공간으로서 셰어하우스의 수요는 꾸준히 증가하고 있다. 동시에 기존 다세대주택이나 원룸, 오피스텔 등의 임대사업보다 더 나은 수익을 기대하는 공급자들의 관심도 높아지고 있다.

실제 개발 사례를 살펴보자. 서울 역삼동에 위치한 '쉐어원'은 2015년 기존에 주차장으로 활용되던 90평 규모의 토지를 셰어하우스로 개발했다. 기존 토지는 맹지에 가까웠다. 앞뒤로 건물이 있어 도로 전면으로 드러나지 않았다. 그나마 폭 4미터의 진입로를 확보할 수 있어 개발이 가능했다.

개발이 제한적이던 상황에서 상가, 오피스, 오피스텔, 다세대 원룸 등을 검토했다. 상가와 오피스는 도로에서 잘 보이지 않는 입지 특성상 임대가 쉽지 않을 것으로 예상되었다. 오피스텔과 원룸 시장에는 리스크가 많았다. 사업을 기획하던 2014년, 역삼동과 논현동 일대 10평 내외 원룸의 임대료는 100~120만 원이었다. 하지만 수요자들은 지역을 빠져나가기 시작했고, 임대료는 계속 하락해 100만 원 이하로 떨어졌다. 반면 오피스텔 공급은 급증해서, 개발이 끝난 시점에는 과공급이 예상되었다. 실제로 오피스텔 수익률은 지속적으로 하락해 4%대로 진입했다.

이런 상황에서 자산소유주는 셰어하우스 개발을 검토했다. 대상지는 3종일반주거지역(서울 기준 건폐율 50%, 용적률 250%)으로, 약 220평까지 개발이 가능했다. 지하 1개 층과 지상 7개 층 규모로 계획되었으며, 지하는 문화공간(근린생활시설), 2~3층은 오피스(근린생활시설), 4~7층은 셰어하우스 8호실(다세대주택 2세대)과 원룸 4세대(다세대) 등 총 240평(지하층 포함) 규모로 개발했다.

셰어하우스의 규모는 약 60평으로 8명이 함께 생활한다. 각자 3.5평(중대형 아파트 자녀방 규모) 내외의 공간을 독립적으로 이용한다. 특히 8명이 공동으로 사용하는 주방, 거실, 화장실 등 공유공간(25평 규모)

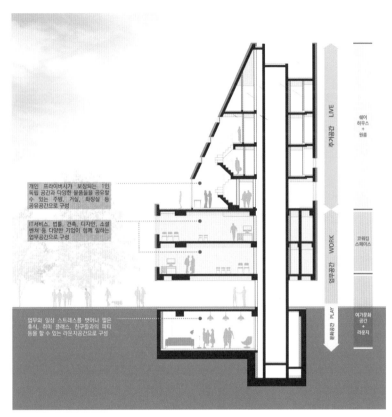

개인 프라이버시가 보장되는 1인 독립 공간과 다양한 물품들을 공유할 수 있는 주방, 거실, 화장실 등 공유공간으로 구성

IT서비스, 법률, 건축, 디자인, 소셜 벤처 등 다양한 기업이 함께 일하는 업무공간으로 구성

업무와 일상 스트레스를 벗어나 짧은 휴식, 취미 클래스, 친구들과의 파티 등을 할 수 있는 라운지공간으로 구성

주거공간 LIVE

업무공간 WORK

문화공간 PLAY

쉐어
하우스
+
원룸

코워킹
스페이스

여가문화
공간
+
라운지

제공 쉐어원

세어하우스, 오피스, 여가문화공간 등 사용자의
라이프스타일에 따라 복합 용도로 개발한 역삼동 쉐어원 사례.

의 구성과 배치에 세심하게 신경을 썼다. 화장실은 샤워실, 좌변기, 세면대 등을 구분해 같은 시간에 여럿이 사용할 수 있도록 구성했다. 임대료는 개인당 55~60만 원(보증금 250만 원)인데, 현재 주변 원룸 임대료가 80만 원 정도이니, 그 70~80% 수준으로 강남에서 생활이 가능한 것이다.

셰어하우스 개발 후, 한 달에 약 460만 원의 임대수입이 발생한다. 비슷한 면적의 풀옵션 원룸 4세대에서 한 달에 약 400만 원의 임대 수입을 거두는 것을 감안하면, 15% 이상의 추가 수입이 발생하는 것 이다. 셰어하우스는 2016년 3월 입주가 시작된 후 두 달 만에 완료되 었다. 2017년 9월까지 평균 공실률은 3% 미만이다. 초기 개발비용과 홍보·청소·인건비 등의 운영비용(월 80~100만 원)을 감안하더라도, 약 6%의 임대수익을 올리고 있다. 오피스나 상가 등의 부동산 투자수익 이 7~8% 이상인 데 비교하면, 6% 수익은 낮다고 볼 수도 있다. 하지 만 현재 오피스와 상가의 공실 상황과 주거 임대의 상대적 안전성을 고려한다면, 이는 적정한 수익이라고 할 수 있다. 게다가 대표적인 주 거 임대상품인 오피스텔의 투자수익이 4% 초반임을 감안한다면, 셰어 하우스의 수익은 매력적인 셈이다.

한편, 공실이 발생하고 있는 중소형 건물을 셰어하우스로 전환해 신 축과 유사한 개발 효과를 기대할 수 있다. 2호선 강남역과 9호선 신논 현역 인근에 위치한 '쉐어원오렌지'는 3년간 공실이 발생하던 꼬마빌딩

쉐어원 개발 규모 및 수익률

위　　치	서울시 강남구 역삼동
규　　모	**층수** 지하 1층, 지상 7층 ┃ **연면적** 797.06m² ┃ **건축면적** 152.18m²
용　　도	**복합 개발** 셰어하우스 8실 + 원룸 4세대 + 사무실 + 여가문화공간
사 업 방 식	위탁운영관리
수 익 률	운영수익률 5.6% (토지에 대한 추정 자산가치 및 실건축비 반영 / 세금 및 금융비용 제외)

을 용도변경해 셰어하우스로 전환했다. 기존의 근린생활 용도 7층 규모 빌딩은 상가(1개 층)와 사무실(3개 층), 단독주택(2개 층)으로 이용되었다. 그러나 신규 오피스 공급 증가와 경기침체로 오피스 수요가 감소하면서, 3년 이상 사무실 공실이 발생했다. 자산가치는 지속적으로 떨어지고, 건물의 매각도 쉽지 않은 상황이었다.

이에 반해 주변 영어학원과 취업학원을 찾는 20대 학생들과 인근 회사에서 일하는 직장인의 중단기 주거 수요는 풍부했다. 공실을 줄이고 자산가치를 높이기 위해, 공실이 발생하고 있던 상부 사무실 2개 층을 한 층은 20대 대학생과 사회초년생 8명이 함께 살 수 있는 셰어하우스로, 한 층은 셰어오피스(5개 독립실 + 6개 개인데스크)로 전환했다.

기존 사무실을 주거공간으로 바꾸기 위해서는 건축물 용도를 변경해야 했고, 단독주택이나 공동주택 등 주택으로 변경하기 위해서는 추가적인 주차공간이 필요했다. 그런데 주차공간 추가는 토지 확보 문제

**쉐어원오렌지
@나우 3F
셰어하우스 실배치**

공실이 발생하는 오피스(왼쪽)를 셰어하우스로 전환한 쉐어원오렌지 평면 구성.   제공 쉐어원

로 불가능했다. 그래서 준주택인 다중생활시설(옛 고시원)로 전환하기로 결정했다. 추가적인 주차공간 확보 대신 피난시설과 스프링클러 같은 소방시설을 확충해야 했지만, 주택으로 전환하는 것보다는 합리적이었다.

셰어하우스 개발 이후, 입주자들은 평균 52만 원(보증금 200만 원) 수준의 임대료를 납부한다. 셰어하우스에서 발생하는 임대수입은 약 430만 원이다. 2017년 1월 입주를 시작한 후 한 달 만에 완료되었고, 이후 공실률은 1% 미만이다.

다른 한 층은 3~4인 규모의 스타트업 및 소규모 기업을 위한 독립 업무공간과 프리랜서 등이 자유롭게 일할 수 있는 6개의 데스크로 구성했다. 이 셰어오피스에서는 한 달 최대 500만 원의 임대수입을 기대할 수 있다. 현재 셰어하우스와 셰어오피스 개발과 운영을 통해 약 6.3%의 수익을 올리고 있다. 용도변경 및 개발에 약 2억 7천만 원을 추가 투입한 것에 비하면, 약 19%의 수익이 발생하는 것이다.

쉐어원오렌지 개발 규모 및 수익률

위 치	서울시 강남구 역삼동
규 모	**층수** 지상 2개 층 | **연면적** 383.9m²
용 도	**복합 개발** 셰어하우스 8실 + 코워킹오피스 5개실 및 독립데스크 6개
사 업 방 식	사업기획, 개발대행, 위탁운영관리
수 익 률	운영수익률 6.29% (토지에 대한 추정 자산가치 및 실건축비 반영 / 세금 및 금융비용 제외) 운영수익률 18.9% (추가 투자비용 대비 / 자산가치 미반영 / 세금 및 금융비용 제외)

쉐어원오렌지 개발 후 수익 개선 효과

	쉐어원오렌지	쉐어원오렌지 개발 전	강남·역삼 지역 중소형 오피스 평균
해당 총 면적	61평	61평	50~100평
전용면적 합	29.5평(48.3%)	49.8평(81.6%)	총 면적의 70~80%
공유면적 합	24.9평(40.8%)	–	–
공용면적 합	6.7평(10.9%)	11.3평(18.4%)	총 면적의 20~30%
월 임대수입	450만 원	350만 원	340~880만 원
공급면적당 가격	74,000원	57,000원	72,000원

이 사례는 주변 오피스시장과 비교해도 합리적인 개발로 평가받는다. 기존 오피스로 활용할 때보다 셰어하우스와 셰어오피스로 전환해약 30%의 추가 수익을 올리고 있기 때문이다. 기존 오피스 임대료는평당 57,000원 수준이었다. 하지만 개발 이후 평당 약 74,000원의 임대료를 받을 수 있게 되었다. 해당 건물보다 업무환경이 뛰어난 주변중소형 빌딩과 비슷한 임대수입을 올리고 있는 것이다. 여기서 오피스공실이 10% 이상임을 감안하면, 공실 3% 미만의 셰어하우스 개발을통해 안정성도 제고되었음을 알 수 있다.

02.

4차산업 시대의 새로운 업무공간, 셰어오피스

🏠 4차산업 시대, 급변하는 업무환경

저성장 시대를 맞이해 소비는 위축되고 기업활동은 한계를 맞고 있다. 기업 확장은 제한적이고, 기존 규모를 유지하기도 어려운 시대다. 오피스시장은 당연히 경제 상황과 기업활동의 영향을 많이 받는다. 기업들이 고용을 늘리고 좀 더 넓은 업무공간을 찾아 이동하거나, 신규 기업의 수요가 생겨야 오피스시장을 지탱할 수 있다. 그러나 장기적인 경기침체와 함께 더 넓은 공간으로 사무실을 옮기는 기업이 줄어들면서, 서울시내 오피스의 공실은 꾸준히 증가하고 있다. 대기업과 중견기업 등이 주로 입주하는 프라임급과 A급 오피스는 렌트프리를 통해 임대 가격을 낮추고 상대적으로 쾌적한 업무환경을 제공함으로써 중소형 오피스 수요를 가져오고 있다. 그 영향으로 중소형 빌딩과 꼬마빌딩의 공실은 갈수록 늘고 있다. 양극화 현상은 오피스시장이라고 예외가 아니다.

또 다른 한편으로는 모바일 기술의 발전과 밀레니얼 세대 등 새로운 문화적 현상이 일하는 방식과 업무환경을 바꿔놓고 있다. '디지털노마드digital nomad' 혹은 그런 성향을 가진 사람들이 꾸준히 증가하고 있다. 이는 디지털산업의 발전과 함께 성장한 세대적 특성을 반영한다. 이들은 기업에 종속되어 일하기보다는 개인의 전문성을 바탕으로 프로젝트 단위로 일하는 프리랜서 형태를 추구한다. 그리고 다양한 커뮤니티, 로컬리즘localism, 지적·사회적 자본 등에 관심을 갖고 새로운 기회를 탐구하며, 다양한 장소성을 추구한다. 또한 디지털노마드, 코워킹 공간, 리모트워크 등에 대해 매우 개방적이다.

이 새로운 세대는 전 세계를 무대로 개인적인 취향에 따라 업무공간을 이동한다. 정보통신기술ICT 기반 업무환경 구축으로 종전 산업시대보다 유연하게 근무할 수 있는 환경이 조성된 덕분이기도 하다. 게다가 전통적인 기업과 다른 ICT 기반의 신규 서비스를 만들어가는 스타트업이 빠르게 늘고 있다. 스타트업은 유연한 조직을 기반으로 시장상황과 기업의 성장 단계에 따라 조직의 규모를 빠르게 조정한다. 내부의 핵심 역량에 집중하고, 기타 필요한 역량은 관련 전문업체와 협력하는 스타트업의 입장에서는 전문인력 확보와 네트워크 구축이 매우 중요하다.

창업 생태계의 확산과 함께 조직을 구성하는 새로운 방식도 등장하고 있다. 개인과 작은 기업들이 네트워크를 기반으로 일하는 방식인데,

디지털노마드와 코워킹.

출처 www.flickr.com / Steven Zwerink, CC BY-SA 2.0
/ Manuel Schmalstieg, CC BY 2.0

뉴질랜드의 스타트업 지원 사회적 기업인 '엔스파이럴Enspiral'이 대표적인 예다. 개인과 작은 기업 등 구성원(멤버)들은 독립된 주체로서 각자의 일을 하면서, 온라인 플랫폼을 통해 여러 가지 정보를 공유하고, 필요와 수요에 따라 협업하는 등, 네트워크 안에서 여러 가지 프로젝트를 실행한다.

리모트워크 확산과 스타트업 중심의 창업 생태계 구축, 네트워크 기반 조직문화로의 전환은 공간시장에도 영향을 미치고 있다. 과거와 같이 한 공간에 오래 거주하지 않고 유연하게 장소를 옮겨가며 일하기 때문에 조직 형태가 유연해지면서 더 이상 넓은 공간을 필요로 하지 않는 것이다. 스타트업은 보통 2~5인의 소규모로 시작해 빠르게 조직을 키워간다. 이들에게 필요한 오피스는 소규모로 사용 가능하고 저렴한 공간이다. 계약 기간 또한 유연해야 한다. 조직이 커짐에 따라 신속하게 확장 이동할 수 있어야 하기 때문이다. 더구나 다양한 영역에서 일하는 개인이나 조직을 만나 자유롭게 협력할 수 있는 공간을 선호하는 만큼, 비즈니스에 필요한 정보를 빠르게 습득하고 공유할 수 있는 공간이 필요하다.

이들에게 셰어오피스가 좋은 대안으로 떠오르고 있다. 일반적으로 셰어오피스는 서로 다른 영역에 종사하는 사람들이 한 공간에 모여 사무집기, 인터넷, 전화 등을 공유하는 공간이다. 더 나아가 새로운 접점과 교류를 통해 새로운 비즈니스 기회를 창출하기도 한다. 온라인 기반 네트워크가 셰어오피스라는 오프라인 공간으로 연결되면서, 개인과 작은 기업들이 서로 협력할 수 있는 환경을 만들어가고 있다.

🏠 공실이 늘고 있는 기존 오피스빌딩을 대체하는 셰어오피스

일하는 방식과 업무공간에 대한 패러다임 전환으로 전 세계 셰어오피스시장은 빠르게 성장하고 있다. 우리나라에서도 스타트업과 프리랜서가 증가하면서 소규모 임차 수요가 종로 CBD central business district (도심업무지구)와 강남권을 중심으로 늘고 있다. 상대적으로 사무실 관리 비용이 저렴한 셰어오피스를 기존 사무실의 대안으로 생각하는 기업이 늘면서 시장 수요가 증가하고 있는 것이다.

한편, 경제 상황의 변화에 따라 공실이 늘어나면서, 안정적인 임차인을 찾는 빌딩 소유주들은 코워킹 서비스 브랜드에 관심을 기울이고 있다. 셰어오피스 전문 리서치그룹 '데스크매그 deskmag.com'에 따르면, 전 세계 셰어오피스 규모는 2017년 기준 약 13,800여 개로, 지난해에 비해 22% 성장했다. 코워킹공간 이용자 수는 약 120만 명에 이른다. 우리나라에서도 서울을 중심으로 500여 개의 크고 작은 코워킹공간이 공급, 운영되고 있다.

우리나라의 경우, 셰어오피스는 특히 서울 강남권에서 집중 공급되었으며 최근 을지로, 종로 등으로 빠르게 확산되고 있다. 빠르게 증가하는 오피스빌딩의 공실이 셰어오피스 공급을 견인하고 있는 것이다. 전 세계 코워킹 브랜드의 대표주자인 '위워크 WeWork'가 2016년 8월 강남역에 셰어오피스를 오픈했다. 미국 뉴욕에서 시작해, 현재 기업가치 약 22조 원에 달하는 코워킹 전문기업 위워크는, 전 세계 53개 도시에서 226개의 지점을 운영하는데, 10만 명 이상이 이 서비스를 이용하고 있다.

위워크의 한국 진출을 기점으로 국내 기업들도 대규모 셰어오피스를 앞다퉈 공급하고 있다. 2015년 서울 남부터미널 인근에서 셰어오피스 공급을 시작한 '패스트파이브FastFive'는 최근 지속적으로 투자를 유치하면서 공급을 늘려나가고 있다. 역삼동, 삼성동, 홍대입구 등 오피스 수요가 많은 지역을 중심으로 12개 지점을 운영하면서, 스타트업과 1인 기업을 넘어 50~100인 규모 중소 업체로까지 서비스 대상을 넓혀가는 중이다.

최근에는 대기업들의 참여도 시작되었다. 현대카드의 '스튜디오블랙'을 필두로 한화생명, 아주호텔앤드리조트 등이 대규모 셰어오피스 공급을 주도하고 있다.

위워크, 패스트파이브, 스튜디오블랙 등 대형 코워킹 서비스 브랜드는 강남업무지구GBD와 종로·을지로 등의 도심업무지구CBD 내 공실

글로벌 코워킹 브랜드인 위워크의 서울 강남역점.

이 늘고 있는 대로변 중대형 오피스빌딩 상층부에 전략적으로 입주한다. 조건에 맞는 중대형 오피스를 임대한 후, 작은 단위로 쪼개 수백에서 1천 명 이상을 수용하는 셰어오피스로 전환해 재임대하는 것이다. 공실이 많은 오피스빌딩을 저렴하게 임대해 비용을 감축하고, 공실을 줄여 수익을 높인다. 서울 주요 지역 오피스빌딩의 공실률이 높아지면서 장기 렌트프리를 제공하는 빌딩이 늘고 있는 점을 적극 활용하는 것이다.

공실이 증가하고 있는 빌딩의 소유주들은 렌트프리 기간을 늘려서라도 임차인을 구하려 하지만, 임차 수요 자체가 대폭 감소하고 있다. 이에 반해 공실 공간을 개별 사무실과 공유공간으로 구분해 여러 사람이 함께 사용하는 셰어오피스는 청년 창업, 소셜벤처, 1인 기업, 프리랜서 등을 불러모으고 있다. 수요와 공급의 부조화를 셰어오피스시장이 해소해주는 것이다. 오피스빌딩 소유주는 코워킹 브랜드 유치를 통해 공실을 줄여서 임대수익을 개선할 수 있으며, 코워킹 브랜드는 공실이 있는 오피스를 저렴하게 확보해 비용을 줄이고 수익성을 개선할 수 있다. 사용자 입장에서는 저렴한 비용으로 잘 갖춰진 업무공간을 확보하는 것은 물론, 다양한 사람들과의 코워킹을 통해 네트워크를 구축할 수 있다는 장점이 있다.

자본력을 갖춘 대형 셰어오피스들이 중대형 오피스빌딩의 공실을 전략적으로 활용하는 데 비해, 중소 규모 셰어오피스는 중소형 빌딩을 중심으로 지역 특성에 맞춘 개성 있는 셰어오피스시장을 만들어가고 있다. 외국인, 의류생산자 등 타깃을 세분화한 새로운 유형의 셰어오피스를 만들어내는 것이다. 홍대입구, 합정동, 연남동 등에서는 음악

서울 성산동 소재 로컬스티치 내부. 오래된 근린생활시설을
코리빙·코워킹 공간으로 개조했다.

가, 작가, 디자이너, 일러스트레이터 등이 공유생활을 할 수 있는 셰어오피스가 늘고 있다.

'로컬스티치local stitch'는 글로벌 디지털노마드를 위한 코워킹·코리빙 공간으로, 합정역과 홍대입구역 사이에 있는 3층 규모의 장사가 잘 안 되던 낡은 여관을 통째로 임대해 개조했다. 업무공간과 주거공간이 함께 있어, 젊은 스타트업들과 프리랜서들이 함께 일하며 몇 달간 머무를 수도 있다. 또한 홍대입구와 합정동의 다양한 식당과 카페 등의 지역 콘텐츠와 연결한 서비스를 제공하기도 한다. 한곳에 중장기로 머물러 일하면서 동네를 즐기는 노마드족과, 이들과 비슷한 라이프스타일과 가치관을 지닌 청년 창작자와 기획자들을 위한 공간인 것이다.

셰어오피스의 형태는 이제 단순한 사무공간을 넘어 공동작업장과 같은 제조공간 형태로 확장되고 있다. 특히 전 세계적인 오픈소스 제조업 운동인 '메이커 운동maker movement (디지털기기 등을 활용해 자신의 아이디어를 직접 제품으로 만들어내는 방법을 공유하고 사업화시키는 방식)'과 4차산업혁명의 확산으로 도시 내 오피스공간과 낡은 창고, 공장 등이 다시 주목받고 있다.

종로구 세운상가에 위치한 '팹랩서울Fab Lab Seoul'은 3D프린터 등 각종 실험·생산 장비를 갖춘 공작공간이다. 스타트업과 창작자들은 이 공간에 준비된 다양한 장비를 활용해 아이디어를 실현하고, 직접 시작품과 시제품을 만들 수 있다. 동대문시장 인근에 위치한 '창신아지트'는 의류제작자와 디자이너들의 협업공간이다. 의류제조업 밀집지역의 특성을 살려, 디자이너와 제작자가 '따로 또 같이' 사용하면서 협력을 통해 새로운 제품을 만들 수 있다. 또 패션사업을 새롭게 시작하는 디자이너들은 이곳에서 동대문시장을 배경으로 사업을 전개하기 위해 필요한 노하우를 습득할 수 있다. 한편, 동대문시장 일대의 다양한 제작자들 입장에서는 신진 디자이너와 협력해 기존 동대문 패션제품이 아닌 고부가가치를 창출하는 새로운 전략을 배울 수 있는 플랫폼이다.

이처럼 제조·작업 공간을 공유하는 셰어오피스의 등장은 한때 도심 밖으로 밀려났던 산업용 부동산이 그 형태를 달리해 도심으로 돌아오는 모습이다. 4차산업혁명 등 산업환경의 변화와 사용자 중심 맞춤제작시장의 성장에서 그 원인을 찾을 수 있다. 이런 새로운 경제 맥락에 맞춰 성수동, 문래동, 을지로 등 기존 도심 제조업 밀집지역 내 창고와 공장이 주목을 받고 있다. 제조공간의 공유는 공실이 발생하

전통적인 의류제조업 밀집지역인 동대문시장 인근의 셰어팩토리 창신아지트.
의류제작자와 디자이너들이 작업·창작 공간을 공유하고 있다.

고 있는 도심 오피스공간에서도 충분히 시작될 수 있다.

오피스와 상가 등 상업용 부동산의 공실은 계속 늘고 있지만, 신규 프라임급 오피스는 지속적으로 공급되고 있다. 그러나 대부분의 기업이 신규 인력 채용 축소와 지속적인 구조조정으로 오피스 규모를 줄여가고 있어, 중대형 이하 규모의 오피스빌딩 공실은 빠르게 증가하는 추세다. 자산가치를 높이기 위해 새로운 전략이 필요한 상업용 부동산 소유주들에게 다양한 형태의 셰어오피스와 셰어팩토리 등 공유공간은 블루오션이 될 수 있다. 이를 어떻게 자기 자산에 활용할지 서둘러 고민해야 할 것이다.

03.
생활문화 전반으로 확산되고 있는 공유공간

공유경제가 사람들의 라이프스타일 속으로 빠르게 확산되고 있다. 셰어하우스와 셰어오피스 같은 공유공간이 젊은 사람들의 새로운 생활공간으로 자리 잡은 것도 하나의 사례다. 저성장 시대에 비용을 줄이기 위해 시작된 공유공간이 이제는 경험과 가치를 중시하는 밀레니얼 세대의 라이프스타일 변화와 함께 새로운 경험을 제공하는 공간과 콘텐츠로 받아들여지고 있다. 이렇듯 공유 기반 라이프스타일이 확산되면서 공유공간의 유형 또한 다양해지고 있다.

🏠 경험을 파는 여가문화공간

현대 소비자는 자신만의 가치 추구가 가능한 소비를 지향한다. 자신이 지불한 돈만큼 '가치'를 주는 것에 집중하는 것이다. 즉, 개인의 욕망 충족과 효용을 극대화할 수 있는 '가치' 중심적 소비 성향이 강하다. 유명 브랜드보다는 브랜드가 없어도 품질과 디자인이 좋은 제품을 선호한다. 특히 가처분소득이 한정된 밀레니얼 세대는 자산을 소유하기보다는 접근 기회를 늘리고, 여행과 문화적 소비 등 더 좋은 경험과 삶을 위한 라이프스타일을 지향한다. 이렇게 '경험'을 중시하는 라이프스타일이 기존과는 다른 새로운 도시문화와 공간을 만들어가고 있다.

서울 성산동의 오래된 주택을 카페로 전환한 사례.

제공 카페 반듯

새로운 라이프스타일에 맞춘 콘텐츠가 주도하는 공간에 대한 수요는 꾸준히 늘고 있다. 2000년대 청년문화를 대표하는 '힙스터hipster (유행을 따르기보다 자신들만의 문화, 패션, 라이프스타일을 추구하는 젊은이들, 또는 그런 하위문화)'들이 도시문화를 만들어가고 있다. 도시적 맥락에서 지금의 힙스터들이 선호하는 공간은 구시가지의 낡은 주택, 창고, 공장, 오래된 건물들이다. 기존의 낡은 공간을 카페, 수제맥줏집, 작은 서점, 개성 있는 패션편집숍, 빈티지숍, 갤러리, 레코드숍, 유기농주스바, 로컬 식자재 레스토랑 등 기존과는 다른 문화적 콘텐츠 공간으로 바꾸는 것이다. 오래되고 낡은 동네들이 이렇게 새로운 문화와 라이프스타일 중심의 마을로 바뀌고, 그 공간들이 다시 사람들을 불러모으고 있다.

이런 문화적 공간에 대한 소비 증가가 공유공간시장에도 영향을 미치고 있다. 비어 있는 공간을 새로운 세대가 추구하는 매력적인 콘텐츠와 연결하는 것이다. 네트워킹을 중시하는 라이프스타일에 따라 파티문화가 확산되면서, 파티룸 수요가 20대 여성들을 중심으로 증가하고 있다. 음악, 댄스 등 액티비티 문화의 확산과 함께 거울을 갖춘 연습실 공간에 대한 수요도 늘고 있다. 또한 취향 중심의 커뮤니티가 형성되면서, 개인과 그룹들이 특정 가치를 중심으로 모일 수 있는 공간에 대한 수요도 증가하고 있다.

비어 있는 공간과 공간을 필요로 하는 청년 또는 소규모 조직 등을 연결해주는 온라인 플랫폼 '스페이스클라우드'에는 약 7천 개의 공유공간이 등록되어 있다. 개인이나 기업이 가진 유휴공간을 연습실, 회의실, 스터디룸, 작업공간, 파티룸 등의 형태로 공유할 수 있도록 연결해주는 것이다.

도시 내 다양한 생활공간을 연결하는
공간 공유 플랫폼 스페이스클라우드의 홈페이지.

출처 www.spacecloud.kr

　'동네호텔'을 지향하던 오래된 여관을 셰어하우스와 셰어오피스로
전환한 합정동의 '로컬스티치'는 건물 자체의 쓸모도 공유가치를 살린
기획과 디자인으로 끌어올렸지만, 무엇보다 이곳의 루프톱이 밀레니얼
세대들 사이에서 핫플레이스가 되고 있다. 옥상 한 켠에 입주자들을
위한 부엌시설을 만들면서 자연스럽게 루프톱 공간이 만들어졌는데,
이곳을 지역 청년들과 공유하면서 파티나 공연 등 다양한 문화활동이
펼쳐지는 공간으로 활용되고 있다. 이를 통해 부가적인 수입이 창출되
기도 한다.

옥상을 파티나 모임, 공연 등 다양한 문화공간으로 활용하는 로컬스티치. **제공 로컬디자인무브먼트**

역삼동에 위치한 '쉐어원라운지'는 20~30대 청년들의 여가활동(파티, 강연과 영화감상, 동호회 모임, 원데이클래스, 세미나, 워크숍 등)을 위한 공유공간이다. 복합빌딩의 지하에 있는 공간을 시간 단위로 이용할 수 있는데, 특히 쉐어원이 운영하고 있는 셰어하우스 입주자들의 커뮤니티 활동을 위한 공간으로 활용하기도 한다. 이 공간은 개발기획 당시 지하공간의 활용을 위해 오피스나 리테일 등으로 개발하는 방안도 검토했지만 입지적 제약으로 사업성을 확보하기 어려웠다. 그래서 상대적으로 입지적 중요성이 낮은 여가문화공간을 도입하고, 소셜미디어를 활용한 마케팅으로 공간을 운영하고 있다. 그 결과, 평당 6~8만 원 수준인 지역 지하층 오피스·상가 임대료에 비해 두 배 이상의 임대수입을 벌어들이고 있다. 시간 단위로 임대하기 때문에 다른 용도보다 임대수입이 높다.

　　경험 중심으로의 라이프스타일 변화와 함께 사람들의 공간 소비 방식도 빠르게 변화하고 있다. 단순히 상품과 서비스를 구매하기 위한 공간이 아닌, 개인과 조직이 추구하는 문화적 소비를 위한 공간에 대

셰어하우스와 연계해 운영 중인 여가문화공간 쉐어원라운지. **제공 쉐어원**

한 관심이 높아지고 있는 것이다. 주거나 업무 등 일상생활을 위한 공유공간 확산과 함께 모임과 파티 등 여가활동을 위한 공간에 대한 수요도 함께 증가하고 있다. 따라서 자산을 개발하고 운용하는 과정에서 여가문화용 공간에 대한 관심이 필요하다. 단순한 공간이 아닌 사용자 특성과 수요에 맞춘 서비스 제공을 통해 커뮤니티를 만들고 브랜드 정체성과 수익성을 높일 수 있는 전략이 요구된다.

🏠 생활공간을 넓혀주는 셀프스토리지

공유공간의 수요 증가와 함께 최근에는 '셀프스토리지self-storage(개인이나 작은 기업들이 짐을 보관할 수 있도록 공간을 제공하는 생활편의 서비스)'에 대한 관심도 높아지고 있다. 대형·대량 화물을 넓은 공간에 보관하는 기존의 물류 창고와 달리, 셀프스토리지는 공간을 쪼개 짐의 크기와 수량에 맞춰 제공한다. 작은 박스 하나에서부터 5평 내외의 공간까지 사용자의 필요에 따라 공간을 활용할 수 있도록 접근성을 높인 사업방식이다.

셀프스토리지시장은 사람들의 생활방식 변화와 가구 규모의 축소, 주택의 소형화에서 시작되었다. 특히 원룸, 오피스텔, 고시원 등 1인 가구가 주로 거주하는 공간은 절대적으로 수납공간이 부족해 여름에는 겨울옷을, 겨울에는 여름옷을 보관하기가 쉽지 않다. 넓은 공간을 공유하는 셰어하우스에서도 생활의 질적 수준은 향상되지만 여전히 개인 수납공간은 충분히 확보하기 어렵다.

2~4인 가구의 경우에도 마찬가지다. 가족구성원의 변화에 따라 보관해야 할 짐은 늘어나지만, 과거처럼 살림이나 짐에 맞춰 집의 규모

를 늘리기 어려운 시대이기 때문이다. 또 자녀들이 독립한 후 집의 규모를 줄여 이사를 가는 부모들의 경우, 기존 짐을 보관하는 데 어려움이 따른다.

소규모 오피스도 비슷한 문제를 안고 있다. 스타트업이나 작은 기업들이 넓은 공간을 나눠 사용하는 셰어오피스도 각종 서류와 짐들을 보관할 공간은 부족하다.

미니멀라이프에 대한 관심 증가도 셀프스토리지시장의 성장을 이끌고 있다. 단순함과 실용성을 추구하는 문화가 확산되면서, 일상 공간에는 필요한 것만 놔두고 비우려는 사람들이 늘고 있는 것이다.

셀프스토리지시장이 성장하고 '마타주', '오호', '짐좀' 같은 전문 서비스업체들이 증가하면서 서비스 유형도 다양해지고 있다. 사용자가 짐을 가지고 공간을 찾아다닐 필요 없이, 신청을 하면 서비스업체에서 방문해 짐을 가져가고 가져다준다. 사용자들이 직접 짐을 포장해서 이동하는 불편을 줄여주는 등 일종의 물류서비스도 겸하고 있는 것이

공간 단위, 박스 단위, 물품 단위 등 다양한 형태로
물건을 보관해주는 셀프스토리지 서비스.

제공 메이크스페이스

다. 이런 서비스는 대부분 업체들의 공통적인 특징이다.

'오호'는 단순히 박스 단위로 짐을 보관하는 것이 아니라, 각각의 아이템별로 보관하고 찾을 수 있게끔 관리한다. 보관한 개별 물품은 사진 촬영을 통해 사용자가 온라인으로 확인하고 관리할 수 있도록 한다. 또한 계절 의류나 신발 등은 세탁 전문업체와 연계해 세탁(드라이클리닝)을 진행한 후 보관한다. 단순히 짐을 보관할 수 있는 공간의 제공을 넘어, 생활서비스를 더함으로써 생활공간 자체를 넓히고 있는 것이다. 또한 기숙사 혹은 원룸에 거주하는 대학생 등 방학 중 주거공간을 비워야 하는 이들의 짐을 보관해주기도 한다.

서비스업체와 사용자 간의 거리가 중요한 셀프스토리지 서비스가 성장함에 따라, 물건을 보관하는 창고공간이 점차 도심으로 들어오면서, 서비스업체들이 도심 속 유휴공간의 새로운 수요자로 부상하고 있다. '마타주'는 도심에 물류센터를 두고, 사용자의 물건을 픽업해 분류한 후, 서울(성수동, 장지동, 월계동) 혹은 외곽(수원 원천동, 인천 작전동, 남양주 입석리)에 위치한 창고에 보관한다. '오호'는 도심 속 공실이 발생하고 있는 오피스공간을 전략적으로 확보하고 있다. 항온·항습이 중요한 서비스 특성상 오피스공간은 유리한 점이 많다. 자체적인 냉방·공기조절 장치를 이미 갖추고 있거나 추가적으로 설치하기가 용이하기 때문이다. 또한 대부분 엘리베이터가 있어 짐을 운반하기에도 좋다.

건물주 입장에서는 셀프스토리지 서비스업체 유치를 통해 일반적인 임대보다 15~30%의 수익을 추가적으로 얻을 수 있다. 공실을 해결함과 동시에 수익을 극대화할 수 있는 것이다. 실례로 '오호'는 강동구 소재 오피스빌딩 일부를 창고로 사용하고 있다. 건물주가 공간을 제공하고 오호가 시설을 투자했다. 고정 임차료 없이 수익을 공유하는 '공동운영 방식'이다. 현재 월 평균 대여율은 95% 수준으로, 건물주는 기존 임대료 대비 15% 이상 추가 수익을 올리고 있다.

사용자들의 공간 사용 방식 변화와 함께 셀프스토리지시장은 꾸준히 성장하고 있으며, 업체들은 사용자들의 라이프스타일에 맞춰 서비스 형태를 개선하고 있다. 그 결과 사용자들을 직접 방문하는 방식으로 서비스가 발전함에 따라, 도시 외곽에 위치하던 창고공간이 다시 도심으로 들어오고 있다. 이런 셀프스토리지 형태의 공유공간이 자산운용 관점에서 좋은 솔루션이 될 가능성이 높아진 것이다. 공실이 있거나 임대가 잘 되지 않는 오피스 소유주들은 관심을 가져볼 만하다.

🏠 주차장 공유, 새로운 수익을 창출하다

주차공간이 공유경제를 만나 새로운 수익을 창출하는 공간으로 변화하고 있다. 주차장 공유는 처음 도시의 주차문제를 해결하기 위해 시작되었다. 주차문제는 주차공간의 수급불균형에 그 원인이 있다. 전국 자동차 등록 대수가 2,100만 대에 육박하고, 매년 4% 이상 증가하고 있다. 그중 서울에만 300만 대가 넘는 차량이 등록되어 있다.

주차공간은 주로 중구, 종로구, 강남구, 서초구 등 업무지역에 집중되어 있어, 주택가 주차장 확보율은 낮은 상황이다. 그나마 공급되고 있는 주차공간의 대부분은 건물 부설 주차장으로, 일반인들의 접근이 제한적이다. 게다가 주차 수요가 시간대와 장소에 따라 편차가 크다 보니 수요와 공급이 불균형한 상황이 발생할 수밖에 없다. 평일 주간에는 은행, 사무실, 학교, 유통시설, 병원, 관공서 등의 주차공간은 포화상태지만 주거지와 유흥시설 등의 주차공간은 여유가 있다. 반대로 야간에는 주거지 주차공간은 포화상태지만, 사무실과 학교 등은 상대적으로 비어 있다.

주차공간의 이런 시간대별 수급 불균형과 접근성이 떨어지는 문제를 개선하고, 주차난을 해결하기 위해 '주차장 공유사업'이 시도되고 있다. 주차장 소유자가 사용하지 않는 주차면을 다른 사람에게 빌려줌으로써 주차공간을 공유하고, 추가적인 이익을 얻는 것이다. 주차장 공유 서비스는 대부분 시간 단위로 이용할 수 있는데, 시간에 따라 남는 주차면이 있는 건물 소유주의 경우, 전문 서비스를 이용해 부가적인 임대수입을 기대할 수 있다. 사용자 입장에서는 상대적으로 저렴한 비용에 주차공간을 이용할 수 있다.

현재 '모두의주차장', '파크히어', 'NPD코리아', 'AJ파크' 등이 전문 주차서비스를 운영하고 있다. '모두의주차장'과 '파크히어'는 온라인 플랫폼 기반으로, 사용자들이 방문할 지역에서 이용 가능한 주차공간 정보를 실시간으로 제공한다. 'NPD코리아'와 'AJ파크'는 서브리스sub-lease(임대차 계약을 맺은 공급자가 다시 임대하는 방식), 마스터리스master lease(개발업체가 건물 등을 임대한 후 재임대해 수익을 올리는 방식) 등을 통해 잉여공간의 활용도를 높이는 전략을 취한다. 건물주로부터 주차공간의 일부 혹은 전체를 빌린 후 적극적인 마케팅을 통해 사용자들을 모으는 것이다. 자주식 주차장, 기계식 주차장 등 모든 유형에 적용 가능하기 때문에, 건물주 입장에서 관리 부담을 덜 수 있다는 장점도 있다.

실제 사례를 살펴보자. 일본 계열 주차 전문 관리회사인 'NPD코리

빈 주차공간을 사용자에게 연결해주는 온라인 주차 공유 플랫폼.   **제공 모두의주차장**

아'는 기존 건물 부설 주차공간 일부를 서브리스해 외부인들에게 제공한다. 실제로 서울 홍대입구에 위치한 상업시설 부설 주차장 중 기계식을 서브리스 방식으로 지역 방문객에게 제공하고 있다. 해당 주차장 소유주는 서브리스 이전 상업시설 방문객에게만 주차공간을 제공했다. 이용객 대부분이 무료주차 대상이라 수입이 매우 적었지만, 주차장 관리비용은 매월 600만 원씩 소요돼, 지속적으로 손실이 발생하는 상황이었다. 그런데 주차장 관리회사에 서브리스해준 후에는 상업시설 방문객 외 외부 이용자에게도 주차공간을 제공함으로써 추가 수입을 만들어냈다. 관리회사는 주차장 소유주에게 월 200만 원의 고정 임대료를 지급하고, 주차장 관리보수 또한 책임지고 있다. 소유주 입장에서는 주차장 공유를 통해 운영 손실을 줄이고 추가적인 수익까지 올리게 된 것이다.

자산소유주는 보유자산의 입지 특성에 맞춰 개발 초기 단계부터 주차장 공유 서비스업체와 사업을 기획할 수 있다. 개발 대상지의 주차 수요가 풍부하다면, 법정 주차공간 외 추가 주차 면적을 마련해 임대할 수도 있다. 주차전용부지에 주차공간 70%와 근린생활시설 30% 규모의 주차전용 건물을 개발해 자산가치를 높이는 방식도 가능하다.

공유경제 확산에 따라, 기존에 방치되고 접근이 제한되었던 주차공간도 공유를 통해 새로운 수익원이 되고 있다. 이 사업모델은 건물 부설 공간으로만 인식되던 주차공간에 대한 인식의 전환을 가져왔다. 시간에 따라 남는 주차공간을 공유하는 방식으로 적극 활용한다면, 공간의 효율을 높이고 추가적인 수익도 얻을 수 있는 기회의 문이 열릴 것이다.

마스터리스를 통한 주차 운영관리 서비스. **제공** NPD코리아

라이프스타일 플랫폼으로 진화하는 공유공간

공유경제가 셰어오피스나 셰어하우스 등 라이프스타일 형태로 확대되면서, 공유공간은 단순한 물리적인 공간에서 벗어나, 다양한 서비스와 콘텐츠를 기반으로 사람들을 연결하고 부가가치를 창출하는 라이프스타일 플랫폼의 역할을 하게 되었다. 단순히 공간만 빌려주는 게 아니라, 사용자의 생활과 기업활동에 필요한 편의를 도모하고 성장을 돕는 각종 서비스를 제공한다. 다양한 문화적 경험과 생활편의 서비스에 대한 접근권을 높여 소유하지 않고도 누릴 수 있는 기반을 제공하는 것이다. 특히 전문적인 생활편의 서비스와 기업활동을 지원하는 제3의 서비스업체들과의 협력으로 서비스 사용자와 서비스 제공자들이 결합되는 공간으로 발전하고 있다.

플랫폼으로서 생활편의 서비스를 제공하는 쉐어원 사례

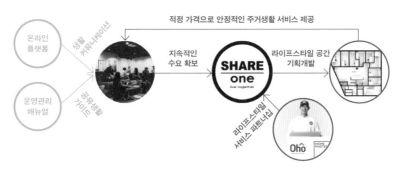

셰어하우스는 점차 주거공간을 기반으로 사용자들에게 다양한 생활 편의 서비스를 제공하고 있다. 청소, 보안, 세탁, 짐 보관, 운동, 취미활동, 카셰어링 등의 서비스 제공을 통해 입주자의 만족도를 높이는 것이다. '쉐어원'은 짐 보관 업체와 제휴를 맺어 수납공간이 추가적으로 필요한 입주자들이 저렴하게 물건을 맡길 수 있도록 한다. 이런 식의 생활 편의 서비스 제공은 입주자를 모집하는 데 유리한 전략이 되고 있다.

이처럼 셰어하우스는 개인의 경험과 지식을 공유하며 새로운 커뮤니티를 만들고 부가가치를 창출하는 방향으로 진화해왔다. 이에 따라 타깃 사용자를 설정하고 그 특성에 따라 운영방식에 차이를 두기도 한다. 외국인과 내국인이 함께 생활하는 것을 지향하는 '보더리스하우스', 만화작가 지망생들을 위한 셰어하우스처럼 실용적인 측면을 강조하거나, 영화와 여행 등 특정 키워드를 콘셉트로 내걸기도 한다. 부동산시장이 서비스 및 프로그램 중심으로 세분화되고 있기 때문에, 타깃을 구체화할수록 서비스의 질이 높아지고 공급이 원활하다.

일본에서 일부 셰어하우스는 여행, 아웃도어, 취업 등 유사한 취미나 성향, 혹은 목적을 가진 사람들이 모여 살 수 있는 공간으로 변모하고 있다. 일본의 셰어하우스 브랜드인 '셰어플레이스Share Place'는 단순한 주거공간이 아니라 생활의 혁신을 추구한다. 주거에 머무르지 않고 '여행', '일', '모임', '배움'의 영역에서 삶을 풍요롭게 하는 장소로 만들어가고 있는 것이다.

공유공간은 공간을 함께 쓰는 것을 넘어 코워킹co-working과 공동생산co-creation을 통한 공유가치shared value 창출을 목표로 발전하기도 한다. 협동과 소셜네트워크가 중심이 되어 개인의 능력과 가치

휴가를 즐기면서 업무도 볼 수 있고, 중단기 체류까지
가능한 글로벌 코리빙 서비스 롬.

출처 Roam / Kenta Hasegawa (상)
/ Sara Herrlander (하좌) / Tom Bender (하중)
/ Anton Rodriguez (하우)

를 공유하고 부가가치를 만들어간다. 인도네시아 발리에서 시작한 '롬 Roam'은 휴양·업무·숙박 공간으로, 글로벌 노마드족의 중단기 체류 공간이 되고 있다. 발리뿐만 아니라 스페인 마드리드, 미국 마이애미, 일본 도쿄 등 전 세계 노마드 거점에 휴양지와 같은 공간을 공급한다. 중단기 체류가 가능한 코리빙 환경을 제공해, 전 세계에서 온 새로운 사람들을 만나 일과 생활을 공유할 수 있도록 한다. 비슷한 관심사를 가진 사용자들을 연결하고, 이들을 위한 이벤트를 기획하기도 한다. 이곳에서는 평소와는 다른 환경에서 여행도 즐기고 사람들과 교유하면서 업무까지도 볼 수 있다.

전 세계 최대 규모의 셰어오피스 '위워크'는 사무실에 입주한 사용자들을 연결해주는 각종 네트워킹 프로그램을 운영해, 다양한 회사들이 모여 협력할 수 있도록 한다. 글로벌 서비스로서 해외 출장 시 각국의 지점도 사용할 수 있다. 또한 사용자만 가입할 수 있는 온라인 애플리케이션을 제공함으로써, 공간을 떠나서도 유지되는 온라인 네트

전 세계 멤버들의 온·오프라인 네트워크 형성과
협업을 위한 위워크의 모바일 앱.

출처 애플 앱스토어

워크를 구축할 수 있도록 했다. 최근 '위리브WeLive'라는 주거공간까지 사업을 확대해 다양한 형태의 공유공간을 결합하고 있다. 여러 분야의 사람들이 온·오프라인 네트워크 안에서 자원을 공유할 때 발생하는 시너지를 업무공간뿐 아니라 주거공간에도 확산시키고 있는 것이다. 물리적 장소에 구애받지 않고 커뮤니티와 다양성, 기회에 대한 접근이 중요한 시대로 전환되면서, 물리적 공간도 유연하게 움직이고 있다.

공유공간이 사용자의 생활 속으로 깊숙이 파고들면서 주거, 업무, 상업시설 등 다양한 공간이 이종결합돼 개인의 라이프스타일을 최대한 만족시킬 수 있는 공간으로 발전하기도 한다. 영국 '컬렉티브The Collective'에서 운영하는 '올드오크Old Oak'는 약 500명이 함께 생활하는 셰어하우스다. 사용자에게 3평 규모의 개인공간과 함께 공유공간을 극대화해 레스토랑, 바, 도서관, 게임방, 세탁실 등 다양한 문화·리테일 공간을 제공한다. 요가에서 독서모임, 패널 토론과 영화 상영, 공연까지 다양한 활동이 펼쳐지는 곳으로, 주거공간을 넘어 다양한 프로그램이 운영되는 복합공간이다. 사용자들은 이런 서비스를 통해 함께 살아가는 다양한 사람들과 교류하고 커뮤니티를 만들 수 있다. 단순한 공간임대사업을 넘어서 새로운 라이프스타일을 제공하고 문화소비를 발생시키고 있는 것이다. 더 나아가 공유공간을 통해 제공되는 커뮤니티 공간과 피트니스 공간, 레스토랑, 퍼브, 편의점 등을 지역 주민들과 함께 이용할 수 있다면, 지역 커뮤니티와도 교류하는 플랫폼으로 진화할 수 있다.

오프라인 플랫폼으로서 공유공간은 사용하는 사람들의 생활방식, 주요 가치, 니즈에 대한 데이터를 지속적으로 모으는 역할을 한다. 이

업무공간, 리테일, 쇼룸, 문화공간과 접목된
세어하우스, 올드오크.

렇게 수집된 데이터는 다시 주요 사용자들의 라이프스타일과 특성에
맞춘 서비스와 공간을 창출하는 데 중요한 역할을 한다. 이처럼 사용
자의 라이프스타일에 따른 공간디자인, 기능적 복합화, 문화적 서비스
를 유연하게 변화시켜가는 브랜드가 빠르게 성장하고 있다. 특히 상대
적으로 일상생활 정보 수집이 용이한 주거공간을 중심으로 다양한 서
비스와 업무, 리테일 기능을 접목해 수익구조를 개선한다.

주거공간은 사용자의 니즈에 따라 호텔식 서비스를 제공하고 소비자 경험을 극대화하는 공간으로 나아가고 있다. 네덜란드의 '조쿠 ZOKU'는 전 세계를 돌아다니며 삶을 향유하는 글로벌 노마드족을 타깃으로 만든 호텔이자 코리빙공간 브랜드다. 디지털노마드의 특성을 바탕으로 완성도 높은 공간기획 및 디자인 매뉴얼을 구축해, 전 세계 도시들에 브랜드를 확산하고 있다.

공유공간은 더 이상 단순한 임대공간이 아니다. 공간을 매개로 생활편의 서비스를 제공하고, 더 나아가 개인의 라이프스타일을 만족시킬 수 있는 공간으로 발전하고 있다. 다양한 서비스와 콘텐츠를 기반으로 사람들을 연결하고 부가가치를 창출하는 플랫폼으로 성장하고 있는 것이다. 셰어하우스와 셰어오피스 같은 공유공간을 단순한 대안적 부동산상품으로 바라보는 한계를 넘어서야 한다.

매뉴얼화된 공간 가이드라인을 전 세계의 도시로 이식하고 있는
코리빙공간 브랜드 조쿠.

출처 ZOKU

CHAPTER 1
공유부동산 자산관리 전략

3

개인을 위한 부동산서비스시장

빠르게 변화하는 경제환경만큼이나 소비의 특성도 빠르게 변화하고 있다. 밀레니얼 세대를 중심으로 삶과 일의 균형을 맞추고 일과 여행을 함께 할 수 있는 '라이프스타일 도시'에 대한 관심이 높아지고 있다. 이들은 다양성, 자유, 개성, 삶의 질 등 새로운 가치를 지향하고, 이를 경험할 수 있는 공간을 선호한다.

이제는 과거처럼 주거공간과 업무공간을 만들어놓으면 소비자가 알아서 찾아오는 시대가 아니다. 소비자에게 새로운 가치를 담은 메시지를 전달하고 색다른 경험을 제공할 수 있는 공간만이 돈을 벌어들일 수 있는 시대다. 공유공간이 단순한 임대사업이 아닌 서비스업으로 발전하는 것도 같은 이유다. 고유한 가치와 정체성을 가진 브랜드를 구축하고 사용자 중심의 서비스를 발전시켜가는 것이 향후 부동산산업에서는 매우 중요할 것으로 보인다.

한편, 4차산업의 발전과 함께 공간 브랜딩은 더 이상 물리적인 공간에 머무르지 않는다. 공간을 중개하거나 정보를 공유하는 온라인 플랫폼과 결합해 온라인으로 사용자를 불러모은다. 페이스북, 인스타그램, 블로그 등 소셜미디어의 활용 또한 중요하다. 브랜드가 지향하는 라이프스타일, 제공 서비스, 사용자 후기 등 정보를 제공하고 브랜드 이미지를 구축하는 데 핵심적인 역할을 하기 때문이다.

그리고 중소 규모의 부동산 자산을 전문적으로 운용해주는 서비스가 부동산 스타트업을 중심으로 성장하고 있다. 이들은 전문성이 부족한 개인 자산소유주를 대신한다. 개인이 온라인 매체를 지속적으로 관리하고 라이프스타일을 반영한 서비스를 제공하기란 결코 쉽지 않다. 중소 규모 부동산 자산운용을 위한 전문 서비스시장의 등장은 자산소유주들에게 새로운 기회다. 적절한 서비스를 활용해 부동산 자산을 효율적으로 운영·관리함으로써 자산가치를 높일 수 있기 때문이다.

01.
브랜드 중심의 공간서비스시장

  소비자들은 이제 단순히 저렴한 것이 아닌, 가격 대비 높은 가치를 줄 수 있는 것을 선택한다. 개인의 가치관과 라이프스타일에 맞는 브랜드를 소비한다. 브랜드는 더 이상 자신이 누구인지 타인에게 보여주기 위한 수단이 아니다. 소비자의 라이프스타일과 가치관에 부합하고 스스로 만족할 수 있는 콘텐츠를 가진 브랜드가 중요하다. 이제 소비자는 브랜드를 통해 서비스를 인지한다.

  부동산산업 또한 콘텐츠 기반의 서비스산업으로 변화하고 있다. 공간 브랜드가 전해주는 이미지에 따라 그 용도와 분위기, 서비스를 예측하고 선택한다. 과거와 같이 거리를 지나다가 공간을 방문하는 시대가 아니다. 온라인에서 정보를 찾고, 소셜미디어를 통해 사람들과 공유하고, 원하는 공간을 선택해 찾아오는 시대다. 이제 입지보다는 온라인에 노출되는 서비스 정보, 온라인에서 사용자들 사이에 공유되는 사용후기 등이 공간 브랜딩에 많은 영향을 미친다. 부동산산업도 공간에 정체성을 부여할 수 있는 브랜드 구축이 필요하다.

  공간 브랜딩은 부동산을 기획하고 개발하는 단계에서부터 시작한다. 부동산사업을 왜 시작하는지, 주요 사용자는 누구인지, 사용자가 우리 공간을 통해 어떤 혜택과 가치를 얻을 수 있는지 구체적으로 정의해야 한다. 그리고 공간이 추구하는 가치에 부합하는 타깃을 설정해야 한다. 주거공간을 개발한다고 가정해보자. 주거비 부담을 낮추는 것이 사업의 목적인지, 좋은 주거공간을 제공해 사용자의 삶의 질을 높이는 것이 지향하는 바인지에 따라 타깃과 가격 설정, 운영방식과 마케팅 방향 등이 달라진다.

타깃 설정은 사업 목적에 따라 영화감상, 요리, 독서 등 취미와 문화적 취향이 기준이 될 수도 있다. 혹은 20대 대학생과 사회초년생, 30대 직장인처럼 나이와 직업군으로 설정할 수도 있다. 타깃이 설정되면, 그들의 라이프스타일과 수요에 따라 브랜드가 추구하는 가치부터 공간 구성, 운영방식, 서비스 내용, 지역 자원을 활용하는 방식, 가격체계 등 세부적인 전략들이 달라진다.

예를 들어, 20~30대 청년들을 위한 셰어하우스를 기획한다고 가정해보자. 20대 대학생과 사회초년생은 향후 진로가 결정되지 않고 수입이 일정하지 않을 가능성이 높다. 주거공간을 선택할 때 상대적으로 저렴한 가격과 계약 기간의 유연성이 중요하다. 방학이나 취업 상황에 따라 주거지 이동이 자유로운 것을 선호하기 때문이다. 직업이 있고 상대적으로 수입이 안정적인 30대 직장인은 가격보다는 주거공간의 질적 수준, 거주지 주변의 편의시설 등이 중요하다. 20대를 위한 셰어하우스는 공간의 질을 적정 수준으로 조정하는 대신 가격을 낮추고, 계약 기간을 3~6개월로 유연하게 조정하는 전략이 필요하다. 이에 비해 타깃이 30대 직장인이라면, 가격을 주변과 비슷하게 유지하더라도 공간의 질을 높이고 공유공간의 규모와 시설 구성에 신경을 써야 한다. 또 주변 헬스장, 카페 등과 제휴를 맺고 생활편의성을 높이는 개발기획이 가격을 조정하는 것보다 유효하다.

실제로 셰어하우스 브랜드 '보더리스하우스'는 삶의 다양성을 추구하며 외국인과 내국인이 함께 생활하는 것을 지향한다. 이를 위해 한 집에 거주하는 외국인의 비율을 조절한다. '우주'는 요리, 영화감상, 운동 등 문화적 코드를 기반으로 주택을 기획하고 입주자를 모집한다. '로컬스티치'는 홍대와 합정 지역을 기반으로 하는 스타트업, 콘텐츠 디자이너들이 입주해 시공간에 구애받지 않고 일하며 거주하는 공간으로 운영한다. 브랜드 콘셉트와 사용자 라이프스타일에 따라 공간 구성, 로고, 사인물 등 시각물의 표현, 편의서비스 구성에서도 차이가 발생한다.

셰어하우스 브랜드별 포지션

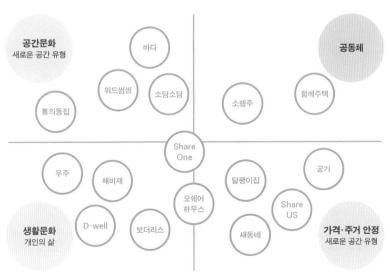

사용자의 라이프스타일에 맞춘 다양한 편의서비스와 경험을 제공하기 위해 셰어하우스를 중심으로 하는 복합공간을 기획할 수도 있다. 생활공간과 생활방식을 공유하는 라이프스타일 브랜드 '쉐어원'은 부동산 개발 시 셰어하우스와 여가문화공간, 오피스 등을 복합적으로 구성했다. 셰어하우스 공간을 구성할 때에도 개인공간은 모듈화된 구조로 최소화했다. 대신 주방과 거실 등의 공유공간을 차별화하고, 화장실과 샤워실 등을 구분해 사용편의성을 높였다. 또 청소서비스, 짐보관 서비스 등을 제3의 전문 서비스업체와 연계해 제공한다. 별도의 여가문화공간에서는 셰어하우스 거주자와 외부 유사 타깃을 위한 공연, 파티, 전시, 취미 프로그램을 운영한다.

1인 가구의 생활에 맞춘 개인공간 모듈. **제공 쉐어원**

초기에 형성된 브랜드 이미지는 사용자들의 수요 반영, 운영 전문화, 시설 개선, 멤버십 구축, 파트너 네트워크 구축 등 지속적인 관리를 통해 확장된다. 특히 사용자에게 지속적인 브랜드 가치를 전달하기 위한 마케팅과 홍보가 중요하다. 사업 초기에는 가격 할인, 무료 사용, 서포터스 모집 등의 프로모션을 활용해 사용자를 모집한다. 이후에는 사용자 경험을 콘텐츠화하고 꾸준한 스토리텔링을 통해 브랜드 가치를 담은 메시지를 고객에게 전달해야 한다. 이는 지속적인 수요 창출과 브랜드 가치 확산을 위해 매우 중요하다.

'쉐어원'은 지역의 편의시설을 활용해 쉐어원에 거주하면서 누릴 수 있는 라이프스타일을 제시한다. 강남에 위치한 다양한 맛집, 상점, 영

도시에 거주함으로써 누릴 수 있는 편의성과 라이프스타일 경험을 제시하는 브랜딩 사례.　**제공 쉐어원**

화관, 서점 등 문화적 인프라를 발굴하고 사용자의 니즈와 결합한다. 강남에 거주하면서 경험할 수 있는 라이프스타일을 스토리로 편집하고 소셜미디어에 지속적으로 노출한다. 이는 주거공간 공유를 통해 합리적 수준의 주거비를 지불하면서 누릴 수 있는 서비스의 장점을 보여준다. 동시에 강남에서 생활하며 다양한 도시생활을 경험하는 라이프스타일이라는 브랜드 가치를 전달한다. 결국, 고유의 브랜드 가치를 높이고 지속적으로 사용자를 확보해, 공간 효율을 제고하고 공실을 줄여 자산의 가치를 높이는 전략이다.

하드웨어를 넘어 콘텐츠가 중요한 시대다. 부동산산업 또한 사용자 서비스를 중심으로 전환되고 있다. 사용자는 브랜드화된 서비스를 찾아 공간을 선택하고 자신의 라이프스타일을 만들어간다. 사용자의 경험 욕구를 충족시키고 만족도를 높일 수 있는 공간을 기획하고 개발하는 것이 핵심이다. 사용자 경험 중심의 운영서비스는 체계화되고 일정한 정체성을 갖추면서 브랜드화된다. 그리고 부동산도 이제 브랜드를 구축하고 타깃화된 사용자 풀을 넓혀가는 전략이 필요하다. 개인이 자체적인 브랜드를 만드는 데 한계가 있다면, 기존 공간 브랜드와의 협업 등 새로운 방안을 찾아야 한다.

02.

개인 자산과 공유공간 브랜드의 결합

   개인 소유 중소 규모 부동산을 활용한 공유공간 서비스가 스타트업을 중심으로 빠르게 확산되고 있다. 기존 부동산 신탁사와 자산운용사는 대형 오피스빌딩과 쇼핑몰 등 대규모 자본을 중심으로 서비스를 제공해왔기 때문에, 개인 투자자나 건물주들이 활용하기에는 어려움이 있었다. 자산운용 방식 또한 토지 혹은 기존 건물을 개발하고 매각하는 데 초점이 맞춰져 있었다. 단기간에 자산가치를 높이고 매각 차이를 극대화해 수익을 만들어온 것이다.

   하지만 이제 장기적으로 부동산시장이 공간서비스산업으로 전환되고 있다. 앞으로는 운영을 통한 수익을 지속적으로 극대화하는 전략이 필요하다. 시장이 변화하고 있는 상황에서, 부동산 스타트업들은 자체 브랜드를 바탕으로 독자적인 콘텐츠를 장기적이고 안정적으로 운영하는 시장을 만들어가고 있다.

   부동산 스타트업들은 셰어하우스와 셰어오피스, 셀프스토리지, 여가문화공간 등 공유공간을 기획·운영한다. 현재 대부분의 부동산 스타트업은 중소 규모 부동산 소유주와 협력한다. 소유하고 있는 부동산을 공유공간으로 전환할 수 있도록 기획하고, 소유주를 대신해 운영관리 서비스를 제공한다. 전문 공유공간 운영사에 가깝다. 공유공간 운영을 위한 구조공사, 인테리어 전반의 방향 등을 제안한다. 이후 입주인 모집부터 임대료 미납·연체 관리, 시설관리 및 퇴실관리까지 계약 기간 내 운영을 전담한다.

셰어하우스를 운영하는 '우주' '보더리스하우스' '바다', 셰어오피스 서비스를 제공하는 '패스트파이브' '위워크', 셀프스토로지 기업 '오호' '마타주' 등이 대표적이다. 이 기업들은 자산소유주와 위탁관리 혹은 마스터리스 계약을 한다. 자산소유주들이 소유하고 있는 주택과 오피스 등의 공간에 독자적인 공유공간 브랜드 기반 서비스를 제공한다. 자산소유주는 부동산을 제공하고 전문운영사는 공간 브랜드와 매뉴얼에 기반한 운영관리 노하우를 제공한다. 자산소유주는 전문운영사와의 협력을 통해 공유공간 기획과 운영에 대한 전문성 없이도 공유공간을 운영할 수 있게 되는 것이다. 현재 하얏트, 힐튼, 메리어트 등 호텔체인의 사업방식과 동일한 형태다.

자산소유주와 전문운영사 간의 협력방식은 크게 두 가지로, 위탁운영관리와 마스터리스 방식이다. 이중 위탁운영관리 방식이 대표적으

셰어하우스 운영관리업체의 사용자 서비스 사례.

제공 쉐어원

로, 많은 운영사가 이 방식을 통해 자산소유주와 협력하고 있다. 전문 운영사가 공유공간을 기획해 개발을 진행한 후, 자산소유주를 대신해서 공유공간의 임대차, 시설 유지관리, 홍보·마케팅 등을 진행한다. 전문운영사가 자산 운영관리 및 임대차 업무를 대행해 자산소유주의 운영 부담을 줄여주는 것이다. 대신 자산소유주는 임대수입의 10~20%의 수수료를 운영사에 지급한다. 그리고 운영 과정에서 발생하는 공실 등의 리스크는 소유주가 책임진다.

셀프스토리지업체 '오호'는 자산소유주가 사업을 직접 운영할 수 있도록 위탁운영 방식을 진행한다. 빌딩 소유주는 사업을 위한 시설투자비와 홍보비 등을 부담한다. 서비스업체는 집객, 계약, 민원처리 등 운영업무를 대행하고, 소유주로부터 수수료를 받는다. 소유주는 위탁운영 방식을 통해 일반 임대방식 대비 30% 이상의 추가 수익을 기대할 수 있다. 위탁운영 방식은 자산소유주가 가장 높은 수익을 실현할 수 있는 방식이다.

이에 비해 마스터리스 방식은 전문운영사가 자산소유주로부터 개발된 자산을 임대해 운영하는 것이다. 이 경우 운영사는 소유주에게 공실 여부와 관계없이 고정 임대료를 지급한다. 일종의 전대 방식인 셈이다. 운영사는 소유주로부터 부동산을 저렴하게 확보해 사용자들에게 재임대함으로써, 임대료 차이를 통해 수익을 만든다. 또한 사용자들에게 생활편의 서비스를 제공해 부가적인 수입을 창출할 수 있다. 자산소유주 입장에서 마스터리스 방식은 위탁운영관리 방식에 비해 수익은 줄어들 수 있지만, 리스크를 줄이고 안정적인 수입을 확보할 수 있다는 장점이 있다.

이밖에 자산소유주와 전문운영사가 운영수익을 나누는 공동경영 방식도 있다. 자산소유주는 건물을 제공하고, 서비스업체는 시설투자와 함께 모객, 계약, 민원처리, 사용자 서비스 등을 총괄한다. 이후 자산소유주와 매출자료를 정기적으로 공유하고, 계약에 따라 수익을 분배한다.

부동산서비스는 운영을 넘어 개발까지 영역이 확대되고 있다. 자산소유주를 대신해 전문적인 시장분석을 통해 사업모델과 운영전략을 수립한 후, 공간 설계와 건물 시공을 대행한다. 개발이 종료된 후에는 개발된 자산의 운영관리를 전담한다. 부동산산업 가치사슬 전반에 대해 토털 서비스를 제공하는 것이다.

자산소유주와 전문운영사 간의 협력방식과 사업구조

	위탁운영관리	마스터리스	공동투자개발
자산소유주 초기 투자 부담	개발비 부담	개발비 부담	자산 현황에 따라 부담 (조인트벤처를 설립해 프로젝트 형태로 개발)
수익	임대수익 (공실 리스크 부담)	임대수익 (확정 임대료)	배당수익 (임대수익을 지분에 따라 분배)
비용	위탁관리 수수료 (임대차, 시설 유지관리, 홍보·마케팅 등 운영관리 전반을 대행)	별도 비용 발생 없음	–
사업구조			

2020 부동산 메가트렌드

'쉐어원'은 단순히 셰어하우스 운영에 머무르지 않고, 자산소유주들과 조인트벤처joint venture 혹은 파트너십을 구축해 공유공간을 개발한다. 개발 후에는 '쉐어원', '쉐어원오렌지', '쉐어원라운지' 등 자체 브랜드로 공간을 운영하고 사용자 서비스를 제공한다. 특히 공실이 많은 오피스나 저개발 필지 등을 공유공간으로 전환하는 개발을 전문으로 한다. 장기간 공실이 발생하고 있는 중소 규모 오피스빌딩을 셰어하우스와 셰어오피스로 용도변경해 자산가치를 높이는 전략이다. 서울 역삼동에서 국내 최초로 꼬마빌딩을 셰어하우스로 전환한 '쉐어원오렌지'가 대표적이다. 또한 주차장이나 창고 등으로 사용되고 있는 공간을 청년 세대의 라이프스타일에 맞춰 셰어하우스와 셰어오피스, 여가 문화공간 등 복합공간으로 신축·개발하고 있다.

개인 자산소유주를 위한 부동산 개발 서비스는 사업기획과 개발부터 운영까지 전 단계에 걸쳐 전문적인 서비스를 제공한다. 특히 독자적인 브랜드와 사용자 콘텐츠를 기반으로 사람들을 공간으로 불러모으고 브랜드 전략과 서비스 특성을 부동산 개발 전 과정에 반영해, 궁극적으로 안정적인 운영수익을 확보하고 자산가치를 높인다.

좀 더 자세히 살펴보면, 사업기획 단계에서 객관적인 부동산 공급과 수요 분석, 타깃 설정, 프로그램 구성, 마켓포지션 설정, 개발 규모 설정과 수익성 분석 등을 수행한다. 구체적으로 주거·업무·상업 공간에 대한 공급 현황, 공급 규모, 가격, 공실 등을 데이터와 현장 리서치를 통해 수집·분석한다. 또한 수요 분석을 통해 대상지 주변 거주자의 특징과 수요를 발굴하고 타깃을 설정한다. 타깃층의 특징과 수요를 바탕으로 주거, 업무, 리테일 등 적정한 부동산상품 구성을 제시한다. 셰어하우스를 중심으로 파티, 워크숍, 세미나, 동아리모임 등이 가능한 대관 공간과 셰어오피스를 접목하기도 한다. 또 코인세탁실, 편의점, 디자인 카페, 드러그스토어 등 리테일공간을 1~2층에 배치하기도 한다. 인근 지역 부동산 공급과 수요의 특성에 따라 경쟁시장을 설정하거나 틈새 시장을 만들기도 한다. 마켓포지션을 통해 임대 가격, 임대 조건, 공간 수준 등을 결정한다. 여기에 공간운영과 사용자 서비스 개발, 홍보전략 이 필요하다. 타깃에 맞춘 스토리텔링과 운영전략을 세워야 한다.

공간 프로그램과 타깃 설정, 수요조사를 마무리한 후, 자산의 입지 와 대상 부지의 넓이, 토지용도, 건물용도에 따라 개발법규를 검토하 고 개발 가능 규모를 산정한다. 상대적으로 개발밀도가 낮은 2~3종 일반주거지역은 단일 용도 건물을 위주로 개발한다. 대형 필지 혹은 준주거지역, 상업지역, 준공업지역 등 개발밀도가 높은 지역에는 주거, 근린생활시설, 사무실 등을 결합해 사용자 라이프스타일에 맞춘 복합

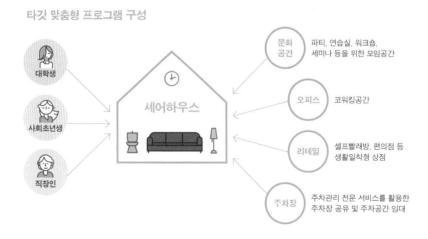

타깃 맞춤형 프로그램 구성

대학생

사회초년생

직장인

셰어하우스

문화
공간 — 파티, 연습실, 워크숍,
세미나 등을 위한 모임공간

오피스 — 코워킹공간

리테일 — 셀프빨래방, 편의점 등
생활밀착형 상점

주차장 — 주차관리 전문 서비스를 활용한
주차장 공유 및 주차공간 임대

개발을 시도할 수 있다.

프로그램 구성과 개발 규모를 결정한 후에는 주변 임대시장과 특성에 맞춰 수입구조와 비용구조를 작성하고 개발사업의 수익성을 검토한다. 또한 개발자금을 확보하기 위한 금융조달과 공공정책 활용 전략을 세운다. 예를 들어, 준공공 임대주택은 '민간 임대주택에 관한 특별법'에 따라 민간 주택을 매입해서 개발하고 주택을 임대하는 정책으로, 8년 이상 주택을 임대하는 민간에게 용적률과 세제혜택이 제공된다(단, 임대료 인상을 연 5%로 제한). 임대용 주택에 대한 용적률을 15~20% 추가 제공하는 한편, 주택 규모에 따라 재산세와 종합부동산세, 부가가치세, 양도소득세, 취등록세 등을 감면해주는 것이다.

사업기획이 마무리된 후, 공유생활에 가장 적합하게 매뉴얼화된 공간 가이드라인을 적용해 설계와 시공을 진행한다. 사용자 편의성과 수익성을 고려해 공유생활에 특화된 설계를 제안한다. 셰어하우스의 경

개발 규모별 사업방안

우, 여럿이 함께 쓰는 공유공간과 개인공간을 확실히 구분하고, 욕실과 화장실을 분리해 효율성을 극대화한다. 또 1인 가구 생활에 필요한 적정 공간 규모와 가구·집기를 효율적으로 배치할 수 있는 개인공간 모듈을 통해 공간이용의 효율을 높인다. 기존 원룸에 비해 개인공간은 좁더라도 공유공간의 질적 향상을 통해 주거 만족도를 높이면서도, 개인공간 수를 늘려 수익구조를 개선할 수 있는 방안을 제시한다. 시공 과정에서는 공정을 잘 관리해서 공사가 늦어져 초기사업비가 늘어나지 않도록 한다. 공사 과정에서 공사비 및 설계 변경사항을 최소화할 수 있도록 모니터링한다.

마지막으로 운영관리 서비스를 제공한다. 사업기획에 따라 개발이 마무리된 후 개발사는 자산소유주와 별도의 운영관리 계약을 체결한다. 위탁운영관리 혹은 마스터리스 등 사업기획에 따라, 사전에 협의된 대로 진행한다. 자체적인 공간운영관리 매뉴얼에 따라 홍보·마케팅, 입주자 모집 및 임대차업무 대행, 사용자 생활편의 서비스 등을 제공한다. 전문운영사의 역할을 수행하는 것이다. 또한 운영 상황과 부동산시장의 변화에 따라 자산의 매각, 용도변경, 시설 및 서비스 보강 등의 서비스를 제공한다.

개인 자산소유주를 위한 부동산서비스는 시장환경에 맞춰 자산의 가치를 높일 수 있는 프로그램과 운영전략들을 제시한다. 부동산산업이 콘텐츠 중심의 서비스산업으로 전환됨에 따라, 자산소유주들이 직접 하기 어려운 공간운영과 서비스의 기획을 대행한다. 브랜드화된 서비스를 중심으로 전문운영사들이 고도화된 서비스를 선보이고 있다.

이런 새로운 산업 흐름은 운영관리에 머무르지 않고, 자산운용asset

management 영역으로 확대되고 있다. 중소 규모의 개인 부동산을 자산가치가 극대화되도록 지속적으로 공간을 개선하고 사용자 서비스 수준을 높이는 것이다. 시장 상황에 맞춘 전문화된 서비스로 공간 만족도를 높임으로써 사용자를 지속적으로 확보해, 브랜드와 공간의 가치를 높이는 것이 현재 부동산시장에서 최상의 전략이라고 할 수 있다.

참고자료

※ '공유경제와 도시 1, 공유경제는 이미 우리 곁에 있다', 〈세계일보〉, 2017-08-28,
   http://www.segye.com/newsView/20170828003494
※ '사무실 놀린 값 서울만 연 4,670억 원… 공실(空室)의 경제학', 〈조선일보〉, 2017-07-31,
   http://biz.chosun.com/site/data/html_dir/2017/07/27/2017072701222.html
※ First results of the 2017 Global Coworking Survey, https://www.slideshare.net/
   carstenfoertsch/the-first-results-of-the-2017-global-coworking-survey
※ '공유사무실 골목 성장… 해외 기업 한국 진출 봇물', 〈조선일보〉, 2017-09-29,
   http://biz.chosun.com/site/data/html_dir/2017/09/26/2017092602235.html#csidx433afaf
   e2722ea0a7832df1a088af3d
※ 박찬용, '뜨는 동네는 어떻게 만들어지는가?', 《에스콰이어》, 2016년 9월호.
※ '미니멀라이프를 꿈꾸는 당신을 위하여', 〈코리아쉬핑가제트〉, 2017-09-13,
   http://www.ksg.co.kr/news/main_newsView.jsp?bbsID=news&bbsCategory=KSG&categ
   oryCode=all&backUrl=main_news&pNum=114758

이석준 데이터 사이언티스트

서울대학교에서 도시계획 박사과정을 수료하고, 현재 머신러닝을 이용한
주택부동산시장 예측을 주제로 박사 논문을 진행 중이다. 데이터를 기반으로
도시 현상을 분석하는 데 관심을 가지고 연구를 진행해오고 있다.
'데이터 사이언티스트'로서 서울대학교 환경대학원 공유도시랩에서 부동산,
주거복지, 교육, 불평등, 도시재생 등과 관련한 다양한 연구 과제를 수행했다.

빅데이터로 읽는
부동산시장

CHAPTER 2
빅데이터로 읽는 부동산시장

1

부동산시장과 빅데이터

01.

부동산 빅데이터란

빅데이터가 현대 사회의 패러다임을 빠르게 변화시키고 있다. 과학계를 비롯해 각종 산업, 더 나아가 경제 전반에 이르기까지 빅데이터라는 용어가 안 쓰이는 곳을 찾기 어려운 요즘이다. 사람들이 이토록 빅데이터에 주목하는 이유는, 미래를 예측하고 현재의 난제들을 극복할 수 있는 기술로 여겨지기 때문이다. 데이터로 이루어진 금광 속에 미래가 들어 있다고 생각하는 것이다.

이 '젊은' 기술이 짧은 기간 보여준 일련의 변화들로 보면, 여느 트렌드처럼 그저 스쳐지나가는 것이 아님은 확실해 보인다. 소위 ICBM IoT, Cloud Computing, Bigdata, Mobile이라 불리는 일련의 전자정보기술이 발전하면서, 데이터의 생산이 폭발적으로 증가하고 있다. 예를 들어, 우리가 신용카드로 물건을 사거나 대중교통을 이용하는 등 일련의 사회경제적 행위가 모두 데이터화되면서, 현실세계가 디지털로 기록되어 저장되고 있다. 뿐만 아니라, 이렇게 생산·저장된 정보의 분석기술도 빠르게 발전해, 축적된 정보 속에 감춰진 현실세계의 비밀을 발굴하는 산업이 주목을 받고 있다.

그렇다면 '미래를 예측하고 현재의 난제를 극복하게 해준다'고 여겨지는 이 빅데이터 기술이 부동산에도 유효할까? 결론부터 얘기하면, 부동산 자체가 하나의 빅데이터라 할 수 있다. 빅데이터의 특징은

3V_{volume, variety, velocity}로 설명된다. 자료가 방대하고, 다양하고, 빠르다는 것인데, 한결같이 부동산 분석에서 없어서는 안 되는 요소들이다. 익히 알다시피 부동산은 경제, 사회, 정치, 문화, 법률 등 수없이 다양한 분야와 상호작용하는 복잡한 부문이다. 여기에 부동산시장을 바라보는 수많은 사람의 인식과 심리가 지대한 영향을 미치기 때문에, 명확한 시장분석을 위해서는 실로 다양한 요소에 대한 복합적인 고려가 이루어져야 한다.

부동산을 움직이는 수많은 동인_{動因}을 어떻게 해석할 것인가? 또 동인들 간의 상호작용은 어떻게 파악하고 분석할 것인가? 이것이 그간 부동산 분석이 어려웠던 이유다. 때문에 지금까지의 시장분석은 정형화된 제한적 변수(공급, 보급률, 경제환경, 금리 등)와 경험적 직관에 의존할 수밖에 없었다.

3V의 빅데이터는 복합적이고 복잡한 부동산시장의 문제를 효율적으로 해결하고 부동산 활동의 예측 가능성을 높이는 데 도움을 줄 수 있을 것으로 기대를 모으고 있다. 다양하고 방대한 요소의 실시간 분석이 부동산시장에서도 머지않았다. 더 나아가서는 단순한 수치들에 그치지 않고, 언어를 통해 전달되는 비정형 데이터까지 분석 대상에 포함시킴으로써, 부동산시장을 움직이는 심리적인 동향까지도 예측할 수 있는 미래가 다가오고 있다.

02.
빅데이터 활용 사례

   부동산 분야에서 빅데이터 활용은 국내외 모두 아직 초기 단계지만, 시장은 이미 패러다임 변화에 맞춰 움직이고 있다. 먼저 미국의 '스마트집Smart Zip'은 부동산 매물 2천여 개의 속성정보를 빅데이터에 대한 데이터마이닝data mining(많은 데이터 가운데 숨겨져 있는 유용한 정보를 발견하는 과정) 결과와 비교분석해, 향후 6~12개월 이내에 매물이 예상되는 대상을 알려주는 서비스를 제공하고 있다. 미국의 또 다른 부동산 관련 기업 '질로Zillow'는 리모델링이나 증축 등으로 주택의 가치가 달라질 경우 이를 소유자가 입력할 수 있도록 하는 등의 주택 가치평가 서비스를 제공한다. 또한 부동산 정보, GIS 위치 정보, 인구 및 통계 정보, 학군 정보 등 부동산 매매 시 필요한 정보를 통합관리하는 '제스티메이트툴Zestimate tool'을 활용해 보다 정확한 주택 가격 평가 결과를 제공한다.

   국내에서도 빅데이터를 사업에 활용하는 사례가 보이는데, '직방' 같은 부동산중개 스타트업에서 적극적으로 시도하고 있다. 예를 들어, 20~30대의 주거 수요가 역세권에 집중된다는 것을 데이터 분석으로 확인해 지하철역을 중심으로 부동산 정보를 제공한다거나, 이들이 아파트보다 오피스텔이나 원룸에 주로 거주한다는 사실을 포착해 이와 관련된 상품의 프로모션에 집중하는 식이다. 최근 그 수가 늘어나고 있는 부동산중개 애플리케이션을 '리얼터테크realtor tech'라고 한다. 부동산중개인을 뜻하는 리얼터와 기술을 의미하는 테크를 합친 신조어로, 빅데이터 분석이나 머신러닝 등 IT를 부동산중개에 접목시켜 위치, 규모, 가격 등 가장 적합한 부동산을 추천해주는 기법이나 사업을 가리킨다. 이 역시 중개업이 빅데이터를 만나 탄생한 새로운 변화라고 할 수 있다.

부동산 빅데이터가 말해주는 것들

앞에서 언급한 것처럼, 빅데이터는 그 종류가 다양하고, 양이 방대하며, 또 신속하게 수집되고 제공된다는 특징이 있다. 부동산과 관련해서도 이런 특징을 가진 수많은 데이터가 생산·공급되고 있다. 어떤 것은 민간에서 영리를 위해 만들어지고, 어떤 것은 공공에서 제공된다. 예를 들어, 통계청은 인구·가구·사업체 조사 자료나 주거이동 자료 등을 수집·공개하고 있다. 한국감정원은 지가변동이나 가격동향·공실률·임대전환율 등을 집계하며, 국토교통부는 부동산 개발과 관련한 각종 정보를 구축하고 있다.

이런 정보는 주택, 오피스, 상업용 부동산 등을 막론하고 부동산 관련 시장을 파악하는 데 중요한 열쇠가 되고 있다. 뿐만 아니라, 향후 실현 가능성이 있는 것들, 예를 들어 통신3사에서 집계한 실시간 유동인구 자료나 카드사에서 취합한 카드거래 및 가맹점 매출 등의 빅데이터들은 이전에는 볼 수 없었던 것을 보게 해주는 제3의 눈이 될 것이다.

현재 대표적인 부동산 빅데이터는 국토교통부에서 제공하는 주택실거래가 자료다. 이 데이터는 모든 주택 거래의 실거래가를 주소와 면적, 층수 등의 정보와 함께 공개한다. 매매의 경우 2006년부터 현재까지, 전월세는 2011년부터 현재까지의 모든 거래를 확인할 수 있다. 현

부동산 빅데이터, 어디까지 볼 수 있나?

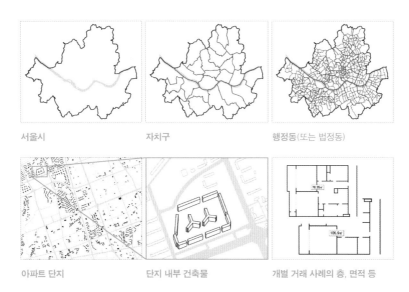

서울시 　　　　　　　　 자치구 　　　　　　　　 행정동(또는 법정동)

아파트 단지 　　　　　　 단지 내부 건축물 　　　 개별 거래 사례의 층, 면적 등

재 서울의 주택 수는 약 400만 호에 달하며, 1년치 매매거래량은 21만 건, 임대거래량은 37만 건에 이른다. 지금까지 1,300만 건이 넘는 거래 자료가 쌓여 있다. 이 주택실거래가 자료를 이용하면, 광역 단위에서 더 들어가 개별 거래 단위까지 관찰과 분석이 가능하다. 이전에는 경험정보와 감에 의존해야 했던 시장의 상황과 변화를 객관적으로 분석할 수 있게 되는 것이다.

그런데 이 주택실거래가 자료를 통해 우리는 과연 무엇을 알 수 있을까? 이런 빅데이터를 활용하기 위해서는 고급 통계기법과 데이터베이스 조작 능력 그리고 금융분석 능력이 요구된다. 이 장에서 소개하는 내용들은 주택실거래가 자료를 비롯한 다양한 부동산 빅데이터를 수집하고, SQL 언어를 활용해 데이터베이스를 가공해서 얻어진 결과다. 또한 '파이선Python'과 'R' 등을 활용해 계량경제모형을 구축, 자료의 흐름을 정확히 읽어내고 지역의 위험도를 계산해서 미래 예측치를 산출, 이를 소개한다.

CHAPTER 2
빅데이터로 읽는 부동산시장

2

데이터로 해석한 부동산 트렌드

매매거래가 가장 많은 주택 유형은?

주택은 아파트, 단독·다가구주택, 다세대·연립주택, 오피스텔 등으로 그 유형을 나눈다. 가장 거래가 많은 것은 어떤 유형의 주택일까? 주택 거래의 절대수를 비교하면, 아파트 거래가 다른 유형에 비해 압도적으로 많다. 서울을 기준으로 보면, 2016년 한 해 동안 오피스텔을 포함해 약 21만 건의 주택 거래가 있었는데, 이중 아파트가 12만 건으로 전체 거래의 58%를 차지했다. 서울은 그나마 그 비율이 낮은 편이다. 전국적으로 보면, 67%에 이른다. 경기도는 이보다도 높은 70%다. 경기도의 주택 거래 10건 중 7건은 아파트 거래라는 뜻이다. 이토록 아파트 거래가 많은 이유는 기본적으로 아파트가 많기 때문이다.

아파트 다음으로 거래가 많은 주택 유형은 4층 이하의 저층 공동주택인 다세대·연립주택이다. 다세대주택과 연립주택은 엄밀하게 따지면 면적 규모로 구분되는 차별적인 개념이지만, 일반적으로는 '빌라'라는 이름으로 통칭되고 있다. 2016년 전국의 빌라 거래량은 약 18만 건이었으며, 이중 3분의 1 정도가 서울에서 발생했다.

빌라 다음으로는 단독주택과 오피스텔 순이다. 다가구주택은 단독주택에 포함된다. 여러 세대가 거주하지만 구분소유가 되지 않기 때문이다. 현실에서 단독주택과 다가구주택의 주거 형태는 매우 다르지만, 거래 측면에서 보면 양쪽 모두 거래가 빈번한 편은 아니다. 특히 다가

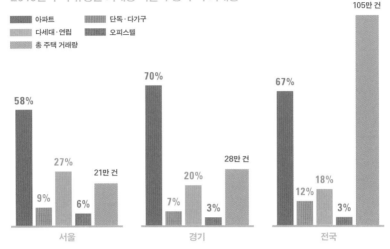

■ 아파트　　■ 단독·다가구
■ 다세대·연립　　■ 오피스텔
■ 총 주택 거래량

서울
58%
9%
27%
21만 건
6%

경기
70%
7%
20%
28만 건
3%

전국
67%
12%
18%
3%
105만 건

자료 실거래가 공개 시스템, 국토교통부

구주택은 19세대 이하가 살고 있는 주택을 건물 단위로 거래하는 것이기 때문에, 실거주를 목적으로 다가구주택을 매입하는 경우는 흔치 않다. 오피스텔은 다른 유형의 주택에 비해 전체 물량이 현저히 적어 거래량 역시 적다.

어떤 주택 유형이 얼마나 빈번하게 거래되는지를 알기 위해서는 유형별 주택 수 대비 거래 건 수, 즉 주택 유형별 거래 빈도를 비교해봐야 한다. 일례로 서울은 다른 지역에 비해 다세대·연립주택의 거래가 많고, 전체 거래 중 차지하는 비중 역시 27%로 다른 지역에 비해 훨씬 높다. 그러나 이를 두고 서울의 다세대주택 거래가 활발하다고 할 수는 없다. 서울의 '빌라' 거래가 많은 것은 전체 주택 중 다세대·연립주택의 비중이 높기 때문으로, 물량 대비 거래 빈도는 오히려 전국 평균에 비해 낮은 수준이다.

서울의 주택 유형별 거래 빈도를 보면, 아파트 7.7%, 단독·다가구주택 5.6%, 다세대·연립주택 7.0%, 오피스텔 9.4%다. 가장 거래가 빈번한 주택 유형은 오피스텔이고, 가장 뜸한 것은 단독·다가구주택이다. 아파트는 그 중간 정도 수준이다. 2016년 기준으로 서울에는 164만 호 정도의 아파트가 있다. 같은 해 아파트 매매거래는 124,000여 건이었으니, 산술적으로 따져보면, 한 해 동안 서울 아파트의 7.7%가 거래된 셈이다. 거래가 유난히 적었던 2012년을 제외하면 2006년부터 현재까지의 아파트 물량 대비 거래량은 평균 5.8%로, 전체 아파트가 거래되기까지는 약 17년이 소요된다. 다시 말하면, 대략 17년이면 지금 있는 아파트 대부분의 소유주가 바뀐다고 상상할 수 있다.

다세대주택의 거래 비율도 아파트와 유사한데, 아파트 거래가 좀 더 우세한 서울과 달리 경기도를 비롯한 전국의 다른 지역에서는 다세대

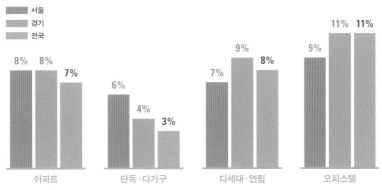

2016년 주택 유형별 물량 대비 매매거래량 비율

- 서울
- 경기
- 전국

아파트	단독·다가구	다세대·연립	오피스텔
8% 8% 7%	6% 4% 3%	7% 9% 8%	9% 11% 11%

자료 실거래가 공개 시스템, 국토교통부 / 주택총조사 2016, 통계청

주택이 아파트에 비해 더 빈번하게 거래되고 있다. 집계가 시작된 2006년 이후 현재까지의 거래를 보면, 다세대·연립주택의 거래 비율이 아파트보다 대체로 우세한 양상을 보이고 있음을 알 수 있다. 환금성이 좋다고 여겨지는 아파트의 거래 빈도가 가치평가가 어려운 '빌라'와 비슷하거나 덜 활발하다는 것은 의외의 결과다. 부동산정책은 아파트시장을 중심으로 운영되는 데 비해, 상대적으로 저렴한 소형 주택이 많은 빌라시장도 투자 수요가 못지않음을 짐작할 수 있다.

임차거래가 가장 빈번한 주택 유형은?

전월세시장은 매매시장과 다른 모습을 보여준다. 예상할 수 있다시피, 임차거래는 매매거래에 비해 많이 발생한다. 2016년 한 해 동안 대한민국에서 발생한 전월세거래는 120만 건으로, 105만 건 발생한 매매거래의 1.2배였다. 서울은 그 차이가 더 커, 임차거래가 1.7배나 되었다.

그러나 모든 유형의 주택에서 임차거래가 매매보다 많은 것은 아니다. 예외적으로 서울에서는 모든 유형의 주택에서 임차거래가 더 많았지만, 전국적으로 보면 아파트와 다세대·연립주택은 매매거래가 더 많다. 달리 말하면, 서울 외 지역에서는 아파트와 다세대주택은 임대시장보다 매매시장이 더 활성화되어 있다고 할 수 있다.

매매는 건물 단위에서, 임차는 가구 단위에서 이루어져, 임차거래 빈도가 매매에 비해 월등한 다가구주택 때문에 임차시장이 매매시장보다 활발한 것이 일반적인 현상인 것 같은 착시가 발생한다. 그런데 실제로 임차거래가 더 활발한 것은 서울을 비롯한 일부 대도시에 국한된 현상이다. 경기도만 하더라도 매매와 임차거래의 비율이 아파트는 1:1, 다세대주택은 1:0.8로 임차거래량이 더 적다.

서울은 주택 가격이 비싸고 주거 선택에 있어 직업이나 교육 등 외부 요인이 많이 작용해 이동성이 크기 때문에 단기 거주 수요가 많고, 따라서 임차시장이 활성화되어 있다. 그러나 다른 지역에서는 장기 거주 목적으로 구매하는 아파트와 빌라 수요가 더 많은 것으로 해석할 수 있다.

구체적인 데이터로 들어가보자. 서울의 전월세거래에서 눈에 띄는 것은 단독·다가구주택의 높은 거래량이다. 2016년 한 해 동안 11만 건으로, 전체 임차거래의 30%를 차지한다. 아파트 다음으로 높은 비중이다. 매매거래에서 단독주택이 전체 거래의 10%에도 못 미쳤던 것과 비교하면 차이가 크다. 빈번한 단독·다가구주택 임차거래는 서울에서 보이는 독특한 현상으로, 전국의 3분의 1가량이 서울에 집중되어 있다.

그 이유는 다가구주택이 도시의 저렴한 임대주택을 대표하는 주택 유형이기 때문이다. 일반적으로 다가구주택은 아파트에 비해 주거의

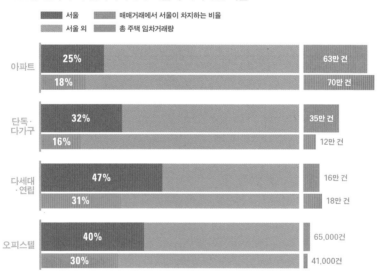

2016년 전국 주택 임차거래에서 서울이 차지하는 비율

자료 실거래가 공개 시스템, 국토교통부 / 주택총조사 2016, 통계청

2020 부동산 메가트렌드

질은 떨어지나 상대적으로 저렴하기 때문에 저소득층이나 대학생, 사회초년생들의 수요가 많다. 이들은 이동성이 높아 임차거래도 잦은 편이다. 이처럼 저렴한 임대주택의 주 수요층은 입지와 임대료 수준에 민감한 편이다. 이때 임대료는 면적 대비 가격보다 절대가격이 중요한 판단기준이 된다. 실제로 다가구주택은 면적은 좁으나 평당 임대료는 상대적으로 비싸다. 때문에 대학가 등 수요가 밀집한 곳에서는 다른 주택 유형에 비해 임대수익률이 높다.

　물량에 대비해서 보면, 매매와 달리 임차거래는 모든 유형에서 서울의 거래 빈도가 다른 지역보다 높다. 그만큼 인구의 이동이 잦고, 거래가 활발하게 일어나고 있다는 의미다. 서울의 경우 모든 유형의 주택에서 전체 세대 수의 9~10%에 달하는 임차거래가 해마다 발생하는 것으로 확인되는데, 최소 2년 이상의 일반적 계약 주기를 고려하면 상당한 비율이다. 그리고 오피스텔의 경우에는 이보다 두 배 이상의 거

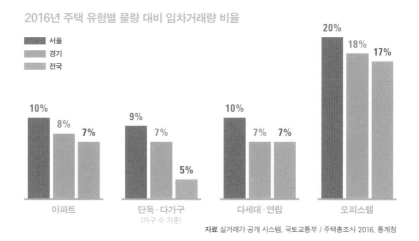

2016년 주택 유형별 물량 대비 임차거래량 비율

■ 서울
■ 경기
■ 전국

아파트: 10% 8% 7%
단독·다가구 (가구 수 기준): 9% 7% 5%
다세대·연립: 10% 7% 7%
오피스텔: 20% 18% 17%

자료 실거래가 공개 시스템, 국토교통부 / 주택총조사 2016, 통계청

래가 이루어지고 있다.

임차거래가 빈번하다는 것은 그만큼 단기 임대가 많고 수요자의 임시성이 높은 주거 유형이라는 의미다. 이를 반영하듯 오피스텔은 월세의 비중이 높다. 준주택에 해당하는 오피스텔은 1인 가구 증가나 저출산과 같은 최근의 인구특성 변화와 함께 성장해왔다. 잠시 규제가 강화된 2007~2008년을 제외하면, 그 직전과 직후, 현재까지도 집중적으로 공급되고 있다. 오피스텔의 수요를 반영하는 임차거래 역시 꾸준히 증가해, 서울의 경우 2016년에만 약 2만 건의 전월세거래가 있었다. 이는 2011년의 두 배 수준이다. 때문에 수익형 부동산으로서 오피스텔에 대한 관심이 뜨거웠다. 그러나 임시성이 높은 임차 수요의 특성은, 다른 한편으로는 시설 노후와 경쟁에 취약해 공실 발생 위험이 높다는 의미이기도 하다.

03.

무엇이 거래를 움직이는가?

부동산 빅데이터를 활용하면 최신의 가격과 거래량뿐 아니라 과거의 이력까지도 확인할 수 있다. 이런 정보들을 통해 시간의 흐름을 살펴보면, 각 시장이 어떻게 변화하고 있는지를 한눈에 알 수 있다. 다음 페이지의 두 그래프는 서울 아파트의 매매와 임차거래의 월별 빈도를 보여준다. 상대적인 비교를 위해 거래량 대신 물량 대비 거래 비율을 사용했다. 두 그래프를 서로 비교해보면, 대상 기간이 좀 다르긴 하지만 패턴의 차이가 뚜렷하다.

먼저 매매거래를 보면(앞 페이지의 그래프), 2006~2016년 월별 평균 거래 비율은 0.5%다. 평균적으로 한 달 사이에 전체 아파트 물량의 0.5%가 거래된다는 뜻이다. 그러나 월별 거래량 변동이 커서 평균의 절반 이하를 밑도는 기간이 이어지는가 하면, 평균의 3배를 넘는 거래량이 일시에 나타나기도 한다. 이런 거래량 변화는 가격의 변화와도 밀접한 관계가 있다. 특히 급격한 거래량 증가는 곧잘 가격 상승으로 이어지곤 한다. 2006년 하반기와 2008년 상반기, 2009년 하반기의 서울 아파트 가격 상승 국면에는 어김없이 급격한 거래량 증가가 있었다.

많은 거래량은 서울 아파트에 대한 집중된 수요를 반영하는 것이라고 할 수 있다. 2006년은 그간 눈치를 보며 미뤄왔던 주택 구매 수요가 전세난과 분양가 상승 분위기에 갑자기 서울과 수도권에 쏠린 시기

2006~2017년 서울 아파트 매매거래량(물량 대비) 변화

서울 아파트 매매가격지수(KB부동산)

평균

자료 실거래가 공개 시스템, 국토교통부

2011~2016년 서울 아파트 임차거래량(물량 대비) 변화

서울 아파트 전세가격지수(KB부동산)

평균

자료 실거래가 공개 시스템, 국토교통부

로, 거래가 집중되면서 서울의 아파트 가격이 급상승했다. 이후 시장 과열의 여파로 집값 하락을 예측하는 목소리가 높았으나, 2007년에는 거래량이 평균 수준을 유지하면서 급격한 가격 하락은 발생하지 않았다. 대신 2008년 글로벌 금융위기 이후 거래량이 급감했고, 가격도 따라서 떨어졌다. 그러나 '서울 아파트 불패'라는 그간의 학습효과와 저금리 정책에 따른 효과로, 2009년 일시에 거래량이 폭증했고 가격 역시 반등했다. 가격이 하락한 2010~2014년에는 거래량 역시 저조한 수준이었다. 최근을 보면, 2015~2016년부터 늘어난 거래량을 바탕으로 가격이 꾸준히 오르고 있다.

반면 전월세거래는 매매보다 높은 평균 0.8% 수준에서 큰 변동 없이 꾸준한 움직임을 보인다(왼쪽 그래프). 외부 환경 변화에 따라 심한 편차를 보이는 매매거래량에 비해 전월세는 안정적인 거래량을 유지하고 있다. 이는 투자 수요가 반영된 매매거래와 실수요 중심 임차거래의 성격 차이에서 나타나는 현상이다.

지역별 수요와 그에 따른 공급 변화

시간적 변화 외에도 각 지역의 공간적 차이 또한 부동산 분석에서 중요한 요소다. 지리적인 특성과 주변 환경에 따라 성격이 달라지는 것은 부동산의 기본적인 특성이다. 서울이 전국의 다른 지역과 차별되는 특별한 위상을 갖는 것 못지않게, 서울 내 각 지역들 또한 뚜렷한 차이를 보인다.

다음의 세 그래프는 2005~2014년 서울의 각 구별 주택량 증가를

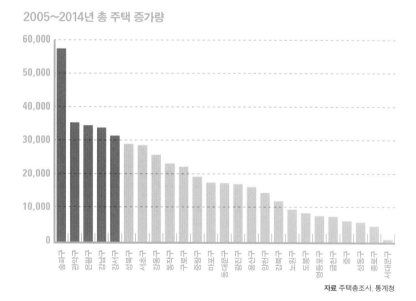

2005~2014년 총 주택 증가량

자료 주택총조사, 통계청

보여준다. 주택 총량으로 보면, 주택 수가 가장 많이 증가한 자치구는 송파구다. 10년 사이 6만 호 가까이 늘어났는데, 증가율도 34%로 25개 구 가운데 가장 높다. 송파구의 주택 증가는 아파트와 다세대주택에 의한 것으로, 아파트는 가장 많이, 다세대주택은 강서구 다음으로 많이 공급되었다. 이런 결과는 송파구에 대한 거주 수요가 그만큼 높

2005~2014년 아파트 증가량

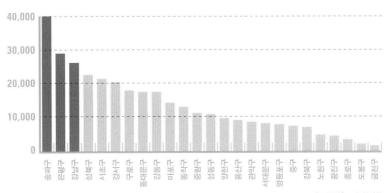

자료 주택총조사, 통계청

2005~2014년 다가구주택 증가량

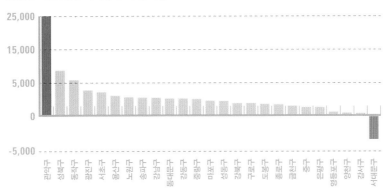

자료 주택총조사, 통계청

았다는 것을 방증한다. 한편으로는 수요에 따른 주택 공급 여지가 있었기에 가능했던 일이기도 하다. 10년 사이 집중적인 공급으로 (세대 기준) 주택 수가 가장 많은 구가 되었다(2005년에는 노원구).

송파구 다음으로 주택이 많이 증가한 곳은 관악구다. 같은 시기 36,000호의 주택이 공급되었는데, 가장 큰 비중을 차지한 것은 다가구주택이다. 다가구주택의 공급이 많은 지역은 관악구, 성북구, 동작구, 광진구 순인데 주로 대학들이 위치한 지역이다. 상대적으로 저렴한 임대용으로서 다가구주택 수요의 특성이 잘 드러나는 결과다. 임대사업을 목적으로 하는 다가구주택과는 달리, 아파트는 주거용으로서의 실거주 수요를 반영한다. 아파트 공급은 송파구, 은평구, 강남구, 성북구, 서초구, 강서구 순인데 이들 지역에는 평균적으로 해마다 2,000~3,000호의 아파트가 신규 공급되었다.

05.

서울은 아파트의 도시인가?

　서울의 전체 주택 중 41%가 아파트다. 서울에 아파트가 이처럼 많다는 것은 사실 놀라운 일이 아니다. 그렇다면 서울에 아파트가 많은 것이 아니라는 사실은 어떨까? 실제로 서울의 아파트 비율은 전국 평균에 못 미치는 수준이다. 오히려 경기도가 서울에 비해 훨씬 더 아파트 중심적인 주택 구성이다. 경기도의 아파트 비율은 서울보다 12%p나 높은 53%다. 경기도의 신도시들이야말로 '아파트의 도시'라 할 수 있다.

　서울의 높은 인구밀도에 아파트뿐 아니라 다세대나 다가구주택 등 5층 이하의 주택이 큰 몫을 하고 있다는 이야기다. 서울에 거주하는 가구의 50% 이상이 이런 저층 주택에 살고 있다. 387페이지의 분포도에서 확인할 수 있는 것처럼, 공간적으로도 저층 주택지가 아파트에 비해 훨씬 넓게 분포하고 있다. 실제로 서울은 다른 도시들에 비해 다가구와 다세대주택의 비중이 높은 편이다. 특히, 서울의 (다가구주택이 포함된) 단독주택 건물 수 대비 가구 수 비율은 3.6으로, 전국 평균인 1.9의 배 가까이 높다. 서울 이외 지역에서는 다가구를 포함한 단독주택에 평균적으로 1.9가구 이하가 거주하는 반면, 서울에서는 평균 3.6가구가 살고 있다는 이야기다.

2016년 서울, 경기, 전국의 유형별 주택 수(호)

주택 유형	서울	비율	경기	비율	전국	비율
아파트	1,595,259	40.6%	2,486,401	53.4%	9,449,436	47.6%
단독·다가구*	1,229,592	31.3%	1,209,894	26.0%	6,912,141	34.8%
다세대·연립	772,398	19.7%	639,860	13.7%	2,248,237	11.3%
건물 내 주택	27,787	0.7%	30,938	0.7%	184,774	0.9%
주택 이외 거처	166,859	4.3%	193,550	4.2%	691,672	3.5%
오피스텔	132,983	3.4%	99,485	2.1%	376,588	1.9%
계	3,924,878	100%	4,660,128	100%	19,862,848	100%

※단독·다가구: 가구 수 기준

자료 주택총조사 2016, 통계청

2016년 서울, 경기, 전국의 유형별 주택 비율

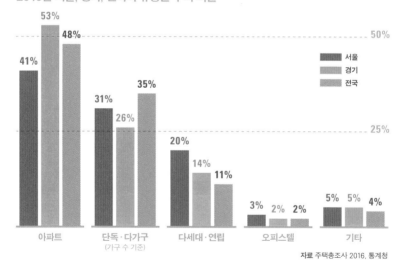

자료 주택총조사 2016, 통계청

서울시 아파트 분포

서울시 비아파트 분포

자료 도로명주소기본도 2015, 행정자치부

　그렇다면 서울의 아파트 비율이 경기도나 전국 평균에 비해 낮다는 사실이 서울에 아파트가 더 공급될 여지가 있다는 것을 의미할까? 먼저, 서울에 아파트가 꾸준히 공급되고 있는지 확인해보자.

　주택 착공 자료를 통해 주택 유형별 공급 현황을 확인할 수 있는데, 지난 7년간 서울의 아파트 공급은 저조한 수준이었다. 다음 페이지의 착공 면적 그래프에서 확인할 수 있듯이, 경기도와 유사한 공급 규모를 보이는 다세대주택과 비교해, 2012년 이후 서울의 아파트 공급은 절대량뿐 아니라 상대적인 양에 있어서도 현저히 적다. 서울에 아파트가 집중적으로 공급된 것은 1990년대 말에서 2000년대 초까지로, 뉴타운 실패 이후로는 대규모 재개발 여력은 상실된 상태다. 새로 택지를 개발할 수 있는 지역도 서울 내에는 거의 없다. 때문에 앞으로도 대규모 아파트 공급은 어려워 보인다. 어쩔 수 없이 서울의 아파트 공급은 재건축 위주로 진행될 것이다. 실제로 2000년대 중반부터 서울의 전체 주택 수에서 아파트가 차지하는 비율에는 큰 변화가 없다.

2010~2016년 수도권의 분기별 아파트 착공 면적

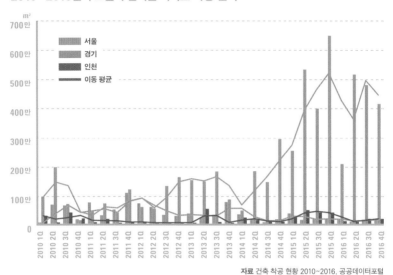

자료 건축 착공 현황 2010~2016, 공공데이터포털

2010~2016년 수도권의 분기별 다세대주택 착공 면적

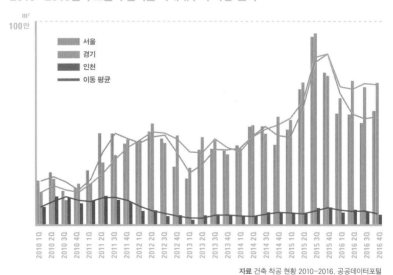

자료 건축 착공 현황 2010~2016, 공공데이터포털

2020 부동산 메가트렌드

아파트 재건축과 관련해서는 앞으로 새로운 이슈가 예상된다. 현재 아파트 관련 최대 관심사는 강남3구에 집중된 30년 이상 된 아파트단지들의 재건축이다. 강남이 개발된 1970~1980년대에 지어진 많은 아파트가 재건축 기준 연한을 지나면서 재건축시장이 본격적으로 활기를 띠고 있다. 상대적으로 오래된 아파트단지여서 용적률 여력이 있고, 그래서 사업성이 좋은 지역이 다수 있다. 또 '강남 불패' 신화와 높은 수요 때문에, 강남 재건축은 정부의 부동산대책에도 아랑곳하지 않고 뜨거운 열기 속에서 진행되고 있다.

문제는 강남 재건축 이후다. 재건축 연한이 돌아오는 단지들이 서울 전역에 산재하고, 조건의 최대한으로 개발된 곳이 많아 사업성 역시 문제가 될 수 있다. 더욱이 현재와 같은 저성장 기조에서 재건축사업은 점차 힘들어질 것으로 예상된다. 때문에 지금보다 높은 수준의 전문성이 요구될 것이다. 다른 한편으로는 아파트가 집중적으로 공급된 1990년대 이후 지어진 아파트단지들에서는 노후화로 인한 리모델링이 새롭게 주목받을 것으로 보인다.

뉴타운 시대의 종말을 단적으로 보여주는 또 다른 현상이 저층 주거 밀집지에서 나타나고 있다. 대규모 철거·재개발 대신 기존 저층 주택의 소규모 재건축이 새로운 도시개발 트렌드로 자리 잡고 있다. 개발을 기다리던 노후 주택들이 뉴타운의 꿈을 접고 소지역 단위 개량을 시작한 것이다. 실제로 다세대주택 공급은 아파트 공급이 저조했던 지난 7년간 꾸준히 증가했다. 뿐만 아니라 서울의 단독·다가구 거래 비율도 전국 평균의 1.8배인 5.6%로, 기존 노후 주택의 개량이 활발하게 이루어지고 있다.

경과 연수별 서울시 아파트 분포

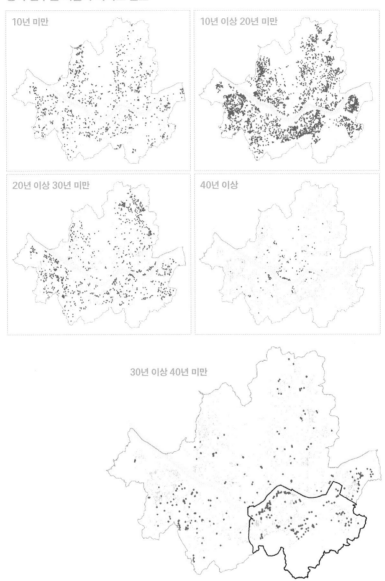

자료 도로명주소기본도 2015, 행정자치부 / 건축물대장, 국토교통부

또한 추세로 보면 단독주택이 다세대주택으로 바뀌어가고 있다. 1996~2016년 서울 주택의 유형별 비중을 보면(아래 그래프), 단독·다가구주택이 점차 감소하고 다세대·연립주택이 늘어나는 것을 확인할 수 있다. 아파트의 경우 비율이 꾸준히 상승하다가 2000년대 중반 이후 일정하게 유지되고 있다. 앞서 지적했듯이, 과거와 같은 대규모 아파트 공급이 현실적 한계에 부딪혔기 때문이다. 이런 추세를 따라 앞으로도 서울의 주택시장에서 다세대·연립주택의 비중이 높아질 것으로 보인다. 뿐만 아니라 다세대주택은 소규모 재건축을 통해 꾸준히 공급되고 있어, 혁신과 관심이 집중될 여지도 있다.

서울과는 대조적으로 전체 주택 중 아파트 비중이 70%에 육박하는

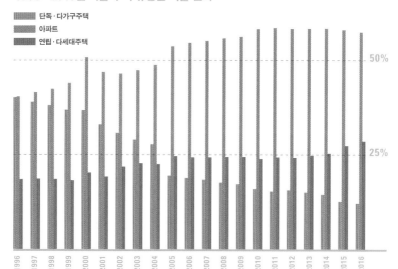

1996~2016년 서울 주택 유형별 비율 변화

단독·다가구주택
아파트
연립·다세대주택

자료 주택 현황, 서울특별시

경기도는 지금도 대규모 개발이 꾸준히 이루어지고 있다. 388페이지의 아파트 착공 면적 그래프에서도 확인할 수 있듯이, 경기도의 아파트 공급은 2012년 이후 빠르게 늘어 지금까지도 높은 수준을 유지하고 있다. 경기도는 기존 노후 주택지를 재개발해야만 하는 서울과 달리, 신개발이 가능한 대규모 필지가 얼마든지 있기 때문에, 꾸준한 아파트 수요에 맞춰 공급을 지속적으로 하고 있는 것이다.

그러나 이런 물량공세가 오히려 기존 주택시장의 발목을 잡고 있다. 단적으로 분당의 경우만 보더라도, 아파트 가격은 2008년 금융위기 이후 제자리걸음으로, 같은 시기 가격이 꾸준히 상승한 서초구와 비교된다. 신개발로 인한 대체재의 등장이 기존 아파트에 대한 수요를 빼앗은 탓이다. 이런 현상은 곧 재개발 연한을 맞이하는 분당, 평촌, 일산 등 1기 신도시 구시가지의 재개발 여력에도 영향을 미칠 것이다.

그와 동시에 이런 신개발 방식의 지속적인 공급이 언제까지 가능할지도 의문이다. 초고층 주거타운으로의 강남 재건축이 완료되고, 서울 내 노후 주택 정비가 이루어진 후에도, 2000년대 이후에 개발된 경기도 신도시에 대한 인기가 지금처럼 유지될 수 있을까?

CHAPTER 2
빅데이터로 읽는 부동산시장

3

빅데이터 활용하기

개포동에 공존하는 2개의 시장

　일반적으로 부동산시장은 광역 단위에서 분석하는 경향이 있다. 그러나 실제 현장에서 시장은 매우 세분화되어 있기 때문에, 좀 더 미시적인 단위에서 들여다볼 필요가 있다. 강남구 개포동의 사례는 미시적 시장의 존재를 보여준다.

　396~397페이지의 위 그래프는 각각 2006~2017년 강남구 개포동과 압구정동의 월별 아파트 거래를 박스플롯box plot 형태로 표현한 것이다. 평균을 중심으로 1, 3사분위 값을 박스로 표현한 것인데, 주가나 부동산 등의 시장 흐름을 읽을 때 주로 사용되는 방식이다. 그래프를 보면 압구정동의 경우 대부분 거래의 편차가 크지 않아 안정적이고 뚜렷한 패턴을 보여주는 반면, 개포동은 거래의 편차가 크고 패턴도 명확히 보이지 않는다. 예를 들어 2011년 1월, 압구정동에서는 대부분의 거래가 3.3㎡당 4,200만~5,000만 원에서 이루어진 데 비해, 개포동은 3,300만~6,000만 원까지로 가격 편차가 매우 크게 나타난다. 이 그래프상에서 개포동은 예측 가능성이 떨어지는 위험시장이다.

　그러나 각각의 아래 그래프를 보면, 이런 평가가 틀렸다는 것을 단번에 알 수 있다. 2006~2017년 강남구 압구정동과 개포동의 모든 아파트 거래의 3.3㎡당 가격을 점으로 표시한 것이다. 개포동 아파트시장은 둘로 나뉘어 있다. 압구정동은 동 전체를 하나의 시장으로 봐도

강남구 압구정동의 3.3m²당 아파트 매매 가격(2006. 1~2017. 7)　　　(단위: 만 원)

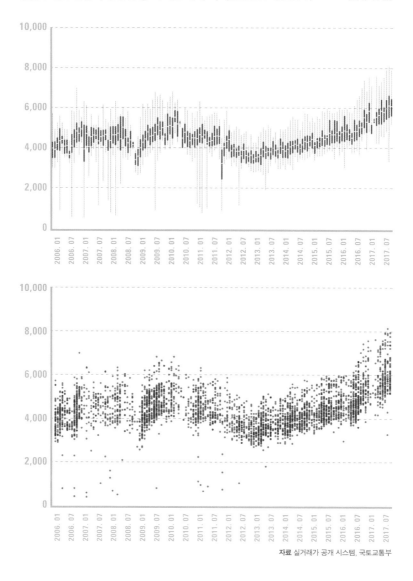

자료 실거래가 공개 시스템, 국토교통부

강남구 개포동의 3.3m²당 아파트 매매 가격(2006. 1~2017. 7)   (단위: 만 원)

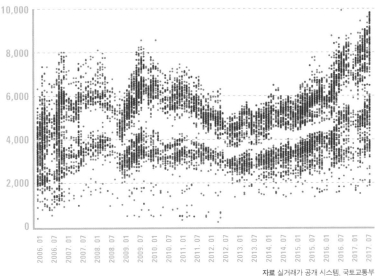

자료 실거래가 공개 시스템, 국토교통부

무방할 정도로 안정적인 패턴을 보이는 반면, 개포동의 거래는 높은 가격과 상대적으로 낮은 가격대의 두 시장으로 나뉘어 있다. 압구정동과 비교해도 하나는 비싼 가격대의 시장이고, 다른 하나는 저렴하다 싶을 정도로 낮은 가격대다. 시장의 움직임도 큰 틀에서는 유사한 패턴을 보이지만, 변화 폭이나 이슈에 대한 반응은 서로 다르다. 이것이 바로 우리가 빅데이터를 통해 시장을 봐야 하는 이유다.

이처럼 부동산 빅데이터는 우리가 시장을 명확하게 파악하는 데 도움을 줄 수 있다. 시장에 대한 객관적인 시각은 시장에서 발생하는 왜곡을 피해 안정적인 투자를 하는 데 매우 중요하다. 한국 사회에서 주택은 살아가는 '집'이라기보다 '재산'으로서의 의미가 강하고, 기성세대가 경험한 부동산의 엄청난 성장은 많은 사람의 심리 속에서 아직도 현재진행형이다. 때문에 저성장 시대에 접어든 지금도 재개발은 전국적인 관심의 대상이 되고, 기획부동산이나 소위 '떴다방' 등에 의한 부동산투기 문제도 끊임없이 제기되고 있다. 최근 열풍이 불었던 갭투자(전세가와 매매가의 차이가 적은 아파트를 매입해, 단기간에 전세가를 올려서 매매 가격 상승을 유도하는 투자방식)는 지금도 변함없는 부동산에 대한 대중의 높은 기대와 관심을 보여주는 사례라 할 수 있다.

실제로 시장 왜곡 문제가 심심치 않게 발생하고 있음에도 불구하고, 부동산의 거품을 만들어내는 투기적 성격의 투자가 어느 지역에 얼마나 존재하는지, 그리고 그것이 시장에 어떤 영향을 주는지에 대해서는 현실적인 연구나 정보가 부족한 실정이다. 시장의 왜곡을 감시하는 체계적인 시스템이 작동하고 있지 못한 것이다. 부동산시장의 움직임은 매우 복잡해서, 개별 거래의 의도를 정의하거나 정확히 평가하기가 쉽지 않다. 그러나 활용 가능한 자료들이 점점 증가하고 빅데이터 분석 기술이 향상되면서 이런 문제에 대한 분석이 현실화되고 있다.

그간의 부동산시장 분석은 주로 광역적 공간에 초점이 맞춰져 있었다. 주택부동산시장의 다수 참여자인 일반 대중에 대한 합리적 정보 제공보다는 거시경제의 변화 관점에서 부동산시장에 관심을 가져왔기 때문이다. 그러나 시장의 교란은 대부분 국지적인 시장에서 발생하므로, 미시 공간을 대상으로 하는 디테일한 분석이 필요하다. 공간 단위에 따라 시장의 성격이 다르며, 실제 시장의 왜곡이 발생하는 것은 특정 지역의 특정 아파트단지 같은 국지적 시장이다. 특정 지역의 거래 가격이 왜곡되었을 경우, 해당 지역의 거래 당사자들에게 피해가 발생할 수 있으며, 더 나아가 거시 시장에까지 부정적인 영향을 초래할 수 있다. 이에 대비하기 위한 미시적 공간 단위의 부동산 정보 시스템 등이 요구된다.

시장은 얼마나 회복되었나? 상승 여력은 남았다

부동산 빅데이터는 현재 상황을 객관적으로 파악할 수 있다는 점에서도 유용하지만, 우리가 이것에 관심을 갖는 궁극적인 목적은 시장의 미래를 예측하는 데 있다. 시장 예측을 비롯해 빅데이터의 진면목을 볼 수 있는 고급 분석은 방대한 양의 데이터만으로는 불가능하다. 슈퍼컴퓨터를 갖춰 많은 기상 데이터를 확보해도, 그 해석 능력의 한계 때문에 기상 예측의 불확실성을 해소하지 못하고, 이로 인해 막대한 피해가 매년 반복되는 것처럼, 데이터는 단순한 '양'의 문제가 아니라 과학적이고 전문적인 '해석 능력'이 관건이라 하겠다.

이 장에 활용된 빅데이터 분석기법은 HMS부동산랩의 분석에 주로 활용되는 툴로, 미국의 하버드대학교와 상업용 부동산 투자·금융회사들이 주로 사용하는 분석 프로그램에 한국형 특성을 가미한 모델이다. 빅데이터를 활용하기 위해서는 고급 통계기법과 데이터베이스 조작 능력 그리고 고도의 금융분석 능력이 요구된다. 이 연구를 위해서 SQL 언어를 활용해 데이터베이스를 조작했고, 파이선과 R을 활용해 계량경제모형을 구축함으로써, 자료의 흐름을 정확히 읽어내고 지역의 위험도를 계산해서 미래 예측치를 산출하도록 설계했다. 따라서 기존의 시세분석 및 평균가 계산을 중심으로 하는 기계적 분석법과는 분석 결과의 완성도 면에서 큰 차이가 있다.

데이터 분석을 통한 미래 예측은 기본적으로 모델링이라는 과정을 통해 진행된다. 추정하고자 하는 주택 가격의 구조적인 면을 해석해서 빅데이터를 통해 가격 추정 모델을 만드는 것이다. 그 모델은 결과 값이 실제 가격을 얼마나 잘 설명하는지에 따라 완성도를 평가할 수 있다. 아래 그래프의 빨간 선은 아파트 실거래 자료를 이용해 자체적으로 개발한 서울의 아파트 가격지수다. 검은 선으로 표시된 서울의 아파트 실거래 사례의 중위가격 패턴과 유사하게 결과가 도출되어, 시장의 움직임을 현실에 가깝게 반영한 가격지수라 할 만하다.

나머지 두 실선은 현재 사용되고 있는 아파트 가격지수로, 각각 KB국민은행 아파트 가격지수와 한국감정원 아파트 실거래가지수다. 실거래가가 공개된 2006년부터 현재까지의 실거래가 변화와 비교해보

서울의 아파트 거래 중위가격과 빅데이터 아파트 가격지수

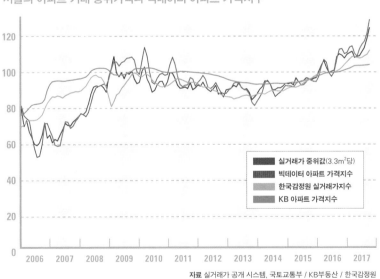

자료 실거래가 공개 시스템, 국토교통부 / KB부동산 / 한국감정원

면, 전체적으로는 유사한 방향이지만, 미시적인 차원에서는 상당한 차이를 보여준다. 일부 기존 지표는 실제 거래된 가격이 아닌 감정평가 가격, 다시 말해 부동산중개사 혹은 직원 등이 조사한 호가가 자료에 반영됐기 때문에, 각 조사자들의 편의bias가 개입되어 실제 시장의 가격 등락이 덜 민감하게 반영되는 평활화smoothing 현상이 나타나고, 실제 시장의 움직임과 시차time-lagging를 보이기도 한다. 다른 한편으로는 표본주택을 분석 단위로 사용해 거래량에 반영되어 있는 주택 수요 트렌드의 변화가 무시되기도 한다.

실제로 KB국민은행 아파트 가격지수는 글로벌 금융위기 직전인 2008년 중반에 정점을 찍고, 이후 완만한 하향곡선을 그리는 것으로 시장을 해석하고 있으나, 현실에서 고점은 유동성 확대에 힘입어 거래량이 급증한 2009년에 나타났다. 또한 기존의 두 가격지수에서는 2007~2008년의 급격한 아파트 가격 상승도 과소평가된 측면이 있다.

부동산 실거래 빅데이터를 활용한 아파트 가격 모델링을 통해 기존의 지표가 짚어내지 못한 시장의 특이사항을 포착할 수 있다. 현재 서울의 주택부동산시장은 금융위기 이후 한 차례 저점을 지나 회복하는 사이클에 있다. 2014년부터 시작된 완만한 가격 상승 추세가 2016년부터 탄력을 받아 빨라지고 있다. 이런 상승 분위기는 언제까지 이어질까? 이를 알기 위해서는 먼저 시장이 침체 이전 수준만큼 회복되었는지를 확인해봐야 한다. 그리고 경제환경의 변화 속에서 실제적인 주택 가격의 역동을 파악하기 위해서는 물가 상승 등이 보정된 실질가격에 의한 트렌드를 살펴봐야 한다.

다음의 그래프들은 서울시 아파트 거래 빅데이터를 사용해 모델링한 강남구, 서초구, 강동구의 아파트 가격 변화 트렌드를 설명하고 있다. 검은 선은 실제 아파트 거래의 중위가격을, 파란 선은 명목가격을, 빨간 선은 인플레이션을 감안한 실질가격을 토대로 모델링한 가격지수다. 실질가격의 경우, 그간의 물가 상승으로 발생한 가격 상승분이 보정된 결과로, 실제 가격보다 낮다. 또한 물가 상승 수준이 높을수록 명목가격과 실질가격의 차이는 커진다. 때문에 가격지수상에서 과거와 현재 가격 간의 상대적인 비교가 가능하다.

결과를 보면, 현재 세 지역이 서로 다른 상황에 있음을 알 수 있다. 먼저, 강남구는 실질가격 기준으로 2017년 현재 2009년의 고점 수준을 회복했다. 실제 거래된 가격, 즉 명목가격으로 보면 2016년 초 이미 과거 고점 수준을 넘어섰지만, 그간 꾸준히 물가가 상승했기 때문에

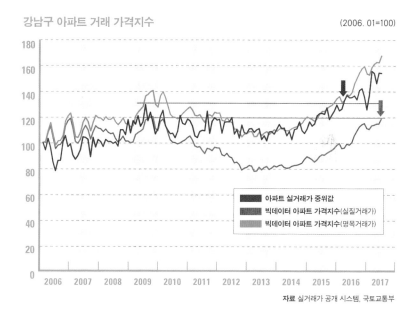

강남구 아파트 거래 가격지수 (2006. 01=100)

범례:
- 아파트 실거래가 중위값
- 빅데이터 아파트 가격지수(실질거래가)
- 빅데이터 아파트 가격지수(명목거래가)

자료 실거래가 공개 시스템, 국토교통부

서초구 아파트 거래 가격지수

(2006. 01=100)

범례:
- 아파트 실거래가 중위값
- 빅데이터 아파트 가격지수(실질거래가)
- 빅데이터 아파트 가격지수(명목거래가)

자료 실거래가 공개 시스템, 국토교통부

강동구 아파트 거래 가격지수

(2006. 01=100)

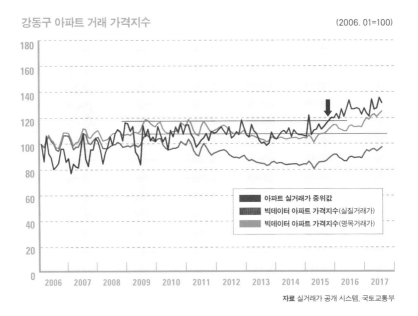

범례:
- 아파트 실거래가 중위값
- 빅데이터 아파트 가격지수(실질거래가)
- 빅데이터 아파트 가격지수(명목거래가)

자료 실거래가 공개 시스템, 국토교통부

그만큼 화폐의 가치가 떨어져, 2016년의 거래가격이 2009년과 같더라도 당시의 아파트 가치를 회복했다고 볼 수는 없다. 강남구에서 실질적으로 과거의 고점을 회복한 것은 최근의 일이다.

서초구의 경우는 2016년에 이미 과거 고점 수준을 회복하고 상승 중이다. 반포 재건축 등의 이슈 때문에 속도가 빨랐다. 마찬가지로 재건축 이슈가 있는 강남 또한 현재 과거 고점 수준까지 올라왔지만, 어느 정도 더 상승할 여지가 있어 보인다.

그러나 장기적으로 보면 가격변동성 역시 고려하지 않을 수 없다. 강남구와 서초구의 경우 다른 지역에 비해 상대적으로 가격 변동 폭이 크다. 이들 지역은 그 상징성과 특수성으로 인해 투자 성향의 수요가 높은 편이다. 때문에 시장 분위기에 따라 가격 등락 폭이 크고, 상황의 변화가 다른 지역에 비해 빨리 나타나는 경향이 있다. 반면 강동구는 같은 시기 상대적으로 완만한 가격 변화를 보여준다. 또한 실질 가격 기준으로 과거의 고점에 아직 미치지 않아, 향후 가격 상승 여력이 남은 것으로 해석할 수 있다.

각 지역 간의 상대적인 비교를 위해서 보다 직관적인 방법을 이용할 수도 있다. 다음 페이지의 그래프는 서울의 자치구별 아파트시장의 현재 가격수준 기준 상승 여력과 시장의 위험도를 분석한 결과를 보여준다. 상승 여력은 현재의 시장가치를 특정 시기의 가치와 비교해 확인할 수 있다. 엄밀하게 보자면, 시장 내부의 역학과 물리적 환경의 변화에 따라 다양한 해석이 가능할 수 있겠지만, 상승 여력은 현재와 같은 가격 상승 국면에서 가격 상승의 지속 여부와 가격 변화 속도를 가늠할 수 있는 지표로 활용할 수 있다. 시장의 위험도는 가격의 예측 가능성과 안정성을 기반으로 측정할 수 있다. 위험성이 크다는 것은 그만큼 시장 내에서 가격의 변화가 잦고, 그 변화 폭이 크다는 것을 의미한다. 투자 관점에서 예측 가능성이 떨어질 수 있다.

현 시점을 기준으로 시장의 상승 여력과 위험성을 토대로 한 분석에서 긍정적으로 평가할 수 있는 지역은 관악구, 강북구, 중랑구, 구로구, 광진구 등이다. 이들 지역은 향후 가격 상승 여력이 있는, 상대적으로 저평가된 지역인 동시에 그간의 가격 변화 패턴에서 안정적인 움직임

서울 자치구별 아파트 가격 상승 여력 및 위험도

2020 부동산 메가트렌드

을 보여왔기 때문이다. 물론 개별 물건에 대한 투자 관점에서 보면 각 지역의 세부 시장과 환경 등 고려사항이 많겠지만, 자치구 수준에서 시장을 예측하면 해당 지역들에서 가능성을 발견할 수 있다. 그래프상에서 이들 지역과 가까이 위치한 노원구의 경우에는 아직 고점에 비해 가격이 낮고 변동성도 크지 않은 편이지만, 물량이 많아 가격 상승 속도는 상대적으로 더딜 것으로 예상된다.

그래프의 2사분면, 즉 위험도는 낮지만 상승 여력 또한 낮게 평가되는 지역들은 비교적 최근에 개발이 진행된 지역들로, 대부분 이런 호재를 타고 가격이 먼저 상승한 곳들이다. 예를 들어, 현재 가치의 상대적 평가 정도가 높은 성동구에는 왕십리 뉴타운과 옥수동, 금호동, 성수동 등 재건축·재개발이 성공적으로 진행된 단지들이 다수 분포해, 이전 시점에서 전반적인 가치 상승이 두드러졌다. 그 외에도 마곡지구가 위치한 강서구나 공덕동·아현동이 위치한 마포구도 2사분면에서 대표적인 지역들이다. 향후 전망에서 이들 지역은 진행 중인 개발과 같은 환경 요인에 따라 차이를 보일 것으로 예상되나, 전반적으로는 개발에 따른 수요 집중이 어느 정도 완화되어 가격 상승 속도가 둔화될 것으로 보인다.

그래프의 4사분면은 가격 상승 여력은 있으나, 위험성이 높게 평가되는 지역이다. 송파구와 용산구, 양천구 등이 속하는데 이들 지역에 대한 투자 결정에는 보다 신중할 필요가 있다. 물론 양천구처럼 지역 내 시장의 격차가 커서 전반적인 위험성이 과대평가될 수도 있으므로, 세부 시장을 대상으로 추가적인 평가와 분석을 병행해 접근할 필요가 있다.

3사분면은 현재의 가치평가 정도도 높고, 위험성도 높은 지역이다.

강남구와 서초구가 여기에 속하는데, 앞서 설명했듯이 두 지역은 수요가 집중되어 가격이 높다. 상징성과 특수성 때문에 투자 수요도 높아 정책 변화 등 시장심리의 변화에도 민감하게 반응하는 경향을 보인다. 최근에는 재건축 이슈로 가격 상승이 가속화된 모습이다. 시장에서는 이런 분위기가 한동안은 더 지속될 것으로 보는 시각이 지배적이다. 그러나 앞선 분석의 결과들에서 확인할 수 있는 것처럼, 사이클이 있는 부동산시장의 특성을 기억하고 변동성을 염두에 두는 합리적인 판단이 필요할 것이다.

앞에서 살펴본 바와 같이, 부동산 빅데이터는 우리가 경험적으로 알고 있는 사실들을 객관적으로 확인시켜주기도 하고, 다른 한편으로는 미처 알지 못했거나 선입견 때문에 발생한 오류를 바로잡아주기도 한다. 더 나아가 고급 분석 방법을 통해 현재 시장을 평가하고 미래를 예측하는 데 도움을 줄 수도 있다. 이 장에서 다룬 분석 내용은 모두 현재진행형으로, 빅데이터를 통한 부동산시장 분석은 이제 시작 단계에 있다. 그러나 다른 어떤 분야보다도 빠르게 발전하여 현장에 반영되고 있다. 여기에서 소개하지는 않았지만, 지속적으로 발생하는 주택 거래 사이에서 시장 교란 움직임을 포착해낸다거나, 경험정보를 객관화해서 특정 물건에 대한 현실적인 가치를 평가하는 기술들이 개발되고 있다. 최근에는 딥러닝 기술과 접목해, 시장에 영향을 미치는 방대한 양의 데이터를 학습해서 가까운 미래의 시장 변화를 예측하는 방법 등도 연구되고 있다. 이런 빅데이터를 통한 부동산 분석 기술의 발전은 앞으로 시장에 많은 변화를 가져올 것이다. 그리고 그 변화는 생각보다 가까이 와 있다. 부동산 빅데이터의 행보에 주목할 필요가 있다.